Clärenore Stinnes

IM AUTO DURCH ZWEI WELTEN

Clärenore Stinnes

IM AUTO DURCH ZWEI WELTEN

Die erste Autofahrt einer Frau um die Welt 1927 bis 1929

Herausgegeben und mit einem Vorwort von
Gabriele Habinger

FRAUENFAHRTEN

PROMEDIA

Bibliografische Information der Deutschen Bibliothek:
Die Deutsche Bibliothek verzeichnet diese Publikation
in der Deutschen Nationalbibliografie.

5. unveränderte Auflage 2025

Titel der Originalausgabe: *Im Auto durch zwei Welten*, Berlin 1929
Lizenzausgabe des Bouvier Verlags, Bonn

Satz: Kevin Mitrega, Schriftloesung
Umschlag: Gisela Scheubmayr
Druck: Finidr, Lípová
Printed in the Czech Republic
ISBN: 978-3-85371-105-7

Promedia Verlag
Rotenlöwengasse 8/4
A-1090 Wien
E-Mail: promedia@mediashop.at
Web: www.mediashop.at
www.verlag-promedia.de

Vorwort

„Sie muß aus Stahl gemacht sein, so wie sie alles aushält, ohne zu klagen." – Sie, das ist die 25jährige Clärenore Stinnes, Industriellentochter und Rennfahrerin, 1901 in Mülheim an der Ruhr geboren, die sich in den Kopf gesetzt hat, in einem Auto von Osten nach Westen die Welt zu umrunden, weil sie diese „aus eigener Anschauung kennenlernen will", wie sie in einem Interview meint, und natürlich lockt sie auch das Abenteuer. Und der, der diesen verzweifelten Satz in sein Tagebuch schreibt und der seinerseits des öfteren ans Aufgeben gedacht hat, ist Carl-Axel Söderström, für die Reise als Kameramann engagiert.* Er ist glücklich, dem verrückten Treiben für einige Tage entkommen und ins heimatliche Stockholm fahren zu können, während die Autos in Moskau wieder einmal repariert werden müssen. Dabei ist es nicht zum ersten Mal, daß die Anforderungen an Geist und Körper kaum noch auszuhalten sind, obwohl erst knapp drei Monate vergangen und ungefähr 9 800 Kilometer, also etwa ein Fünftel der Strecke, zurückgelegt wurden. Schon bald nach der Abfahrt haben die Schwierigkeiten begonnen, und es ist noch nicht einmal Belgrad erreicht, als Söderström notiert: „Ich gäbe alles darum, wieder zu Hause zu sein. Und doch ist erst eine Woche vergangen von dieser entsetzlich langen Zeit!" Und sie sollte noch länger werden, diese entsetzliche Zeit, als sich alle Beteiligten das vorgestellt hatten: denn aus den projektierten zwölf Monaten wurden mehr als doppelt so viele. Tatsächlich wird die Weltreise eine Zerreißprobe für Menschen und Material – doch der Begriff „aufgeben" fehlte im Wortschatz der Expeditionsleiterin.

Rund zwei Jahre waren vergangen, seit Clärenore Stinnes die wahnwitzige Idee, mit dem Auto eine Reise durch die Alte und Neue Welt zu unternehmen, geboren hatte, davon ein hal-

* Die Zitate stammen aus „Söderströms Photo-Tagebuch 1927–1929", herausgegeben von Michael Kuball und Clärenore Söderström (Frankfurt/Main 1981), aus dem Schwedischen übersetzt von Cläre Söderström-Svenson.

bes Jahr intensiver Vorbereitungen, nachdem sie 1925 bei der „Allrussischen Prüfungsfahrt" teilgenommen hatte, einer internationalen Zuverlässigkeits-Rallye von Norden nach Süden durch Rußland. Hier konnte sie erstmals Erfahrungen mit äußerst schwierigem Gelände und grundlosen Wegen machen und mit Bedingungen, wo jede Technik versagt – weil alles im Schlamm zu versinken droht oder der Schnee zur Kapitulation zwingt. Die junge, unerschrockene Rennfahrerin konnte sich bewähren: Sie war die einzige Frau unter 52 Männern aus 13 Nationen, noch dazu gewann sie das Rennen in ihrer Klasse. Nun war ihr Ehrgeiz entfacht – warum sollte sie nicht die ganze Welt am Steuer bezwingen können?

Die mit dem Auto zurückgelegte Strecke sollte mit 40 000 Kilometern etwa dem Erdumfang entsprechen und zu einem nicht unerheblichen Teil durch Gegenden ohne Straßen und Wege führen. Die Reiseroute mußte gut organisiert werden, Ersatzteillager und Depots für Benzin und Öl eingerichtet werden, denn Tankstellen waren auf dem Weg nach Sibirien nicht vorhanden. Dreimal fuhr sie während des Jahres 1926 nach Rußland, um die nötigen Vorbereitungen zu treffen, die sowjetische Regierung sicherte auch tatsächlich – so wie einige andere der insgesamt 23 Länder, die durchquert wurden – ihre Unterstützung zu: unter anderem sollte sie ein offizieller Dolmetscher von Tiflis nach Sibirien begleiten. Bis zur Türkei würde der Vorrat an Benzin und Öl reichen, aber danach waren Depots in Beirut, Damaskus, Teheran und weiter auf dem Weg bis nach Peking notwendig.

Freunde unter Diplomaten und in höchsten politischen Kreisen, wie Staatssekretär Robert Weismann und Außenminister Stresemann, erleichterten die Beschaffung aller für die Reise notwendigen Papiere erheblich. Denn in den europäischen Ländern gab es nicht nur Probleme mit der Vereinheitlichung der Fahrtrichtung – also ob es in Zukunft Rechts- oder Linksverkehr geben sollte –, für Auslandsfahrten waren darüber hinaus zahlreiche Dokumente und Genehmigungen erforderlich, und natürlich umso mehr für Reisen nach Übersee. Die deutschen Auslandsvertretungen sicherten ihre Unterstützung für das gewagte Unterfangen zu, und auch hochrangige Persönlichkeiten nahmen daran Anteil. Zar Boris von Bulgarien und seine Schwester – wie so viele andere neugierig auf die Abenteurerin – luden zum Tee ein; Zar Boris lieferte sogar wertvolle Tipps, denn er hatte Erfahrung im „Fahren ohne Straßen und Wege". In Peking wurden die Reisenden beim chinesischen Außenminister der gesamten chinesischen Noblesse vorgestellt; und schließlich ermöglichte in den USA der Industrielle Henry Ford, der schon früh die Fließbandfertigung für Automobile erprobt hatte, die Besichtigung seiner Werkshallen. Aber auch die im Ausland lebenden Landsleute nahmen regen Anteil an der Weltumrundung, vor allem aber auch die Presse, die eine Sensation witterte. In Tageszeitungen und natürlich in den zahlreichen damals existierenden Automobilzeitschriften wurde regelmäßig über diese unglaubliche Fahrt berichtet.

Clärenores Mutter, Cläre Stinnes-Wagenknecht, wollte von dem waghalsigen Unternehmen nichts wissen; der Vater, der mächtige Konzernherr Hugo Stinnes, war ja bereits 1924 gestorben, noch ehe seine älteste Tochter, das dritte von insgesamt sieben Kindern, ihre Karriere als Rennfahrerin begonnen hatte. Doch Clärenore Stinnes, weltgewandt und selbstbewußt, konnte einige Unternehmer davon überzeugen, daß ihr Unterfangen eine großartige Werbung für ihre Betriebe sein würde, litt doch die deutsche Wirtschaft unter den Folgen des Versailler Vertrags und des Weltmarktboykotts. So erhielt sie neben materieller Unterstützung insgesamt 100 000,– Reichsmark, und die Frankfurter Adler-Werke, eine der berühmten Autofirmen der Weimarer Republik, gehörten ebenfalls zu den Sponsoren: Sie sahen diese Weltreise als Propagandafahrt für ihre Firma und stellten neben einem Lastwagen für Benzin, Ersatzteile und Gepäck einen fabrikneuen „Standard 6" zur Verfügung, der tatsächlich ein Erfolgsmodell wurde. Die Fahrt sollte nämlich mit einer gewöhnlichen Serienlimousine gelingen, die, abgesehen von den Liegesitzen, in allen Teilen unverändert blieb – eine willkommene Werbung, denn die deutsche Automobilindustrie, und mit ihr die Firma Adler, befand sich gerade in einer kritischen Lage.

Ausgerüstet mit Empfehlungsschreiben und einem Diplomatenpaß geht im Mai 1927 die Fahrt los, eigentlich viel zu spät, denn der sibirische Winter mit seinen schier unüberwindlichen Schneemassen droht den Plan zu vereiteln. Bei der Abfahrt in Frankfurt sind drei Männer mit von der Partie, zwei Automechaniker, wie die beiden Fahrzeuge von den Adler-Werken gesponsert, und ein „Filmoperateur". Die beiden Techniker Grunow und Heidtlinger, die den Begleit-LKW steuern sollen, sind schon bald den Strapazen nicht mehr gewachsen, nur der renommierte schwedische Photograph und Kameramann Carl-Axel Söderström hält bis zum Schluß durch. Clärenore Stinnes war nämlich in den Sinn gekommen, ihr Unterfangen auch medial zu verwerten. Natürlich sollte es ein Kameramann mit entsprechenden fachlichen Qualitäten sein, der sich aber auch durch eine „sportliche Einstellung" hervortun mußte. Julius Außenberg, der Generaldirektor der Fox-Film-Gesellschaft in Berlin, hatte ihr zwei Personen genannt, die in Frage kämen. Rasch fiel die Wahl auf Söderström, der sich durch seine präzise Überblendtechnik in Wochenschauen und durch seine Mitarbeit bei den ersten Stummfilmen mit Greta Garbo unter der Regie von Mauritz Stiller auch über die Grenzen Schwedens hinweg einen Namen gemacht hatte. Außerdem war er verheiratet und somit für Fräulein Stinnes als Reisebegleiter sicher passender, als dies ein Junggeselle gewesen wäre. Söderström dokumentierte die Fahrt filmisch, aber auch mit Photos nahezu lückenlos. Seine Bilder illustrieren auch das von Clärenore Stinnes verfaßte Buch „Im Auto durch zwei Welten", das 1929 in Berlin erschien.*

Bereits auf dem Balkan werden die Landstraßen immer schlechter, und je weiter die Reise geht, sind sie manchmal kaum noch als solche zu bezeichnen – Feldwege oder Maultierpfade müssen als Ersatz herhalten, wenn die Fahrt nicht überhaupt querfeldein geht. Dementsprechend sieht auch die Ausrüstung für diese abenteuerliche Fahrt aus. Sie besteht aus Spaten, Spitzhacken,

* Das vorliegende Buch gibt den ursprünglichen Text wieder, jedoch wurde die Schreibweise der Ortsbezeichnungen – soweit dies möglich war – korrigiert, die erläuternden Fußnoten im Text stammen von der Herausgeberin; die Photos wurden aus der 1929 erschienenen Originalausgabe ausgewählt.

Drahtseilen und Flaschenzügen, später auch aus Dynamit, mit dem nötigenfalls ein Weg für die Fahrzeuge freigesprengt werden kann – in den Anden Perus oft der einzige Ausweg, um vorwärts zu kommen. Nicht selten müssen die Fahrzeuge, die bis über die Radnaben im Schlamm oder Sand versinken, mühsam wieder freigelegt werden, und Hindernisse müssen ebenso mühsam beseitigt werden. Eigentlich ist es durchaus verständlich, daß in vielen Ländern Straßen praktisch nicht vorhanden sind, denn auch Autos sind eine wahre Rarität. So stellen die Automobilreisenden eine Sensation dar: In der Sowjetunion stürzen die Menschen aus den Häusern, sobald sie das Motorengeräusch der beiden Fahrzeuge hören, Pferde scheuen, reißen sich von ihren Besitzern los und bringen so manchen Wagen zum Umkippen, und die alten Leute schlagen ein Kreuz. „Man glaubt bestimmt, wir seien Wundertiere aus einer anderen Welt. Bin noch nie so angeguckt worden", notiert Söderström auf dem Weg nach Moskau, „und komme mir vor wie ein Affe im Stockholmer Zoo am Sonntagvormittag." Und immer wieder werden sie gebeten, den Schulkindern, die oft noch nie ein Auto zu Gesicht bekommen haben, ihre Fahrzeuge vorführen. Dies entspricht ganz den aufklärerischen Ambitionen von Clärenore Stinnes, wollte sie doch auch „belehrend für die Bewohner der Gegenden" wirken, wo Autos noch unbekannt waren.

Zwar war ein eigener Motorwagen auch in „zivilisierten" Teilen Europas eine Angelegenheit für die begüterte Oberschicht, doch dem Siegeszug des Autos, der erst wenige Jahrzehnte zuvor eingesetzt hatte, konnte dies keinen Abbruch tun. Das Auto avanciert in den ersten Jahrzehnten unseres Jahrhunderts zunehmend zum Symbol des Individualismus und Unabhängigkeitsstrebens des gehobenen Bürgertums, es verkörpert Geschwindigkeit, urbanes Lebensgefühl, aber auch grenzenlose Mobilität. Der Vorstoß des „Herrenfahrers", der genug Zeit hatte, das sportliche Autofahren als Vergnügen und Selbstzweck zu betreiben, in ferne Länder, stand als wagemutige Expedition in hohem Ansehen. Doch weibliches Draufgängertum war eher etwas Sensationelles, denn Frauen wurden in den 20er Jahren mit einer eleganten Automobilkultur in Verbindung gebracht. Die Automobilindustrie hatte die elegante Dame als „Werbemedium", aber auch als Kundin entdeckt, doch die „Selbstfahrerin" wurde nicht ohne weiteres akzeptiert. Ein Wiener Automagazin nannte es „Die Sensation im Wiener Fuhrwerk", als im Mai 1927 die erste „Lohnchauffeuse" ihr Amt antrat, und ihre männlichen Kollegen setzten sich anfangs gegen die unliebsame Konkurrenz heftig zur Wehr – jedoch vergebens. Das „schwache Geschlecht" eroberte sich zunehmend einen Platz hinter dem Volant des Kraftwagens. Damenwertungsfahrten und Damen-Geschicklichkeitsbewerbe für Automobile kamen in Mode, immer mehr Damen-Automobilclubs wurden gegründet, und nicht zuletzt nahmen Frauen – manche von ihnen sehr erfolgreich – an Rennen teil. Auch bei Clärenore Stinnes verwundert es nicht wirklich, daß sie den Herrenfahrern Konkurrenz machte. Hugo Stinnes hatte seine Kinder zur Selbständigkeit angehalten, und Clärenore erfuhr wie ihre Brüder eine eher spartanische Erziehung. Schon als Mädchen war sie sehr sportlich, verweigerte sich auch den gängigen Rollenklischees, und schon früh lernte sie das Autofahren in einer Firma des Vaters. Vielleicht setzte sie auch die Tradition der Mutter fort, die schon 1903 als Mitglied des *Automobilclubs von Deutschland* aufscheint. Auch Clärenore wurde Mitglied in diesem Club, und sie war gerngesehener Gast im 1926 gegründeten *Deutschen Damen Automobil Club*. Dennoch war man erstaunt, daß diesem zierlichen Geschöpf im braunen Jungenanzug die „sportliche Großtat" gelang, die man in den Zeitungen als „Markstein in der Geschichte des Automobils" bezeichnete. Tatsächlich hatte die junge Rennfahrerin mit ihrer Fahrt bewiesen, daß die Welt vernetzbar war und für den einzelnen in greifbare Nähe rückte. Die Massenmotorisierung, die Henry Ford in den USA mit seiner „Tin-Lizzy" bereits eingeleitet hatte, sollte mit der zunehmenden Automatisierung und mit der Produktion billiger Kleinwagen auch in Europa bald einsetzen.

Als bereits kurz nach Prag die erste Panne auftritt, schreibt Söderström in sein Tagebuch: „Es sieht nicht so aus, als wenn die Autos die ganze Reise halten würden." Er sollte sich irren, die Pannen häufen sich zwar, doch im Endeffekt halten die Wagen bis zum Schluß durch, die Reparaturen und die Beschaffung der Ersatzteile gestalten sich jedoch zum Teil äußerst schwierig und zeitraubend. Doch die Fahrt durch das östliche Europa, die Türkei und den Nahen Osten über Bagdad und Teheran und weiter am Kaspischen Meer entlang Richtung Moskau hält nicht nur Strapazen und Gefahren bereit. Die herrliche Bergluft des Libanon oberhalb Beiruts lädt nach der Hitze der vergangenen Wochen zur Erholung ein, und Kulturdenkmäler, wie die Ruinen von Baalbek, die Chinesische Mauer oder die Minggräber, liegen auf dem Weg – doch vieles wird nur im Vorbeifahren besichtigt, denn die Zeit drängt. Und nicht zuletzt sind die vielfältigen Landschaften zu nennen, durch die die Reise geht, oft beeindruckend, manchmal aber auch furchteinflößend, und die Straßen, die sich über zahllose Windungen durch die Gebirge schlängeln, atemberaubende Ausblicke und wunderbare Szenarien bieten, aber auch ebenso oft halsbrecherische Fahrten garantieren. Die Route führt entlang geschichtsträchtiger Wege, die manchmal schon in der Antike die einzige Verbindung über die Gebirgszüge darstellten, wie die Kilikische Pforte, der Durchbruch durch das Taurusgebirge, oder die Georgische Heerstraße über den Kaukasus. Und in Peru fahren sie entlang der heutigen Panamericana, nur steckte damals diese Straße noch in den Kinderschuhen.

Faszinierend ist auch – nach der kargen Gebirgslandschaft Südamerikas – die tropische Vegetation Panamas. Der Besuch des Darien-Dschungels, heute noch das größte zusammenhängende Regenwaldgebiet in Zentralamerika, ist ein Erlebnis. Begeistert ist Clärenore Stinnes von den hier lebenden Indianern, sie zeichnet von diesen „sanften", „bronzefarbenen" Menschen ein verklartes, exotisches Bild. Auch die Reise durch Asien ist reich an Eindrücken von fremden Menschen und Kulturen und von ungewöhnlichen Lebensweisen. Die mit Tempeln, Klöstern und Palästen durchsetzte Jurtenstadt Ulan Bator, in der der Großteil der Bevölkerung in den aus Filz und Holzgittern bestehenden Jurten lebt, erscheint den europäischen Reisenden besonders bunt und fremd; großen Eindruck hinterläßt aber auch das Reich der Mitte, das lebhafte, manchmal verwirrende Treiben in den Straßen Pekings, aber auch das ausgefeilte soziale und religiöse Gefüge dieser Kultur in all seiner Widersprüchlichkeit, und nicht zuletzt die großartigen Leistungen der Architektur.

Tatsächlich hatte Clärenore Stinnes in Carl-Axel Söderström einen kongenialen Partner gefunden. Nach anfänglichen Vorbehalten und wiederholt geäußertem Ärger über seine „Chefin", dem er vor allem auf dem geduldigen Papier seines Tagebuches Luft verschafft, scheint auch in ihm der Ehrgeiz erwacht zu sein, die Reise zu einem Erfolg zu machen. Obwohl aus Sibirien und der Mongolei beunruhigende Nachrichten gemeldet werden – der Winter soll schon eingesetzt haben, außerdem lauern viele Wölfe auf Unvorsichtige – brechen sie am 15. September von Moskau auf. Grunow kann aufgrund einer Blinddarmoperation nicht mehr weiterfahren, Heidtlinger tritt schließlich in Nowosibirsk den Heimweg an, da er den Anforderungen der Fahrt durch Sibirien nicht mehr gewachsen ist, schließlich fällt auch der Dolmetscher wegen einer Lungenentzündung aus, doch Clärenore Stinnes will nicht aufgeben. Und auch Söderström erklärt sich ohne Umschweife bereit, die Reise zu zweit fortzusetzen, obwohl beide kaum etwas von Automechanik verstehen – die Expeditionsleiterin und der angestellte Photograph sind längst zu Partnern geworden. Selbst ein Schreiben der Deutschen Gesandtschaft in Peking, daß auf dem geplanten Reiseweg durch die Mongolei Räuberbanden ihr Unwesen treiben, die immer wieder Europäer überfallen und töten, kann an dem Entschluß nichts ändern. Clärenore Stinnes stellt zwar ihrem Reisegefährten frei, nach Hause zurückzukehren, weil sie nicht von ihm verlangen kann, auf der Fahrt durch die Wüste Gobi sein Leben zu riskieren, doch Anfang Februar 1928 fahren sie nach einer erzwungenen Wartezeit von mehr als zwei Monaten von Irkutsk los. Noch nie zuvor hat ein Auto den zugefrorenen Baikalsee überquert, tatsächlich hätte dieses Wagnis fast mit einer Katastrophe geendet.

Nach der Durchquerung der Wüste Gobi, für Söderström „das Schwierigste, was ich in meinem Leben mitgemacht habe", erwartet die „beherzten Automobilreisenden" in Peking Mitte März 1928 ein begeisterter Empfang. Reporter sind aus aller Welt angereist, denn erstmals hat ein Wagen von Europa aus die Hauptstadt Chinas erreicht. Per Schiff geht die Fahrt weiter nach Japan, über Hawaii nach Los Angeles und schließlich über Panama nach Südamerika. Bisher gab es schon des öfteren keine Straßen, aber für den Weg über die Anden sind nicht einmal Karten vorhanden; auf den schmalen Gebirgspfaden hilft oft nur der Einsatz von Dynamit, der „Standard" muß immer wieder die steilen Hänge hinaufgezogen werden. Nur knapp entrinnen sie dem Verdursten, und auch die große Höhe am Titicacasee ist eine schwere Prüfung für die erschöpften Reisenden. Nach dieser zähen Etappe geht es etwas rascher durch Südamerika weiter: von La Paz nach Buenos Aires und zurück nach Valparaiso. Die Fahrt quer durch die USA wird zu einem vielbeachteten Spektakel. Doch das wichtigste ist: es gibt nun endlich wieder richtige Straßen. „Asphalt, nichts als Asphalt. Die größte Sensation ist unsere Fahrt durch San Francisco und Oakland bei sehr dichtem Verkehr", schreibt Söderström begeistert in sein Tagebuch. Der dreimonatige Aufenthalt in den Vereinigten Staaten entschädigt für so manches. Unter Sirenengeheul werden die beiden Weltreisenden schließlich von der Polizei durch New York eskortiert, Bürgermeister Jimmy Walker empfängt sie, aber auch Präsident Herbert Hoover im Weißen Haus.

Im Juni 1929, nach zwei Jahren und einem Monat, kehrt Clärenore Stinnes gemeinsam mit Carl-Axel Söderström von Westen nach Deutschland zurück – die beiden haben das Unmögliche möglich gemacht. Nach einer Ehrenrunde durch Berlin zeigt der Kilometerzähler des „Standard" 46 758 Kilometer.

Nach der Rückkehr produzierten Clärenore Stinnes und Carl-Axel Söderström in Berlin einen Dokumentarfilm über diese Fahrt, der in den großen deutschen Kinos gezeigt wurde. Jedoch war ein Problem aufgetaucht: Bei Antritt der Reise hatte es in Deutschland nur Stummfilme gegeben, doch im Juni 1929, knapp vor ihrer Rückkehr, war in Berlin der erste Tonfilm gezeigt worden, der war nun der „letzte Schrei". So mußte ein Kompromiß geschlossen werden: Die Bilder wurden mit einer eigens komponierten Musik unterlegt, und Clärenore sprach vor der Kamera Kommentare, die die geschriebenen Zwischentitel ersetzten. Während der gemeinsamen Arbeit schmiedeten die beiden Weltenbummler neue Pläne: Eine Expedition in die Karibik sollte es werden, um dort Riesenfische zu filmen. Sofort gingen sie daran, Fachliteratur zu besorgen und Berechnungen anzustellen, denn eine Filmgesellschaft mußte gefunden werden, die die Finanzierung übernahm. Spätesten jetzt wurde der jungen Abenteurerin klar, daß sie ihrem Reisegefährten nicht mehr gleichgültig gegenüberstand. Sie hatten gemeinsam Eis- und Steinwüsten bezwungen, unerträglicher Hitze und eisiger Kälte getrotzt, Hunger, Durst und Krankheiten überwunden, und sie hatten gemeinsam den Erfolg ausgekostet – plötzlich gab es so viele Gemeinsamkeiten. In ihrer betont praktischen Art gab Clärenores Mutter schließlich den Anstoß zur Heirat: Carl-Axel und Martha Söderström hatten sich auseinandergelebt, und warum sollten drei Menschen unglücklich sein, wenn doch zwei die Chance zu einem neuen Glück hätten?

Nach Carl-Axels Scheidung heirateten er und Clärenore am 20. Dezember 1930 in England, eine Entscheidung, die Clärenore – trotz ihrer ursprünglichen Skrupel – nicht bereuen sollte: „Uns hätte man in der Südsee aussetzen können oder in Grönland. Wir haben uns überall verstanden. In den 46 Jahren unserer Ehe gab es keine Meinungsverschiedenheit." Tatsächlich blieb für neue Abenteuer keine Zeit mehr, die beiden zogen nach Südschweden und übernahmen hier die Bewirtschaftung eines Gutshofs, der zum Familienkonzern der Stinnes gehörte. Bis in die 60er Jahre arbeitete Clärenore, die nun auch den Autorennsport an den Nagel gehängt hatte – 1931 kam das erste Kind zur Welt –, als Landwirtin und zog mit Carl-Axel Söderström neben ihrer Tochter und zwei Söhnen mehrere Pflegekinder groß. Noch im Alter von weit über achtzig Jahren hielt sie sich durch regelmäßiges Schwimmen fit, und auch die Lust am Autofahren blieb ihr erhalten. Bis wenige Jahre vor ihrem Tod – Clärenore Söderström starb 1990 in Schweden – fuhr sie mehrmals jährlich zwischen ihrem Gut in Südschweden und der „Schwedenhütte", ihrem gemütlichen Holzhaus an der Mosel, hin und her – und saß dabei natürlich selbst am Steuer.

Gabriele Habinger, Wien 1996

Inhalt

I.

Ursachen und Wirkung • Die Reisegefährten • Die Vorbereitungen

Soweit ich in meine Kindheitstage zurückblicken kann, war ich nie frei von dem Wunsch nach Abenteuern. In mir lag das Drängen nach dem großen Unbekannten, dem man in den unendlichen Steppen, in den schneeverwehten Urwäldern und in der hehren Einsamkeit der Berge näher zu sein glaubt. Trotz aller Mühe, die meine Mutter anwandte, um in mir die Liebe zu fraulichen Arbeiten zu wecken, überwog doch immer der Wunsch nach anderen Dingen. Sollte ich ihr bei der Näharbeit oder beim Strümpfestopfen helfen, so suchte ich nach allen möglichen Ausflüchten, um dem zu entgehen. Mich lockte es viel mehr, im Pferdestall die Geschichten unseres Kutschers Friedrich aus seiner Militärzeit zu hören, wobei er mir erlaubte, mich auf eines der Pferde zu setzen; oder ich saß vertieft in die Bücher germanischer Heldensagen, Indianer- und Abenteurergeschichten. In meiner Phantasie lebten Old Shatterhand und der edle Apachenhäuptling Winnetou, die schöne Königstochter Gudrun und der alte Recke Hildebrand. Soldaten, Kanonen, Burgen und Eisenbahnen waren mein Spielzeug bei schlechtem Wetter. Erlaubte es jedoch die Sonne, daß meine Geschwister und ich in den Garten gehen konnten, dann spielten wir – alles andere verbannend – Indianer. Bunte Federn als Kopfschmuck und das Gesicht mit Wasserfarbe aus dem Tuschkasten „echt rotbraun" bemalt, lebten wir als die Häuptlinge, deren Namen wir angenommen hatten. Die Zumutung, als Squaw aufzutreten, hätte ich mit Entrüstung abgelehnt. Unsere Eltern ließen uns gewähren. Selbst unsere kleinen Raubzüge, die wir als „echte" Indianer natürlich ausführen mußten, deren Ziel aber merkwürdigerweise meist der Obstkeller meiner Mutter war, wurden uns verziehen, wenn wir sie rechtzeitig eingestanden.

So wuchs ich in Freiheit und bei Jungenspielen auf, die Schule nur als einen drückenden Zwang empfindend. Oft mußte ich hören, daß ich mich gar nicht wie ein Mädchen zu benehmen wüßte und noch schlimmer als die Jungen sei. Doch diese Vorwürfe kümmerten mich herzlich wenig, solange meine Eltern mit mir zufrieden waren, die beiden einzigen Menschen, auf deren Urteil ich Wert legte. Was war aber natürlicher, als daß sich damals schon in mir der Wunsch entwickelte, einst auch in Wirklichkeit die Gegenden meiner Helden und Heldensagen kennenzulernen.

Dann kam der große Krieg. Ernüchternd, Illusionen raubend, zerschlug er alle Träume. Die Realität, der Ernst des Lebens machten mich über Nacht vom Kind zur Erwachsenen. Mein ältester Bruder, der gerade die Schule absolviert hatte, zog als Freiwilliger ins Feld. Im Elternhaus gab es nur noch die Arbeit, die in diesen schweren Zeiten für Volk und Land Recht und Gültigkeit hatte. Immer seltener wurden die Stunden, die mein Vater frei hatte, um sie seiner Familie zu widmen. Meiner Mutter ging es kaum anders, da sie von jeher gewohnt war, die Gedanken und Sorgen ihres Mannes zu teilen. Düstere und prüfungsvolle Zeiten lagen über unserem deutschen Vaterland. Auch mit der Beendigung des Krieges gab es keine Erleichterung. Wir hatten verloren und mußten jetzt unsere ganze Kraft auf die Reparationen und unsere eingegangenen Verpflichtungen richten. Die Arbeitsstunden meines Vaters dehnten sich zu einem Übermaß aus, dem er im April 1924 zum Opfer fiel; ein Verlust, der in unsere Familie wie ein Blitz zerstörerisch einschlug.

Seitdem ich die Schule verlassen hatte – schon zu Lebzeiten meines Vaters –, war ich gewohnt zu arbeiten. Arbeit in männlichen Berufen, teils um sie zu erlernen, teils im Auftrag meines Vaters, dem ich später Rechenschaft über meine Tätigkeit ablegen mußte. Ich suchte mehr denn je, alle meine Gedanken auf die Arbeit zu konzentrieren. Ich übernahm Aufgaben und arbeitete in Betrieben, bei denen ich meine guten und schlechten Erfahrungen sammelte. Aber besonders die letzteren – obgleich sehr bitter – waren dazu geeignet, mir den Widerständen des Lebens gegenüber die Energie des Durchhaltens zu geben. Dies war der Hauptfaktor der späteren Weltreise.

Zu dem weitverzweigten Konzern meines Vaters gehörte eine Automobilfabrik. Es war ein halbes Jahr nach dem Tode meines Vaters, als der Direktor dieses Werkes mit dem Vorschlag an mich herantrat, mich mit meinem Wagen, der aus dem Werk stammte, an einem Automobilrennen in Essen an der Ruhr zu beteiligen. Ich lehnte dieses Ansinnen zunächst ab, da ich noch zu sehr unter dem Eindruck des schweren Verlustes stand, den wir erlitten hatten, und da ich die Öffentlichkeit scheute, die eine derartige Rennveranstaltung mit sich bringt. Wochen vergingen, in denen der Leiter des Werkes von der Bitte nicht abließ, bis ich mich schließlich bereit erklärte, inkognito zu fahren. So kam es, daß ich an dem Tag, der für mein ganzes Leben ausschlaggebend sein sollte, unter anderem Namen auftrat. – Ich hatte Erfolg.

Diesem Rennen folgten viele andere, die im Laufe der Zeit meine Wohnung, die ich in Berlin bezogen hatte, mit silbernen Preisen und Pokalen füllten. Selten verging ein Sonntag, an dem ich nicht an einem Rennen teilnahm, während ich wochentags meiner Arbeit am Schreibtisch nachging. Diese intensive Beschäftigung mit Automobilen veranlaßte mich zum Nachdenken über die praktische Verwertung meiner Erfahrungen. Die allrussische Prüfungsfahrt, welche die kommunistische Regierung im Jahre 1925 ausschrieb, erweckte in mir den ersten Gedanken an eine Reise um die Welt im Auto. Es galt bei der russischen Prüfungsfahrt, die Strecke Leningrad–Moskau–Tiflis–Moskau zurückzulegen. An dieser Fahrt, die von wirtschaftlichen Gesichtspunkten aus aufgestellt war, nahmen alle Nationen teil, die Automobilindustrie besaßen. Ich fuhr als einzige Frau am Steuer und als Chauffeur meines Wagens mit.

Es war leicht, vom technischen Standpunkt aus die Wichtigkeit dieser Prüfungsfahrt zu erkennen, die den Wagen zwang, die natürlichen Schwierigkeiten der straßenlosen Gegenden zu überwinden. Daneben brachte diese Fahrt aber uns Fahrern eine Kenntnis des Landes, seiner Bevölkerung und der Lebensbedingungen, wie wir sie nie hätten gewinnen können, wenn wir die gleiche Strecke mit der Eisenbahn gefahren wären.

Seit dieser Zeit arbeitete ich in meinen freien Stunden an der Ausführung einer Fahrt um die Welt im Auto. Ich kaufte mir Karten, über denen ich in späten Abendstunden saß und studierte. Auf Generalstabskarten verfolgte ich die Wege, soweit sie vorhanden waren, und überwand in Gedanken die Schwierigkeiten der Gebirge und Steppen, mit Zirkel und Bleistift die Kilometerzahlen verfolgend. Ich richtete mir in Gedanken Tankstellen und Öldepots ein, überlegte, welche Pässe und Papiere ich brauchen würde, und lebte in diesen Stunden nur noch der Fahrt.

Die größte Schwierigkeit war jetzt die Auswahl eines passenden Wagens, der allen Bedingungen gewachsen sein mußte und der dennoch kein Spezialwagen sein sollte. Lag für mich auch das Hauptinteresse im Kennenlernen der Länder und Völker, so reizte mich daneben doch die sportliche Aufgabe und der praktische Wert für die Allgemeinheit. Die Fahrt sollte die Fähigkeiten eines modernen Fahrzeuges zeigen. Der Wagen, den ich wählen würde, sollte einer Prüfung unterworfen werden, wie sie in diesem Ausmaß bisher noch kein Auto bestanden hatte, zugleich aber als Pionier wirken, belehrend für die Bewohner der Gegenden, in denen ein Auto noch ein unbekannter Begriff war. Daß dabei für mich nur ein deutsches Fabrikat in Betracht kam, ist selbstverständlich nach dem Beispiel, das ich an meinem Vater gehabt hatte, dessen Bestreben es war, die deutsche Industrie in jeder Weise zu fördern.

So beobachtete ich nun von einem neuen Gesichtspunkt aus das Schaffen der deutschen Automobilindustrie.

Als die Adler-Werke in Frankfurt am Main im Herbst 1926 auf der Automobilausstellung ihren neuen „Standard 6" herausbrachten, griff ich zu. Der Wagen schien stark und leistungsfähig, aber vor allem war sein Bau kurz und gedrungen, versehen mit einer stabilen Stahlkarosserie.

Ausschlaggebend für meine Wahl waren die Größe und Konstruktion der Maschine, deren Konstrukteur – Professor Becker von der Technischen Hochschule in Berlin – ich für einen fähigen und weitsichtigen Kenner hielt. Auch andere Wagen gefielen mir damals sehr; sie wären im Material und in der Leistungsfähigkeit sicher gleichwertig gewesen, sie schieden aber durch ihr Gewicht und ihre Länge aus. Noch auf der Ausstellung besprach ich meine Idee mit der Direktion der Adler-Werke und erhielt demzufolge einen Wagen zum 1. März 1927 zugesichert. Die Adler-Werke rechneten damit, daß bis zu diesem Termin die Produktion der neuen Type, die in Bandfabrikation hergestellt werden sollte, voll im Gange sein würde. Die bisher schemenhaften Gestalten hatten greifbare Formen angenommen.

In *Korsnäs*, einer kleinen Stadt in der Nähe von Stockholm, Schwedens schöner Hauptstadt, wuchs Carl-Axel Söderström auf. In der Fabrik seines Vaters, unter Drehbänken und Kreissägen, die vom Feuerschein der Schmiede beleuchtet wurden, verbrachte er die ersten Kinderjahre. Sein Vater – streng geworden im Kampf um das Dasein – erzog ihn von klein auf zur Arbeit und dazu, sein tägliches Brot selbst zu verdienen. Aufrichtigkeit und Fleiß waren die Lebenselemente, die der Geist der Eltern in der Familie großzog. – Der Knabe schloß sich unter seinen fünf Geschwistern in erster Linie an seine beiden älteren Brüder an, bei denen er mehr Interesse für seine Ideen fand, als die ihm im Alter näherstehenden Schwestern geben konnten. Durch diesen Verkehr mit den schon im Leben stehenden Männern früh gereift, erwachte in Carl-Axel Söderström der Wunsch zur Selbständigkeit in einem Alter, in dem andere Kinder gewöhnlich nur Schule und Spiele kennen.

Der Umzug seiner Eltern und die Verlegung des Geschäfts nach Stockholm boten eine große Erleichterung für seinen nach Lernen und Arbeiten hungrigen Geist. Wo sich die Gelegenheit gab, griff er zu, um sich neben der Schulzeit noch nützlich zu machen und anderen zu helfen. Seine Eltern, die diese Regsamkeit mit Freude beobachteten, unterstützten seine Bestrebungen. Nach Beendigung der Schulzeit entschied er sich für die Ingenieurlaufbahn. Er hatte bereits sein Studium begonnen, als – alle Pläne ändernd – seine militärische Dienstzeit dazwischentrat. Er lernte beim Militär den Laboratoriumschef des Pathe-Freres-Filmbüros in Stockholm kennen. Dieser forderte ihn auf, nach Beendigung seiner Dienstzeit zu ihm zu kommen, um die Laufbahn eines Filmoperateurs zu ergreifen. Zugleich versprach er, ihm eine Anstellung als Hilfsoperateur während seiner Lehrzeit zu geben, so daß Söderström, dem diese Arbeit sehr gefiel, der Aufforderung Folge leistete. Am Tage nach seiner Entlassung aus dem Militärdienst meldete er sich bei dem Laboratoriumschef und wurde angestellt. Die Wahl seines Berufes war gefallen.

Es folgten die Jahre der Lehre und die ersten selbständigen Versuche. Stufe um Stufe des Fortschritts kostete Arbeit und Geduld, Söderström wurde unter die tüchtigen Operateure eingereiht, und nach zwölfjähriger Tätigkeit hatte er in Fachkreisen den Ruf, einer der Besten zu sein. Lange vorher schon war er frei und unabhängig, und sein Verdienst ermöglichte es ihm, sich seinen eigenen Hausstand zu gründen. Er verheiratete sich mit Martha Wahl. Wenn ihn nicht die Arbeit fernhielt, lebte er in seinem Heim und seinem Glück. Die arbeitsfreie Zeit, die die jungen Leute hatten – denn seine Frau war auch beruflich tätig – widmeten sie dem Sport. Kein Sonntag verging, an dem sie nicht ihr kleines Boot herausholten und segelnd und Fische fangend die Schönheit der blauen Schären genossen. Im Winter unternahmen sie lange Skitouren in die Einsamkeit der schneebedeckten Tannenforste.

Carl-Axel Söderström hatte für sich noch einen Sport: „Bowling". Kein Match verging in seinem Klub, an dem er nicht teilnahm. Dort traf ihn auch ein Telefongespräch. Der Direktor einer Filmgesellschaft war am Apparat und ließ ihn rufen. „Söderström", fragte er, „wollen Sie eine Reise um die Welt im Auto mitmachen?" – „Ja, ja", sagte Söderström nur, fragte nicht weiter und eilte zum Spiel zurück, denn erstens dachte er sich, aus solchen Reisen wird ja doch nichts, und zweitens fühlte er sich im Spiel gestört.

An diesem Abend kam er ärgerlich nach Hause. Er war im Bowling nur Dritter geworden und wofür? Auch bei seiner Frau hatte man telefonisch angefragt, so daß sie schon von der aufgetauchten Unternehmung unterrichtet war. Beide maßen dieser Anfrage keine große Bedeutung bei. Die Zeit schien ihnen recht zu geben. Wochen vergingen, ohne daß sie etwas von der mysteriösen Weltreise hörten. Dann kam es Schlag auf Schlag. Söderström erhielt ein Telegramm, das ihn sofort nach Berlin berief. Dort besprach der Leiter der „Fox-Film" die Reise mit ihm; nachher blieb ihm nur eine dreitägige Frist, nach Stockholm zurückzukehren, seine Sachen zu packen und zum Start und ersten Zusammentreffen mit der Unternehmerin wieder nach Berlin zu kommen. Zehn Tage nach dem ersten Telegramm, das ihn nach

Berlin gerufen hatte, fuhr er mit dem Auto aus den Mauern Frankfurts auf die „Reise um die Welt".

Mit dem Abschluß, den ich mit der Automobilfabrik tätigte, begannen für mich die Arbeiten für die Fahrt. Die Reiseroute wurde festgelegt, und ich befaßte mich mit der Beschaffung der notwendigen Papiere, die mir eine möglichst reibungslose Durchreise durch die Länder gestatten sollten. Da ich die meisten ausländischen Vertreter in Berlin persönlich kannte, traf ich auf keine Schwierigkeiten, sie von meiner beabsichtigten Fahrt zu unterrichten. Ihnen blieb genügend Zeit, sich mit ihren Heimatbehörden in Verbindung zu setzen, um für mich jede mögliche Erleichterung zu erbitten. Bei allen traf ich auf die größte Hilfsbereitschaft, und ich erinnere mich noch gern der Herzlichkeit und des Interesses, die mir für mein Unternehmen bekundet wurden. Auch die deutschen Behörden sagten mir ihre Hilfe zu, soweit sie durch ihre diplomatischen Vertretungen dazu in der Lage waren.

Meine Arbeiten, mit denen ich mich bisher beschäftigt hatte, wickelte ich langsam ab, um mich schließlich in den letzten Wochen unbeschränkt meiner bevorstehenden Reise widmen zu können.

Die Wahl der Continentalreifen für meinen Wagen fiel nicht schwer, da diese Reifen nach meiner Ansicht allen anderen deutschen Fabrikaten weit überlegen sind. Eine kurze Unterredung mit der Direktion der Continentalwerke in Hannover genügte, um mir die Überzeugung zu geben, daß von dort aus alles getan werden würde, um mir bei der Durchführung meines Unternehmens zu helfen. Mit der gleichen Freude begrüßte ich auch die Hilfsbereitschaft des Benzolverbandes in Essen an der Ruhr und der Vacuum Oil Company in Hamburg, die diesbezüglich an mich herantraten. Daß ich es vorzog, meinen Wagen mit Benzol statt mit Benzin zu fahren, wird jeder verstehen, der die größere Energiekraft des Benzol B. V. kennt. In der herzlichsten Weise half uns die Firma Robert Bosch in Stuttgart, die den kleinen Wagen mit einer Batterieanlage versehen hatte, während der große Lastwagen, den ich mitführte, mit Magnet fuhr.

Der große Wagen „L 9“. – Bei der Verteilung der Brennstoffdepots auf der Strecke, die ich von Deutschland vorausschickend für uns einrichtete, mußte ich feststellen, daß häufig eine Stadt von der anderen tausend Kilometer und mehr entfernt lag, die für Lagerzwecke in Frage kam. Diese Schwierigkeit ließ es ratsam erscheinen, noch einen zweiten Wagen der Fahrt anzugliedern, der – als Lastwagen ausgestattet – unsere Betriebsstoffreserven, einige Ersatzteile und das Gepäck zu tragen hatte. Aus Gründen der Einfachheit entschloß ich mich auch da für einen Adlerwagen.

Die Inneneinrichtung der Wagen geschah nach meinen Angaben. Der Standardwagen blieb in allen Teilen unverändert, mit Ausnahme der Sitze, die nach dem System der Eisenbahncoupes zum Ausziehen eingerichtet wurden, so daß wir je nach Belieben die Hälfte des Wagens oder den ganzen Innenraum zur Schlafstatt einrichten konnten. Die Karosserie war die einer Innensteuerlimousine, die uns durch ihre Abgeschlossenheit sowohl gegen Hitze als auch gegen Kälte und Regen schützte. Der große Wagen bekam einen geschlossenen Aufbau, der den Rückraum für Gepäck und Reserven freiließ, während auf der vorderen oberen Hälfte durch Aufklappen der halben Wand nach dem Führersitz zu ebenfalls ein Schlafraum entstand, in dem zwei bis drei Menschen bequem Platz finden konnten. Leider unterlief bei dieser Konstruktion insofern ein Mißverständnis, als der Aufbau in Holz statt Aluminium ausgeführt wurde; letzteres hatte ich vorausgesetzt. Ich erfuhr dies aber zu spät, so daß keine Änderung mehr vorgenommen werden konnte. Es mußte uns auf der Reise überlassen bleiben, tauglich zu machen, was untauglich war.

Selbstverständlich befanden sich unter der Ausrüstung der Wagen Picken, Spaten, Beile, Drahtseile, ein Stemmbalken von drei Meter Länge, schwere Winden und was wir sonst noch glaubten, in unzivilisierten Gegenden zu gebrauchen. Von den Mauserwerken erhielt ich drei Pistolen und Munition, so daß wir uns auch wohlbewaffnet fühlen konnten. Ein schönes, geräumiges Zelt wurde angefertigt, das sich am „L 9“, dem „Großen“, befestigen ließ, den Wagen als eine Schutzwand benutzend. Bei aller Auswahl sah ich nach Möglichkeit darauf, daß die mitzunehmenden Sachen auf ein Minimum beschränkt wurden.

Das gleiche galt auch für die Fahrtteilnehmer und ihr persönliches Gepäck.

Durch die Vermittlung der Adler-Werke engagierte ich zwei Mechaniker: Viktor Heidtlinger und Hans Grunow, die sich in der Führung des Lastwagens abwechseln sollten. Ersterer war mir durch Rennen persönlich bekannt, während ich Grunow erst vor der Reise kennenlernte, beim Vertragsabschluß für die Fahrt. In dem Bewußtsein, daß mein Unternehmen in dem Ausmaß, wie ich es vorgesehen hatte, noch keine Vorgänger gehabt hatte, beschloß ich, die Fahrt auch *filmisch* auswerten zu lassen. Einem tüchtigen Filmoperateur sollte Gelegenheit zur Teilnahme gegeben werden, um einen Film zu drehen, der die ganze Welt umspannte. Ich wandte mich deshalb an den mir befreundeten Direktor der Fox-Film-Gesellschaft, Herrn Außenberg, der mir versprach, die Sache in die Hand zu nehmen. Er sagte mir freilich gleich, daß seines Erachtens nur zwei Operateure in Europa dafür in Frage kämen: der eine sei ein Franzose, der andere ein Schwede. Erfreulicherweise erhielt ich schon nach vierzehn Tagen von ihm die Mitteilung, daß der Schwede zugesagt hätte; ich würde sicher gut dabei fahren, denn der betreffende Filmoperateur habe nicht nur den Ruf eines erstklassigen Fachmannes, sondern er würde auch sportlich allen Schwierigkeiten gewachsen sein. Ich gebe zu, daß ich diesem letzteren damals wenig Wert beilegte. Ich ahnte noch nicht, von welcher Wichtigkeit es späterhin für die Fahrt und für mich selbst sein sollte, einen Menschen mitzuhaben, der nicht nur *seine* Arbeit erledigte, sondern auch – um der Idee und der Aufgabe willen – half, alle anderen Schwierigkeiten zu überwinden. Einstweilen war ich damit zufrieden, daß für den Film der richtige Mann mitkam und ich mir darüber keine Sorgen mehr zu machen brauchte.

Andere Dinge beunruhigten mich. In Sachsen war ein Metallarbeiterstreik ausgebrochen, und vorab war noch kein Ende abzusehen. Die Lieferung der Wagen verzögerte sich von Woche zu Woche, da die Fabrik das erforderliche Material nicht geliefert erhielt. Der 1. März ging vorbei, ohne daß an eine Abfahrt zu denken war. Mit Sorge erkannte ich die Gefahr, die uns bevorstand, wenn es nicht gelang, vor Einbruch des Winters Sibirien zu passieren. Den Vorschlag der Firma, mir einen Versuchswagen der gleichen Type zur Verfügung zu stellen, lehnte ich ab, da ich nur an einem normalen Wagen aus der Serie Interesse hatte. Erst im Mai 1927 war die Fabrik wieder in der Lage, die Bandfabrikation aufzunehmen. Am 24. Mai 1927, vormittags, waren beide Wagen fertig.

Zwei Wochen zuvor hatte ich Herrn Außenberg gebeten, Nachricht und Startdatum nach Schweden weiterzugeben. Zwei Tage vor der Abfahrt traf ich zum ersten Male mit meinem Reisegefährten, Herrn Söderström, in Berlin zusammen. Ich saß im Direktionszimmer der Fox-Film-Gesellschaft mit Herrn Außenberg, als ein großer, schlanker, distinguiert aussehender Herr eintrat. Wenn nicht seine blauen Augen und blonden Haare – die charakteristischen Merkmale seiner nordischen Herkunft – Frische und Tatkraft versprochen hätten, wäre ich vielleicht im Zweifel gewesen, wie er sich bei den entbehrungsvollen Strapazen bewähren würde. So aber begrüßten wir uns mit kameradschaftlichem Handschlag, denn auf unbestimmte Zeit sollten wir das gleiche Schicksal der Reise teilen. Wenige Minuten genügten für die Regelung seiner noch notwendigen Vorbereitungen. Mit der Absprache, daß wir uns am Starttag in Frankfurt am Main treffen würden, trennten wir uns.

Ich erledigte dann noch die letzten Reisevorbereitungen. Am gleichen Abend, dem 23. Mai, nahm ich den Nachtschnellzug von Berlin nach Frankfurt, die Reichshauptstadt damit endgültig verlassend. Mit mir fuhr „Lord“, ein schwarzbrauner Gordonsetter mit langem, seidenweichem Fell. Ich hatte ihn wegen seiner Größe nicht mitnehmen wollen und ihn deshalb auf das Gut meiner Mutter zur Pflege bis zu meiner Rückkehr gebracht. „Lord“ aber, den ich schon als jungen Hund zum Geschenk erhalten hatte, schien instinktiv meine Absicht zu fühlen, denn kaum hatte ich ihn in seiner neuen Unterkunft verlassen, als er den Hungerstreik erklärte; es blieb mir nichts anderes übrig, als ihn wieder abzuholen und mitzunehmen, wenn ich ihn nicht sterben lassen wollte.

In Frankfurt am Main gab es vollauf zu tun: Die mitzunehmenden Reserveteile waren zu sortieren, die Wagen zu packen.

Wie meist in solchen Fällen waren mehr Stücke da, als untergebracht werden konnten. Ich mußte also noch einmal peinlichst alles durchgehen und zurücklassen, was nicht unbedingt notwendig war.

Schön sahen die beiden Wagen aus, als sie fertig beladen am Vorabend im Hof ihrer Geburtsstätte standen! Der fast noch feuchte Lack lachte uns an … aber wie würden die Wagen bei ihrer Heimkehr aussehen?!

Clärenore Stinnes und Carl-Axel Söderström.

II.

Start von Frankfurt am Main • 128 hartgekochte Eier bis Konstantinopel

Lachender Sonnenschein leitete den 25. Mai 1927 ein. Im Laufe des Vormittags fand sich alles zusammen, was zum Start gehörte. Söderström kam im Schnellzug von Berlin, Lord und ich trafen aus dem eine Stunde von Frankfurt am Main entfernt gelegenen Wiesbaden ein, wo ich den letzten Abend mit meiner Mutter und einigen Freunden verlebt hatte. Die Mechaniker kamen aus der Stadt, die Autos wurden aus der Fabrikshalle auf den großen Hof des Werkes gefahren, um die Fahrt in die weite Welt anzutreten. Auch die Journalisten fehlten nicht, die noch in letzter Stunde Interviews haben wollten. So kamen die Mittagsstunde und das Abschiednehmen heran. Fünf Minuten vor zwölf Uhr setzten wir die Motoren in Gang, zogen unsere Fahnenwimpel rechts und links vom Kühler auf, und unter den Farben Preußens und des Reiches rollten wir, als die Kirchenglocken die Mittagsstunde verkündeten, zum Tore hinaus zur „Reise um die Welt im Auto". Frühlingsblumen, die Freundeshand uns mitgegeben hatte, schmückten die Wagen.

Frankfurt verschwand bald im Staub hinter uns. Das Flachland der Mainebene verlassend, führte unser Weg bergauf und bergab durch die dunklen Tannenwälder des bayrischen Spessart. Die malerischen Türme der alten Bischofsstadt *Würzburg* zogen an uns vorbei wie ein flüchtiges Bild im Film. Da unser Weg gut war und eben wie ein weißes Band, fuhren wir bis in die zehnte Abendstunde und machten erst in *Bamberg* halt. Zum letzten Mal gab es zum Abendessen bayrisches Schweinskotelett und ebenso echtes Bier.

Die Nachtruhe war kurz, denn ich hatte den Start auf halb fünf Uhr früh festgesetzt. In mir herrschte stete Unruhe wegen Sibiriens Winter. Nur ein äußerst forciertes Fahren konnte uns vor dieser Gefahr retten. Bis Moskau wurde ich daher für meine Begleiter eine ständige Mahnerin, die hetzend hinter ihnen stand.

Unzählbar waren die vielen mürrischen Blicke und die bösen Mienen, die mir dies von Grunow und Heidtlinger eintrug, die trotz allen guten Zuredens die Notwendigkeit dieser „Übereilung" nicht einsehen wollten. Zu Grunows Entschuldigung sei jedoch bemerkt, daß er gesundheitlich unter der Überanstrengung litt, denn er hatte ein Leiden, das er – wie sich später herausstellte – seit Jahren unwissend mit sich herumtrug. Leider kam so schon in der ersten Zeit unserer Reise ein Mißton in die kleine Expedition. Nur Söderström und Lord bewahrten ihren Humor. Der eine saß mit stoischer Ruhe neben mir und holte den entgangenen Nachtschlaf nach, aufschreckend, wenn ihn eine Bodenwelle unsanft weckte; der andere saß oder stand im hinteren Teil des Wagens, seinen Kopf an meine Schulter gelehnt, gebannten Blickes mit mir die Straße verfolgend, während ihm durch die Frühsommerhitze der Schweiß tropfenweise von der schlappernden Zunge troff. Beide waren sie ausgesprochen und unausgesprochen einig mit mir, daß Eile not tat.

Bei *Schirnding* passierten wir die Landesgrenze und wechselten unseren preußischen Wimpel mit den tschechoslowakischen Farben. So führten wir in jedem neuen Reiche neben der deutschen Fahne die Landesflagge.

Einstweilen waren Wege und Gegend noch zu gut und zivilisiert, um uns großes Interesse abgewinnen zu können. Nur das kurz vor *Karlsbad* malerisch gelegene *Elbogen** erweckte Söderströms Interesse, und wir hielten an, um eine Aufnahme von dem auf hohem Berge gelegenen Schloß zu machen. Schwarzblaue Kiefern bedeckten den Berg bis zum Fuße, wo ein See ihr Spiegelbild zurückwarf.

Prag – Wien – Budapest die nächsten Tage. Auf dem neutralen Streifen zwischen der österreichischen und der ungarischen Grenze erweckten unzählige Hasen Jagdgelüste in uns; da hier aber nicht geschossen werden durfte, war dies die Erklärung für Meister Lampes ungestörtes Paradies. – Die Grenzpassierungen gingen ohne Schwierigkeiten vor sich. Im schönen, von Bergen umgrenzten *Budapest* weilten wir nur flüchtige Stunden,

* *Elbogen* – Loket.

die, angefüllt mit Zigeunermusik und dem wirbelnden Csardas, uns noch in der Erinnerung hafteten, als wir auf den sandigen Straßen des serbischen Königreiches fuhren. Dorf um Dorf glitt an uns vorbei. Kurz vor *Belgrad* trafen wir auf ein großes deutsches Kolonisationsgebiet. Die Landstraße war wieder besser geworden und durchschnitt jede Ortschaft in ihrer Mittelachse. Bauern kamen aus ihren Häusern und hielten uns an. Sie begrüßten uns in unverfälschtem schwäbischem Dialekt. Ihre Urgroßeltern waren schon aus Deutschland ausgewandert; unter der Fürsorge der großen Maria Theresia hatten sie sich in dem bisherigen Brachland angesiedelt, und so waren die Schwabendörfer entstanden, die trotz fremden Landes die deutsche Sprache als ihre Heimatzunge redeten.

Vor Belgrad mußten wir in *Semlin*[*] anhalten, da die Fähre, die den Verkehr über die Donau vermittelte, für diesen Tag den Betrieb bereits eingestellt hatte. Das Wetter war warm und schön, ein blitzender Sternenhimmel versprach auch für die Nacht Beständigkeit. Wir beschlossen, nicht nach der Ortschaft Semlin zurückzukehren, sondern im Freien Quartier zu nehmen. Was später für uns Gewohnheit werden sollte, besaß noch den Reiz der Neuheit. Wir richteten unsere Wagen zum Schlafen her und entzündeten ein kleines Holzfeuer zur Bereitung des Nachtmahles. Bier, Bouillon, Brot und Schinken wurden aufgetischt. Wir fühlten uns wie die abenteuernden Zigeuner und entwickelten sicher einen größeren Appetit, als deren Wanderküche hätte vertragen können. Kein Wunder freilich, denn seit Beginn unserer Fahrt hatten wir, um keine Zeit zu verlieren, die Mittagsmahlzeit gestrichen. Da dies schon vor der Abfahrt meine Absicht gewesen war, hatte ich als Proviantverantwortliche entsprechend Sorge getragen und mir von Wiesbaden 128 hartgesottene Eier mitgenommen. Kam nun die Mittagsstunde heran, so erhielt jeder von uns ein Butterbrot und zwei Eier mit der Hoffnung auf ein warmes Abendbrot. Söderström erzählte mir später, er hätte den Augenblick herbeigesehnt, wo endlich das letzte dieser Eier vertilgt worden sei, damit wir dann wieder

* *Semlin* – Zemun; heute ein Stadtteil von Belgrad.

Mittagessen bekommen würden. Auch dieser Zeitpunkt kam; die Eiervorräte waren erschöpft. Am nächsten Tag aber gab es nur ein Butterbrot *ohne* Eier! O trügerische Hoffnung auf ein niemals kommendes Mittagsmahl!

Bevor wir uns über die Save, an deren Ufer wir uns befanden, zu dem vor uns liegenden Belgrad übersetzen ließen, hatten wir in Semlin einige Tage zugegeben, um dem großen Wagen einen Teil seines Gewichts abnehmen zu lassen. In Karl Gnust, dem Dorfschmied, fanden wir einen Mann, der allen Anforderungen genügte. Mit vollem Eifer ging er daran, die Hälfte des hinteren Kastenaufbaues abzusägen. Der vordere Teil mit Führersitz mußte vorläufig im Original bestehen bleiben, da wir die Schlafkojen nicht entbehren konnten. Wir hatten dadurch jedoch eine beträchtliche Gewichtsverminderung erzielt, die den Wagen fast ganz von seiner Kopflastigkeit befreite.

In *Belgrad* erwartete man unser Kommen, und die Wagen wurden mit Girlanden und Blumen zur Weiterfahrt geschmückt. Freunde und Fremde gaben uns das Geleit aus der Stadt. Je südlicher uns der Weg führte, um so schlechter wurden die Straßenverhältnisse. Lose Schotterung war noch das günstigste, was wir antrafen, während die Feld- und Bauernwege, die streckenweise die einzige Verbindung bedeuteten, an vielen Stellen unserer Handarbeit bedurften, um sie gangbar zu machen. Über *Topola**, der Residenz des Königs, erreichten wir das altertümliche *Nisch*. Die Festung, in deren Innerem Kasernen serbischem Militär zur Unterkunft dienten, war in ursprünglicher Form erhalten worden. Abbröckelnde Mauern, Gräben und alte Gefängnisse erzählten von einer vergangenen Zeit, wo die Kriege nicht weniger grausam, aber mit primitiveren Mitteln geführt wurden. Im Laufe der Jahrhunderte waren die verschiedenen Nationen des Balkans über diesen Landstrich hinweggeflutet, ihre blutige Spur zurücklassend. Ein grausiges Denkmal der Türkenherrschaft stand ausgangs der Stadt auf unserem in die Berge und nach Bulgarien

* *Topola* – hier befindet sich die Wiege und Grabstätte der serbischen Dynastie Karadjordjević, aus der damals mit Alexander I. der König der „Serben, Kroaten und Slowenen“ (ab 1929 Königreich Jugoslawien) stammte.

führenden Weg: ein Haus, errichtet aus den Schädeln serbischer Soldaten, um die Bevölkerung von Aufruhr und Widerstand abzuschrecken. Unter dieser drohenden Warnung hatte das Volk geschmachtet, bis es sich in schweren Kämpfen befreite.

Weicher Lehm, abwechselnd mit losem Geröll, bildete den Unterbau des Paßweges, der über das Grenzgebirge ins bulgarische Land führte. Dichtbewaldete Hügelketten breiteten sich vor uns aus, wenn wir von einer Höhe Ansicht auf unsere Umgebung gewannen. Der neutrale Grenzstreifen zwischen Serbien und Bulgarien war nicht ausgebaut worden, da keine der beiden Nationen ein Interesse daran hatte. Wir mußten ein Flußbett benutzen, um durch die Berge zu kommen, die die beiden Länder trennten. Aus Sorge um unsere Wagen, die wir über die losen Flußsteine zu fahren hatten, gingen wir sicherheitshalber die Strecke im Wasser zu Fuß voraus, vorsichtig den Untergrund abtastend, um alle Gefahrenpunkte rechtzeitig entdecken und vermeiden zu können. In *Dragoman*, der bulgarischen Zollstation, erwartete uns die Bevölkerung mit Jubel und Hochrufen. Ein Schuljunge war ausersehen, ein Gedicht aufzusagen, das er mit rotem Kopf und stockend zu Ende brachte. Die Wagen wurden mit Blumen geschmückt. Wir hatten schon Abschied genommen und waren bereit, die Fahrt nach *Sofia* fortzusetzen, als zwei Autos in flottem Tempo auf uns zukamen. Von weitem erkannten wir an den Wimpeln die Wagen des Königlich-Bulgarischen Automobilklubs und der Deutschen Gesandtschaft. Man war gekommen, um uns in die Stadt hineinzuholen. Sofia nahm uns mit offenen Armen für die Stunden auf, die wir in seinen Mauern weilten.

Eine schöne, gut erhaltene Straße wirbelte den Staub hinter uns auf, in dem die Konturen der bulgarischen Hauptstadt verschwanden. Bergiges Gelände nahm uns auf, und dunkelgrüne Tannenwälder würzten die Luft mit einem herben harzigen Geschmack. Weißschäumende Gebirgsbäche überstürzten sich munter in den kleinen, natürlichen Waldtälern, und nur der Angler, der seinen Haken nach der rotgetupften Forelle auswarf, fehlte, um vor uns ein Gemälde des Schwarzwälder Lebens erstehen zu lassen.

In *Samokow* trafen wir auf das festliche Treiben eines bulgarischen Jahrmarktes. Schreiend lief alles durcheinander: Menschen, Esel, Kühe und Schafe. Die bunten Kleider der Frauen und Mädchen erinnerten an eine blumenübersäte Wiese. Bänder flatterten im Wind und verfingen sich in den Hörnern gutmütig aussehender Ochsen, die neue Gäste zum Fest brachten, langsam wiederkäuend sich einen Weg durch die Jugend und das Alter bahnend. Aber auch der Geschäftssinn war an diesem Tage in den vielen Besuchern rege. In tausendfältigen Ausdrücken lobten die Verkäufer ihre Waren. Der Barbier schliff die Klingen und lud die Gäste ein, auf dem breitlehnig dastehenden Stuhl Platz zu nehmen. In der Schmiede glühten die Eisen im Feuer, und Tier um Tier wurden die Fesseln angelegt, um dann den ängstlich schnaubenden, zu Boden geworfenen Vierfüßlern auf die gefesselt in die Höhe stehenden Beine die Eisen anpassen zu können.

Alle Bilder der Freude und Lebenslust verschwanden vor der grauen, durstigen Steppe, aus der *Philippopel** auftauchte. Kahl und lieblos lag die Stadt im Staubnebel der sonnengeplagten, baumlosen Ebene. Wir blieben zur Nacht und fühlten die Gequältheit der hier lebenden Leute.

Vor uns auf dem Weg nach Adrianopel** lag die erste unsichere Strecke. Wir machten daher beim Aufbruch unsere Revolver klar und setzten den Weg fort, die Wagen in Sichtweite haltend. Die hügelige Formation der Gegend und die spärliche Bevölkerung begünstigt den Aufenthalt von Räuberbanden, besonders da die im Westen gelegenen griechischen Grenzgebirge Schlupfwinkel in reicher Anzahl bieten. Heiß brannte die Sonne auf uns herab; flimmernd schlug sich die Luft in Wellen. Kleine schmutzige Wasserlöcher, die spärlich auftauchten, waren angefüllt mit Wasserbüffeln, die in diesen Schlammbädern Schutz vor der schattenlosen Natur suchten. Untergetaucht und nur die Nüstern und den glänzenden Rücken zeigend, atmeten sie prustend, die Behaglichkeit von Nilpferden zur Schau tragend.

Mit den letzten Sonnenstrahlen, die sich an den Minaretten der Moschee des Sultans Selim brachen, fuhren wir in *Adria-*

* *Philippopel* – Plowdiw.

** *Adrianopel* – früherer Name der türkischen Stadt *Edime*.

Schmutzige Wasserlöcher angefüllt mit Wasserbüffeln.

nopel ein. Das Telegramm, das uns anmelden sollte, war nicht eingetroffen, so mußten wir – sprach- und ortsunkundig – ein Nachtquartier suchen. „Hotel?" – „Madame Marie!" – Madame Marie war eine Österreicherin, die seit ihrer Jugend hier lebte. Durch Schicksal war sie die Besitzerin eines großen, vom Alter gebräunten Hauses geworden, dessen Schwächen mildtätig von ebenso alten stolzen Bäumen verdeckt wurden, die den umgebenden Garten in Schatten hüllten. Zu diesem Hotel fuhren wir, nicht darauf achtend, daß unsere Wagen auf dem losen Sand der Anfahrt hoffnungslos steckenzubleiben drohten. Madame Marie stand mit freundlichen Augen in einem runden, mütterlichen Gesicht in der Tür. Mitleidig schüttelte sie ihr Haupt, die wiegende Bewegung auf die ganze Fülle ihrer Rundheit übertragend. Sie beherrscht kaum noch ihre Muttersprache.

Das Haus war überfüllt; doch unsere enttäuschten Gesichter mochten ihr leid tun. Die kleinen fetten Hände strichen über die Schürze, und gleichsam als ob sie daraus Gedanken hervorkramte, schlug sie uns vor, im Eßzimmer zu übernachten, wenn wir damit fürliebnehmen wollten. Drei alte Feldbetten wären noch im Keller, und ich könnte bei ihr im Bett schlafen. Während ich letztere freundliche Einladung nicht annahm, sondern mir vornahm, mir lieber später meine Lagerstatt auf dem Speisetisch zu bereiten, waren wir Madame Marie für die glückliche Lösung unserer Unterkunftsfrage doch dankbar.

Während nun im Hause die Vorbereitungen für die Abendmahlzeit begannen, ging ich an die Erledigung unserer Zoll- und Paßformalitäten, eine notwendige Arbeit, die jeder Grenzübergang erforderte. Ich besaß eine Empfehlungskarte an den Direktor der Ottoman-Bank. Es gelang mir jedoch nicht, nähere Einzelheiten über diesen Herrn zu erfahren. Das Warum erfuhr ich beim Abendessen von einem Hotelgast, dem Leiter der Ottoman-Bank in Konstantinopel. Der betreffende Herr, der mir helfen wollte, war schon seit Monaten fort; dafür sprang aber der neue Bekannte ein. Als persönlicher Freund des Vali, dem Kommandanten, versprach er, denselben noch am gleichen Abend von meiner Ankunft in Kenntnis zu setzen, damit uns auf Grund meiner Empfehlungsschreiben auch alle Erleichterungen zuteil würden. Er hielt Wort. Nachdem wir uns vor dem Schlafengehen an einem Brunnen im Garten vom Schmutz und vom Staub der Landstraße gereinigt hatten, schlugen wir unsere Betten und Schlafstellen im Speisesaal auf. Im Begriff, in die Schlafsäcke zu schlüpfen, löschten wir die Kerze aus. Im gleichen Augenblick näherten sich Männerschritte unserem Saal. Es klopfte; draußen standen, geführt von unserem hilfreichen neuen Freund, der Vali, der Oberzollinspektor und der Polizeipräsident. Sie kamen, um uns zu begrüßen, die wir schon lange von Konstantinopel aus angemeldet waren und erwartet wurden. Alle eventuell zu befürchtenden Schwierigkeiten zerrannen in ein Nichts. Man war bereit uns zu helfen, und es bedurfte nur einiger Formalitäten am nächsten Tage, um uns die freie Durchfahrt zum Bosporus zu öffnen. Damit wir ungehindert die für private Automobile gesperrte Tschataldschalinie* passieren konnten, sollte das Auto des Vali uns begleiten.

Wäre das Wetter genauso liebenswürdig gewesen wie die Menschen, so wäre uns am nächsten Tag viel Mühe erspart wor-

* *Tschataldschalinie* – Kette von Befestigungen bei der türkischen Stadt Tschataldscha (Çatalca), die zur Verteidigung Istanbuls und des Bosporus nach Westen angelegt wurde.

den, so aber setzte über Nacht ein heftiger Regen ein. Große Pfützen klatschten am Morgen unter unseren Füßen, als wir aus dem Hause traten. Der große Wagen war in dem losen, aufgeweichten Boden eingesunken, und wir mußten ihn erst hochwinden und Bretter unterbauen, bevor wir ihn zu einer Vorwärtsbewegung veranlassen konnten. Auch die Wege außerhalb der Stadt waren von einer feuchten, schmierigen Lehmschicht überzogen, und mehr als einmal überlegten wir, ob es nicht ratsam wäre, Schneeketten anzulegen. Doch die Sonne, die sich gegen Mittag durch die Wolken schob, hielt uns davon ab, uns mit neuer Hoffnung auf besseres Fortkommen erfüllend. So rutschten wir geduldig langsam unseren Weg weiter, bis die Dunkelheit anbrach und mit ihr trockener Boden erreicht wurde. Vollmond unterstützte unsere Scheinwerfer auf den von Löchern und Wagenspuren durchfurchten Feldwegen. Wir waren so vertieft in unser Fortkommen, daß uns die nächtliche Schönheit der vor uns auftauchenden Küste unvorbereitet traf. Vor uns lag das Marmarameer. Der Mond spielte mit kleinen silbernen Wellen auf der dunstigen Fläche.

Vierzig Kilometer vor *Konstantinopel* wurden wir vor einer Polizeistation angehalten. Wir durften nicht weiterfahren: Der große Kommandant in Stambul mußte dem kleinen Kommandanten auf der Polizeistation die Berechtigung unserer Durchfahrt bestätigen. Ich wurde in das große, geräumige Arbeitszimmer hinaufgebeten, aus dessen kerzenflackerndem Halbdunkel lebensgroß das Bild Mustafa Kemal Paschas* als einzige Wandverzierung heraustrat. Den geführten Telephongesprächen entnahm ich, daß der kleine Kommandant den großen Kommandanten in der Stadt am Bosporus zu erreichen versuchte.

Die Zeit verstrich. Wir rauchten Zigaretten, tranken türkischen Kaffee und machten schüchterne Sprachversuche, die – wie die

* *Mustafa Kemal Pascha* (1881 bis 1938), genannt Atatürk („Vater der Türken"), stoppte 1922 im griechisch-türkischen Krieg den Vormarsch der Griechen in Kleinasien. Im Zuge seiner Reformbestrebungen setzte er den Sultan ab und rief 1923 die Republik aus. Mit diktatorischen Vollmachten regierend, formte er als Staatspräsident in der Folge die Türkei zu einem modernen Nationalstaat westeuropäischer Prägung.

des Laufens unkundige Kinder – wieder in sich zusammenfielen. Um Mitternacht hatte ich einen vergeblichen Anflug, energisch zu werden, sprach von unfreundlicher Aufnahme; aber gegenüber dem verständnislosen Lächeln des Chefs resignierte ich und ergab mich in mein Schicksal. Ich streckte mich auf einem Sofa zum Schlafen aus. Monoton strich die türkische Unterhaltung des Kommandanten mit seinen Leuten wie ein Murmeln in Buchsbaumhecken an mir vorüber. Von der Straße klang von Zeit zu Zeit der widerhallende Ton der Glocke des Leitkamels der Karawanen herauf, die mit Waren zur Stadt zogen. Die schattenhaften großen Tiere erweckten eine symbolische Vorahnung der europafernen Länder.

Um drei Uhr nachts war der große Kommandant gefunden worden, und der kleine Kommandant gab uns einen Polizisten mit und die Erlaubnis zur Weiterfahrt. Früh am Tage fuhren wir in die Stadt ein. Laut rufend liefen Straßenhändler unseren Autos entgegen, frisches Obst und Backwerk anbietend, Dinge, die unseren nachtdurchwachten Augen köstlich erschienen, für die wir aber noch keine Zeit haben durften. Unser Polizeibegleiter, von Pflichtgefühl getrieben, hielt unsere sofortige Anmeldung für unbedingt notwendig. So fuhren wir von *Pera** nach *Stambul* und von Stambul wieder nach Pera, doch die Polizeigewaltigen waren nicht zu sprechen, der eine, weil er noch nicht aufgestanden, der andere, weil er noch nicht schlafen gegangen war. Als unser übereifriger Freund nun noch einen dritten Versuch anstellen wollte, streikten wir. Wir fuhren zum Pera-Palaca-Hotel, ließen die Wagen stehen und zogen uns – ungeachtet der sorgenvollen Vorhaltungen des guten Polizisten – zurück, um nach einem heißen Bad ausgiebig zu frühstücken, bevor wir weiter von Behörde zu Behörde liefen.

* *Pera* – ehemaliger Europäer-Bezirk, heute *Beyoğlu*, ein Stadtteil Istanbuls jenseits des Goldenen Horns, das gemeinsam mit dem Marmarameer und dem Südausgang des Bosporus die Halbinsel des eigentlichen „Stambul" begrenzt.

III.

Über schwindelndem Abhang • Die Hauptstadt in der Wüste • Das Leck im Kühler • Bei den Kurden • Nächtlicher Alarm • Konya • Der Taurus • Das Mittelländische Meer

Von Konstantinopel bis *Izmit* mußten wir aus militärischen Gründen verladen, und im Haydarpaşa-Bahnhof wurden unsere Wagen auf einen Waggon gesetzt, während ein großer Zuschauerkreis sich um uns versammelte. Hunderte von neugierigen Augen betrachteten uns, und wir waren froh, als wir von ihnen weg hinausfuhren in die friedliche Ruhe, die um den Golf von Izmit lag. Die Dunkelheit hatte bereits Platz gegriffen, und nur der Mond begleitete uns auf der Fahrt nach *Arifié*. Nach einem kleinen improvisierten Abendbrot begaben sich alle zur Ruhe, mit Ausnahme meiner Person und des türkischen Majors Jussuf Bey, der uns durch Kleinasien begleitete. Wir beide blieben wach, um unsere Ankunftsstation Arifié nach dreistündiger Fahrt nicht zu versäumen. Sogleich wurden wir an eine Rampe rangiert, und bei türkischem Kaffee und Zigaretten erledigten wir die Formalitäten für die Ausladung am kommenden Morgen. Dann stiegen auch wir in den Schlafsack, um auf der Plattform des Waggons die wohlverdiente Ruhe zu genießen.

Ein neuer Tag begann – ein Tag, an den wohl jeder der Teilnehmer sein Leben lang zurückdenken wird. Ein schmaler Weg führte uns von der Bahn weg in ständiger starker Steigung über einen tiefen Gebirgszug zum Tal des Sakaryaflusses, dessen Lauf wir folgten. Hier galt es, einige sehr unangenehme schmale Stellen zu überwinden, bei denen uns die Gefahr drohte, abzurutschen und umzustürzen. Wir befanden uns in einer üppigen Vegetation, das Tal von prangendem Grün erfüllt, das sich weit in die Berge hinaufzog.

Vor uns tauchten neue, größere Höhenzüge auf, und mit leiser Sorge sahen wir uns gezwungen, unserer Karte folgend, den Sakarya zu verlassen und uns in einem scharf östlichen Bogen, einem neuen Flußtal entlang, den Bergen zuzuwenden. Unsere

Umgebung veränderte sich zusehends. An die Stelle der Felder und Wiesen trat dichter Tannenwald, kleines Knüppelholz, das uns vorübergehend begleitet hatte, verschwand vollständig, und schwere, große Kiefern am Hang der Bergwände beschatteten das Tal, je weiter wir vordrangen. Von Augenblick zu Augenblick gewann die Gegend ein wilderes, unberührteres Aussehen, und gleichzeitig verschwand der bis hierhin noch vorhanden gewesene Weg. Ein Pfad, der aus alter Zeit noch an einigen Kurven Spuren von Ausbesserungen aufwies, war alles, was blieb. Stehenbleiben durften wir nicht mehr, da der Unterbau dieses Naturweges sehr unzuverlässig erschien. Es blieb nichts anderes übrig, als so gut wie möglich den Windungen des an die Bergwand sich eng anschmiegenden Pfades zu folgen, in der Hoffnung, daß uns das Schicksal heil hinüberführen möchte. Den kleinen Adler, an dessen Steuer ich saß, um die Kurven herumzuschmeißen und über die abschüssigen Stellen hinwegzujagen, war nicht so schwierig wie das gleiche Unterfangen mit dem nachfolgenden Lastwagen.

Unser „Großer" bereitete uns Kopf- und Herzzerbrechen. Der Weg war abschüssig, vom Regen ausgewaschen und stellenweise in sechzig bis achtzig Meter Höhe über dem Flußtal, dessen Tiefe so zum tödlichen Abgrund wurde, während die andere Seite eine unüberwindliche Grenze durch die Gebirgswand besaß. Fünf bis zehn Zentimeter waren der normale Spielraum, der uns zur Verfügung blieb. Um zu verhüten, daß der Wagen an den regenausgewaschenen Stellen umkippte, hängten wir uns, während einer ihn steuerte, an seine Innenseite, um ihn mit unserem Körpergewicht zurückzuhalten. An den Stellen, wo der Weg von kleinen Sturzbächen gänzlich fortgewaschen war, mußten wir uns mit Spaten und Picke einen neuen Durchgang schaffen.

Ab und zu gelangten wir wieder zur Talsohle oder erreichten ein Hochplateau, das uns für kurze Zeit aufatmen ließ, doch nur, um uns immer wieder von neuem in einen Kampf mit dem Tode über schwindelndem Abgrund zu führen. Seit wir unterwegs waren, waren dies die größten Schwierigkeiten, die sich uns entgegenstellten. Wir lernten kennen, daß es Augenblicke im menschlichen Leben gibt, in denen man sein Herz nicht mehr fühlt und nur wartet, ob es so oder so vorübergeht. Zwei Tage mußten wir unseren Weg durchkämpfen – über 320 Kilometer, die wir in je sechzehnstündiger fortgesetzter Arbeit bewältigten.

Die Nacht verbrachten wir in einem kleinen türkischen Bergdorf. Es war wie überall. Sobald man in waldige Gegend kam, wohnten die Menschen in Holzhäusern. Die kleine Dorfgemeinde, bei der wir eintrafen, zählte 50 Seelen, meist Schaf- und Ziegenhirten. Ein sauber ausgefegter Schafstall, dessen Dach der Himmel war, wurde uns zum Quartier überlassen. Wir entzündeten ein Holzfeuer zur Bereitung unseres Nachtmahles. Aus Schinken und Erbsen kochten wir eine Suppe, und als Nachtisch gab es Käse mit frisch aufgebrühtem Tee. Neugierige Hühner, die um uns herum kratzten und scharrten, taten später ihr übriges, um unseren Eiervorrat aufzufrischen, und dazu konnten wir aus der türkischen Brotbäckerei neues Brot geliefert bekommen. Freilich mußte der Hunger schon sehr groß sein, um diesem Brot Geschmack abgewinnen zu können! In seiner äußeren Erscheinung war es flach wie ein Teller, fingerdick und biegsam erinnerte es – fast möchte ich sagen, in *jeder* Beziehung – an eine gute, gesunde *Schuhsohle*!

Spätabends erreichten wir *Angora**, nachdem wir stundenlang über baum- und pflanzenlose Hochsteppe mühsam Karrenspuren gefolgt waren, oft im Zweifel, ob wir uns auf dem richtigen oder überhaupt auf einem Wege befanden. Nie erfreuten uns die Lichter einer Stadt so, als wenn sie als Ziel nach schweren Strapazen auftauchten. Kurz vor der Stadt trafen wir auf eine Chaussee, und in flottem Tempo fuhren wir nun weiter, bis wir vor der Tür des Bahnhofshotels dieser einsamen Hauptstadt hielten.

Wenn man sich vergegenwärtigt, daß die Hauptstadt Angora im Jahre 1918 als solche überhaupt noch nicht bestanden hat, sondern erst seit dieser Zeit geschaffen wurde, gezwungen aus der Not der Türken, ihre Regierungsstadt uneinnehmbar im Kriegsfalle zu machen, so muß man mit anderen Augen auf die mühselige Zähigkeit blicken, mit der es gelang, aus Bergen

* *Angora* – früher in Europa gebräuchliche Bezeichnung für *Engürü*, dem Namen von Ankara bis 1930.

und Wüsten in wasserloser Gegend das Nervenzentrum des türkischen Volkes zu organisieren. Aus früheren, mohammedanischen Zeiten gab es alte Festungswerke, die, längst verfallen, ein Denkmal untergegangener Dynastien waren. An dieser Stelle entstand die neue Stadt. Noch standen die Häuser kahl nebeneinander, und baumlos dehnten sich die Straßen – kleine Villen aus Holz und Stein, kaum ein großes Gebäude. Trotzdem fühlten wir die Möglichkeit, daß vielleicht hier schon in wenigen Jahren das Leben einer Großstadt abrollt, wo jetzt nur Regierung und Diplomatie, die eingewurzelten Anhänger der neuen Türkei, das Leben einer alten, sagenhaften Regierungsform wieder neu heraufbeschworen hatten. Hinter diesem ungeheuren Wagnis, eine Wüstenstadt zum Zentrum eines Millionenvolkes zu machen, spürte man den alles beherrschenden Willen Kemal Paschas. Er war davon beseelt, sein Volk mit Hilfe der Naturgewalten unangreifbar zu machen, andererseits selbst mit den Naturgewalten zu ringen, um sie seinem Volke nutzbar zu machen. Aus dieser Idee heraus schuf er vor den Toren Angoras ein Mustergut, das sich dem Studium der Landwirtschaft unter den im Lande gegebenen Verhältnissen widmete. Es wurden Versuche angestellt über die geeignete Bewirtschaftung von Grund und Boden in dieser Gegend, an allen Orten Bohrungen nach Wasser unternommen, dessen Mangel die Ursache der vollständigen Unfruchtbarkeit des Landes war. Künstlich bewässert erzielten die Felder gute Resultate und dienten gleichzeitig dazu, den Bauern für ihre Feldbestellung als Vorbild zu dienen.

Zwei Tage weilten wir in Angora. Dann setzten wir unseren Weg nach Konya fort. Die Fahrt ging zunächst über ein salzhaltiges Hochplateau. Während wir in den vorangegangenen Tagen immer das Gefühl hatten, Treppen zu erklettern, indem wir nach jeder Stufe ein neues Podest gewannen, das in sich von Berghügeln begrenzt war, so hatten wir jetzt, trotz unserer beträchtlichen Höhe von 1200 Metern über dem Meer, nicht das Empfinden, im Gebirge zu weilen. Weit vor unseren Augen erstreckte sich die Steppe, durch kleine, unscheinbare Hügelketten am Horizont eingerahmt. Eine Panne zwang uns zu unfreiwilligem Aufenthalt. Ein Flügel am Propeller des Lastwagens brach ab und schlug uns ein großes Loch in den Kühler. Es war ausgeschlossen, eine längere Strecke weiterzufahren. Vorübergehend halfen wir uns, indem wir das Leck notdürftig reparierten, mit allem Lötzinn, das wir besaßen; dann fuhren wir weiter, obwohl der große Wagen aus Mangel an Wasser ständig kochte, bis wir eine Quelle fanden, wo wir ohne Sorge warten konnten. Den Kühler des großen Lastwagens mußten wir abmontieren und in dem Standard nach Angora schicken, um ihn sachgemäß ausbessern zu lassen. Major Jussuf Bey und Heidtlinger fuhren zurück, während wir anderen uns daranmachten, das Zelt aufzuschlagen.

Nachdem wir unsere Vorbereitungen für die Nacht getroffen hatten, unternahmen wir eine Erkundung der Gegend. Wir entdeckten ein zwei Kilometer entferntes Dorf, und getrieben von dem Wunsch, zum Abendessen „ein Huhn im Topf" verspeisen zu können und unseren Vorrat an Eiern und Brot aufzufrischen, suchten wir die menschliche Behausung auf. Wir trafen auf eine Kurdenniederlassung. Die Frauen trugen auf dem Kopf einen hohen Aufbau, mit Münzen und Muscheln geschmückt. Darunter quoll ein helles Halstuch hervor, das über Rücken und Schultern fiel. Als wir eintrafen, versammelten sich sofort Frauen und Kin-

Die Frauen trugen auf dem Kopf einen hohen Aufbau.

der, Hunde und Schafe um uns. Man sah, daß unser Fußmarsch uns erhitzt hatte, und bot uns frisches Wasser zum Trunk.

Nach den Begrüßungsformalitäten begannen wir, mit unserer Gestensprache um Huhn und Ei zu bitten. Wir demonstrierten mit Erfolg das Krähen eines Hahnes, das Abdrehen des Kopfes, wie man die Federn rupft, ihn in den Topf legt und alsdann verzehrt. Wir demonstrierten auch, wie das Huhn ein Ei legt und dazu gackert. Nachdem wir alles Gewünschte erhalten und in Silbermünzen bezahlt hatten, begann die Gegenpartei zu gestikulieren. Da wir uns schwerer von Begriff erwiesen, nahm man uns am Arm und zeigte uns in einem Hause einen kranken Knaben, der sich fiebernd auf einem Lager getrockneter Felle wand. „Malaria." – „Chinin." – Jetzt verstanden auch wir, und da wir sahen, daß wir hier helfen konnten, versprachen wir, am Abend wiederzukommen und für den kranken Knaben Chinin aus unserer Reiseapotheke mitzubringen.

Eine herbe Enttäuschung stand uns bevor, als wir einige Stunden später an die Verspeisung des gekochten Huhnes gingen; das Fleisch war zäh wie Leder … eine Charaktereigenschaft aller türkischen Hühner, wie wir später merkten. Die Suppe war gut, aber selbst Lord vermochte nicht, das Fleisch des guten Huhnes hinunterzuwürgen. Frisch gestärkt gingen Söderström und ich am Abend nochmals zu den Kurden, um das Chinin hinzubringen. Das Kurdendorf umfaßte etwa dreißig Personen. Wir hatten inzwischen Zeit und Muße gehabt, die einzelnen Bewohner näher zu studieren. Das Zepter schwang eine alte Frau mit rotgefärbten Haaren, die im Nebenberuf das Dorfbrot knetete und backte, indem sie auf dem Teig herumtrat (geschmeckt haben wir das freilich nicht).

Die Dunkelheit war schon angebrochen, als wir unseren zweiten Besuch abstatteten. Man wartete auf uns, und – huldvoll in die Mitte genommen – wurden wir in den „Empfangssalon" geführt. Wir bekamen die Ehrenplätze auf Kissen und Decken, die auf einer gemauerten Schlafstelle ausgebreitet waren, welche eine ganze Wand des kleinen viereckigen Raumes ausfüllte. Wir wurden zum Sitzen aufgefordert und erhielten frische Schafmilch und Zigaretten angeboten. Alles menschliche Leben dieser kleinen Siedlung hockte im Halbkreis um uns herum, einschließlich der kleinen Kinder, die je nach Bedarf gestillt wurden. Eine Ölfunzel warf ihr flackerndes Licht auf uns und tat ein übriges zur gegenseitigen Unterhaltung, die stillschweigend, aber eindrucksvoll verlief.

Leider waren uns nicht alle Kurden, die in der Umgebung lebten, so freundlich gesinnt wie die Bewohner dieser Siedlung; wir sollten das in der darauffolgenden Nacht erfahren. In bester Stimmung – die nur durch einige humoristische Allgemeinbedenken in Bezug auf den ausgedehnten Aufenthalt bei unseren Gastgebern getrübt wurde – waren Söderström und ich zum Zelt zurückgekehrt. Die Berechtigung unserer Bedenken erwies sich leider nur zu bald, denn kurz nachdem wir uns zur Ruhe begeben hatten, mußte ich mich, alle Faulheit überwindend, aus meinem Schlafsack herausschälen, weil ich es beim besten Willen in meinem Hemd nicht mehr aushielt: zu viele kleine Kurdenflöhe wollten sich an meinem europäischen Blut satt trinken. Ich mußte der „Übermacht" weichen und vom Kopf bis zu den Füßen neue Kleidung anlegen, bevor ich wieder an Schlaf denken konnte.

Gegen Mitternacht stürzte plötzlich Lord mit wütendem Gebell aus dem Zelt und verschwand in der Dunkelheit der uns umgebenden flachen Hügel. Alarm für alle! Die Scheinwerfer leuchteten auf, die Pistolen wurden entsichert. Es dauerte eine Weile, bis der Hund zurückkehrte, dessen Gebell wir ständig verfolgten. Ein dumpfes Grollen rollte noch in seiner Kehle, als er schließlich auf unser Rufen hin mit gesträubten Haaren wiederkam. Vergeblich versuchten wir, unseren treuen Wächter zu beruhigen. Unruhig streckte er sich auf dem Boden unseres Zeltes hin. Wir hatten kaum eine Viertelstunde das Licht gelöscht, als Lord abermals hinausstürzte. Das wiederholte sich fünfmal. Obwohl wir die benachbarten Hügel durchstreiften, soweit dies beim Licht der elektrischen Sucher möglich war, konnten wir nicht feststellen, wer oder was uns bedrohte. Zu denken gab uns jedoch ein Signalpfiff, der nach dem letzten Alarm in den Bergen gegeben wurde, wonach aber – nach Lords Hundeempfinden – Ruhe und Frieden wieder eintraten, denn er kehrte zum Zelt zurück und schlief bis zum Morgen, während wir den Rest der Nacht wachend verbrachten, uns gegenseitig ablösend.

Früh am Morgen wurde die Tür unseres Zeltes zurückgeschlagen, und unsere Kurdenfreunde erschienen „mit Kind und Kegel" zum Gegenbesuch. Mit der Selbstverständlichkeit ungeschriebener Gesetze traten sie ein, ehe wir auch nur die Geste einer Aufforderung hätten machen können, das Zelt bis auf das letzte verfügbare Plätzchen füllend. Wieder saß ich Schulter an Schulter zwischen zwei Kurden, ein schiefes Auge auf mein während der Nacht entferntes Hemd werfend, zur Freude meiner Gefährten, die sich nicht so sehr der Zuneigung dieser netten kleinen Tierchen erfreuten. Sehr groß war das Interesse der Kurden an uns und unserem großen Wagen. Besonders die Mutter aller Kurden hätte zu gern gewußt, mit welchem der Männer ich verheiratet sei. Als sie – der Reihe nach auf die Männer zeigend – zu ihrem Erstaunen immer wieder nur ein „Nein" hörte, antwortete sie mir mit einem Schwall bedauernder Worte, und – mir tröstend auf die Schulter klopfend – ergriff sie das kleinste Kurdenbaby und setzte es mir auf den Schoß. Sie meinte, wenn ich mit einem der Männer verheiratet wäre, könnte ich auch solch ein Baby haben, diesen goldenen Preis einer Ehe.

Man hatte auch unseres leiblichen Wohles gedacht. Als Gastgeschenk erhielten wir eine Schüssel mit saurer Milch und wiederum ein lebendes Huhn. Wir empfingen die Gaben mit Dank und tiefen Verbeugungen und erwiderten sie mit zwei bunten Strumpfbändern und einem Adlerabzeichen; der jüngste Sprößling – eben derjenige, der mir als gutes Beispiel dienen sollte – erhielt einen unserer Aluminiumtrinkbecher.

Wir verabschiedeten uns von den freundlichen Kurden, die zu ihrer Arbeit zurückkehren mußten, als mitten beim Händeschütteln ein für sie neues Ereignis in Gestalt des zurückkehrenden kleinen Wagens kam. Der Kühler des Lastwagens war repariert worden. Die Gefährten waren die Nacht hindurch gefahren und nun viel eher bei uns eingetroffen, als wir sie – der Entfernung nach – hätten erwarten können. Wir gingen sofort an die Arbeit, nahmen die Montage vor, rissen das Zelt wieder ab. Nach getaner Arbeit wuschen wir uns ausgiebig und setzten alsdann die Fahrt fort.

Je näher wir Konya kamen, um so kultivierter wurde die Gegend. Trotz der primitiven Arbeitsmethoden, nach denen die Bevölkerung ihre Felder bestellte, waren sie in gutem Zustand. Alle drei Kilometer trafen wir auf gemauerte Steinbrunnen mit Eimern und Hebearm. An feuchten Stellen war der Weg durch aufgeschüttete Steine passierbar gemacht. Große Schaf- und Ziegenherden weideten auf den Brachflächen, die infolge des Wassermangels nicht bearbeitet werden konnten. Auch die Wohnungen wirkten durchaus sauber und ordentlich, obwohl sie nur aus an der Luft getrocknetem Lehm errichtet waren.

Unmittelbar vor Konya erstreckte sich ein weiter Wüstengürtel, der, jeden Wassers bar, von Sonne und Wind ausgetrocknet, als eine lose Staubmasse erschien. Um unsere Wagen bildete sich eine Wolke, die – sich hinter uns herwälzend – den Eindruck erweckte, als würden wir im schwersten Brand fahren. Manchmal mußten wir sogar anhalten, wenn sich der Wind gedreht hatte und uns – den Staub nach vorn treibend – jede Sicht versperrte.

Konya, im Herzen Kleinasiens, liegt auf dem Hochplateau gleichen Namens. Von weitem erkannte man schon die Stadt durch die grünen Bäume, die man um die schmale, langgestreckte Oase angepflanzt hatte. Diese Bäume waren ein typischer Beweis für die Fruchtbarkeit der Steppe, die nur des Wassers bedurfte, um aus öder Gegend in blühendes Land verwandelt zu werden. An

Um unseren Wagen bildete sich eine Wolke.

diesem Etappenpunkt, zu dem seit Jahrtausenden die Karawanen von Nord und Süd gezogen waren, hatte vor 800 Jahren der Scheich Djalal ed-Din Rumi Mewlana* den Orden der tanzenden Derwische gegründet, zu einer Zeit, als in allen Religionen die Musik beim Gottesdienst verpönt war. Er setzte sich – allen zum Trotz – durch, und sein Kloster existierte bis zur Auflösung durch die jetzige Regierung im Jahre 1925. Aus der Moschee ist ein Museum gemacht worden, in dem man die Kunstschätze des Klosters zeigt. Angesammelt sah man in dem mystischen Dunkel der von zwei großen und sechs kleinen Kuppeln überwölbten Moschee alles, was alttürkische und persische Kunst an Schönheit besaß. Durch die drei westlichen Kuppeln, die in sich ein Kunstwerk aus Malerei und Glasschliff waren, fiel das Tageslicht gebrochen in den Raum, in dem Sarg an Sarg die Ordensmitglieder ruhten. Wir gingen auf weichen türkischen Teppichen, die jedes Geräusch erstickten, damit die stillen Schläfer nicht gestört würden. – Jeder Tote ruhte unter einer reichbestickten Decke. Sie lagen Seite an Seite zu zweien. Ihre Kopftracht, den Rang verkündend, war zu Häupten aufgestellt. Um diese Toten, die im reinen Glauben gestorben waren, wob sich eine Sage. Es gab eine Stelle am Grabe des Scheichs, von der man sagte, daß jedem Gläubigen, der dort aus reinem Herzen seine Bitte zu Gott schickt, der Wunsch in Erfüllung geht. Vom weltlichen Standpunkt aus spielte der Scheich Djalal ed-Din Rumi eine große Rolle als Philosoph, und seine Werke als Dichter und Denker sind bis in die heutige Zeit in allen Ländern anerkannt.

Die Bevölkerung der kleinen Stadt war freundlich, und es fiel auf, welche Herzlichkeit zwischen Soldat und Zivilist bestand. Die Bauern und kleinen Jungen standen auf, wenn ein Offizier vorbeiging, und grüßten ihn.

* *Djalal ed-Din Rumi* – bedeutender Dichter der persisch-islamischen Mystik (lebte 1207 bis 1273), der sich 1228 mit seinem Vater in Konya niederließ; nach seinem Ehrennahmen Mewlana („unser Herr“) wird der von ihm begründete Orden der tanzenden Derwische auch Mewlewije genannt. Obwohl von Atatürk 1925 verboten, lebte die Tradition der Mewlewije in der Türkei weiter. Das ehemalige Kloster des Ordens, 1927 in ein Museum umgewandelt, ist heute ein wichtiges islamisches Pilgerzentrum.

Unser Weg führte von hier zum Taurus-Gebirge weiter. Hitze und Staub nahmen uns auf und verließen uns erst wieder, als wir *Eregli* erreichten, am Fuße der Schneeberge gelegen. Festliches Leben herrschte in der Stadt. Von nah und fern war alles zu einem Bazar geeilt. Die Läden und Gaststuben waren dicht mit Teppichen behangen. Voll Freude über die Abwechslung mischten wir uns in den Trubel. Begleitet von einer Schar Menschen, die uns neugierig betrachteten, zogen wir von Stand zu Stand. Mit Händen und Füßen machten wir uns verständlich. Alles lachte und freute sich über die Europäer, die mit ihren großen Automobilen in diesem versteckten Winkel aufgetaucht waren.

Wenn wir aufblickten, lag wild und gewaltig der Taurus vor uns. Die Straße folgte der Eisenbahn und beide – wie meist in den Bergen – dem Flußtal. Schwere klaffende Schluchten hatten sich in die Felsen eingeschnitten.* Mit der Station von *Pozanti* erreichten wir den letzten Punkt vor dem Paß, der über das Gebirge führt. Eine Kamelkarawane war soeben eingetroffen, und die Güter wurden auf die Bagdadbahn zum Weitertransport verladen. Alles schrie und klatschte. Händler mit türkischem Kaffee liefen herum, um den Durstigen Erfrischungen anzubieten.

Die Berge lagen in Frieden und erwarteten den Einbruch der Nacht. Bevor wir uns jedoch zur Ruhe und Mahlzeit niederließen, konnten wir der Versuchung nicht widerstehen, ein kaltes Bad im Fluß zu nehmen. Wenn einem schon die Hitze des kommenden Südens aus dem Tiefland entgegenschlägt, versagt man sich nicht gern die grüne, kristallklare Flut eines gletschergespeisten Stromes. Obwohl das Wasser wie Eis an den Muskeln lag, genossen wir in vollen Zügen diese Reinigung nach all dem Staub, den wir in den letzten Wochen hatten schlucken müssen.

Leider wurden wir unliebsam gestört durch einen Kampf, der sich zwischen unserem Lord und zwei einheimischen Wolfshunden entfacht hatte. Da die Kampfart der beiden Wolfshunde –

* Bei dem Engpaß handelt es sich um die *Kilikische Pforte*; das Durchbruchstal durch die Gebirgskette des Taurus war bereits in der Antike eine wichtige Verbindung für Karawanen und Heereszüge. Heute ist die alte Straße, die zum Teil an schwindelerregenden Abgründen vorbeiführte, durch eine Autobahn ersetzt.

indem der eine unseren Lord von vorn angriff, während der andere von hinten zubiß – nicht gerade gentlemanlike war, wäre der Ausgang unsicher gewesen, wenn wir ihm nicht mit Knüppeln und Steinen zu Hilfe geeilt wären und ihn aus seiner hoffnungslosen Lage befreit hätten. Zerbissen und zerschunden konnten wir Lord zum Lager zurückbringen, um ihn mit Jod und Alkohol in meine ärztliche Behandlung zu nehmen. Die Bewohner des Ortes drängten sich um uns herum und waren verwundert, daß man einem Tier menschliche Behandlung zukommen ließ. So etwas hatten sie noch nicht gesehen. Ein Tier war für sie ein Tier; unempfindlich und dumm. Leider konnten wir in zunehmendem Maße, seitdem wir Belgrad verlassen hatten, beobachten, mit welcher Verständnislosigkeit und Grausamkeit alles behandelt wurde, was Kreatur hieß. Am bemitleidenswertesten waren die kleinen Esel, denen Last um Last auf den Rücken gepackt wurde, und zum Schluß setzte sich noch der Besitzer obenauf. So mußte das schwerbeladene Tier Stunde um Stunde durch die Steppe traben, getrieben und geprügelt. Am Abend hatten sich die kleinen Esel ihr Futter noch selbst zu suchen.

Auf der Fahrt über den Paß strömte und brodelte der Fluß, der unter uns meist nur dann sichtbar wurde, wenn er sich in seinen Biegungen quer zu unseren Blicken stellte.

Sobald wir die Höhe überschritten hatten, ging es in dauernder Fahrt bergab. Die Luft wurde zusehends milder, die Vegetation prangte in südlicher Üppigkeit. Lange vor *Adana* begrüßten uns schon die ersten Palmen. Heiße, feuchte Luft trieb uns den Schweiß aus den Poren. Im Sommer übernachten die Menschen hier auf den Dächern ihrer Häuser, da es in den Räumen unerträglich heiß ist.

Wir trafen wiederholt auf Automobile, meist Ford-Wagen, die genauso unsachlich und schlecht behandelt wurden wie die kleinen Esel. Die Hoffnung, daß mit den wieder aufgetauchten Automobilen sich auch die Straßen bessern würden, erwies sich zunächst als trügerisch. Vor uns lag das fast ausnahmslos verwahrloste Grenzgebiet, das anscheinend aus strategischen Rücksichten nicht ordentlich ausgebaut wird. Flußtäler, die keine Brücken haben, oder Brücken, die nicht befahrbar sind, Steine, Baumstümpfe ... alle erdenklichen Hindernisse störten die Weiterfahrt und mußten umgangen oder aus dem Weg geräumt werden. Wir brauchten daher viel länger, als man der Karte nach annehmen konnte, um die Grenze zu erreichen, und entschlossen uns, dem Rate unseres militärischen Begleiters Major Jussuf Bey folgend, in einer Grenzkaserne zu übernachten. Offiziere und Soldaten begrüßten uns mit großem Hallo. Spät am Abend bereiteten sie noch ein schönes Abendbrot, und alles wurde herbeigeschafft, was zu der späten Stunde für uns bekömmlich sein konnte. Die Nacht verbrachten wir im Wagen, und unser Erstaunen war groß, als wir am nächsten Morgen beim Aufziehen der Vorhänge blau und strahlend das Mittelländische Meer vor uns liegen sahen. Bei unserem nächtlichen Eintreffen am Tage vorher hatten wir keine Ahnung gehabt, daß wir uns bereits am Meeresstrand befanden. Die kleinen silbernen Schaumkronen waren eine freudige Bestätigung dafür, daß wir einen Abschnitt unserer Weltfahrt absolviert hatten, und zwar von Deutschland bis zum Mittelländischen Meer.

Herrliche Tage standen uns bevor. Seit mehr als einem Monat kannten wir nur Land, Trockenheit und Hitze, und nun durften wir am Rande des blauen, kühlen Meeres fahren! Vor uns lagen die Ozeandampfer mit den Grüßen aus der Heimat.

Nach wenigen Stunden erreichten wir die die türkisch-syrische Grenze. Von den französischen Behörden* wurden wir aufs herzlichste willkommen geheißen. Man nahm uns auf wie Brüder, auf die man lange gewartet hatte. Statt mit Zollformalitäten empfing man uns mit einem Frühstück, und bei Wein und gutem Essen mußten wir von unseren bisherigen Erlebnissen erzählen. Major Jussuf Bey hatte sich an der türkischen Grenze von uns verabschiedet und war nach Konstantinopel zurückgekehrt.

* *französische Behörden* – nach dem Zusammenbruch des Osmanischen Reiches 1918 wurde der Nahe Osten unter den damaligen Großmächten aufgeteilt, wobei der Völkerbund Frankreich das Mandat für Syrien und den Libanon übertrug, England das Mandat für Palästina und den Irak.

IV.

Ruinen des Altertums • Araber, Beduinen und Basare • Die Oase Damaskus • Schlangenbändiger • Mit dem Konvoi durch die Wüste nach Bagdad

Es war schon Nachmittag, als wir mit unseren Wagen *Alexandrette** verließen und durch das Gebirge hinauf nach *Aleppo* fuhren. Die Gegend hatte durch die vielen Ruinen verschollener Städte und Dörfer, an denen wir vorbeikamen, ein anderes Aussehen als die bisher durchfahrenen Gebiete. Romantik wob sich um die Steintrümmer, die einstmals Mittelpunkt blühenden Lebens gewesen waren. Das klare Blau des Himmels und die von der untergehenden Sonne in flüssiges Gold getauchten Berge ließen die Wüstennacht ahnen, die uns bevorstand. Noch wasserloser als in Anatolien war das Land auf dem Wege nach *Beirut*, der Stadt, bei der man im Zweifel sein konnte, ob man noch in Asien oder schon wieder in Europa war.

Der äußere Eindruck der Stadt war der einer Umwälzung und der des Aufschwungs. Ganze Häuserblöcke waren niedergerissen. Wenn dies vielleicht auch vom Standpunkt des Altertumsforschers aus bedauerlich war, so erschien es mit Rücksicht auf die Hygiene nur begrüßenswert. Die kleinen, niedrigen Häuser, deren Steine unsicher aufeinander lagen, und die daran klebenden Balken und offenen Verkaufsstände wurden abgerissen; nur in den verlassenen Teilen der Stadt, unter den Eingeborenen, fand man noch unverfälschtes asiatisches Leben.

Die Umgebung von Beirut bildete eine ideale Kombination von Meer, Wald und Gebirge. Unmittelbar am Meer lagen die Badeanstalten, die Klubs für den Schwimm- und Wassersport. Wir zogen jedoch den breiten Sandstrand und den Wellengang der offenen See vor und gingen zum Freibad außerhalb der Stadt bei den malerischen Felsen der Taubengrotte. Dieses Freibad lockte

* *Alexandrette* – das heutige *Iskenderun* (Türkei), damals Teil des französischen Mandates Syrien, seit 1939 türkisch.

Die Umgebung von Beirut, eine Kombination von Meer, Wald und Gebirge.

allsommerlich viele Gäste heraus, besonders Einheimische. Diese errichteten sich dort für die ganze Saison einen Aufenthalt, indem sie viel Stangen in die Erde stießen und auf halber Höhe eine Plattform aus getrocknetem Schilf flochten, die sowohl der Wohnung Halt verlieh als auch einen luftigen Schlafboden bildete. Mit Tüchern und Zeltstoff bauten sie ein Dach zum Schutz gegen die Sonne. So war es ihnen möglich, sich vor den Sommermonaten mit ihrem schwer zu ertragenden Klima zu schützen. Die hohe Luftfeuchtigkeit machte das Leben da fast unerträglich, und besonders die Europäer litten sehr unter diesen Klimaverhältnissen. Demzufolge nahmen sie Zuflucht in den Bergen, von denen Beirut auf der Landseite umschlossen ist. In etwa 2 000 Meter Höhe gründeten sich die Europäer ihre Sommersitze.

Wir folgten dem Beispiel derer, die des Nachmittags nach der Arbeit der Treibhausatmosphäre der Stadt entgehen wollten, und glitten mit im langen Zug der Automobile, die tagein tagaus hinauf und hinunter fuhren. Wie eine unendliche Schnur von kleinen Käfern krochen die Wagen am Hang des Gebirges auf der Chaussee. Wenn die Sonne nicht in voller Glut brannte, erreichten sie ihr Ziel ziemlich schnell, anderenfalls waren die meisten gezwungen, an Wasserstationen anzuhalten, die – aus

Notwendigkeit geschaffen – am Wege standen, um die kochenden Kühler neu aufzufüllen.

Nach einem Frühstück, das uns Henri Portio, Oberkommissar und französischer Botschafter in Syrien*, gegeben hatte, war auch für uns der letzte Tag am blauen Mittelländischen Meer gekommen. Bevor wir über die oberste Berggruppe in das Innere des Landes verschwanden, wandten wir uns zum letzten Male abschiednehmend um.

Zwei große Gebirgsketten mußten wir überwinden: den Libanon und den Antilibanon, um Damaskus zu erreichen. Zwischen diesen beiden Bergketten lag ein großes, breites Tal, die *Beka*, das nur wenig bebaut war, jedoch bei richtiger Bearbeitung zur Ernährung von Millionen von Menschen geschaffen sein würde. Durch die dauernd heißer werdende Sonne empfanden wir zunehmend den Durst von Mund und Augen bei diesen wasserlosen Strecken. Unsere braven Automobile überwanden Kilometer um Kilometer, bis wir von der Berghöhe des Antilibanon das Tal der *Ghouta* erblickten. *Ghouta* bedeutet arabisch „Oase"; es ist die Oase, die Damaskus die Existenzmöglichkeit bietet. In der Talöffnung entspringt der Fluß Barada, ein Bergquell. Der Fluß fließt terrassenförmig – teilweise siebenfach übereinander – an den beiden Berghängen entlang, bis er sich kurz vor der Stadt zu einem Wasserstrom vereint. Ringsum ist alles in üppig grünender und blühender Pracht: Bäume, Sträucher, Blumen.

Damaskus liegt im Westen, an der Bergkette des Antilibanon, dessen Berge sich nach Norden und Süden um die Stadt ziehen, während im Osten das Auge die Wüste ahnt.

Hoch und gewaltig ragt unter den Bergen der Turga hervor, von dem Mohammed einst das grüne Tal erblickte und – wieder umkehrend – die Worte sagte: „In das Paradies kehrt man nur einmal ein." Auch uns kam in späterer Zeit die Erkenntnis dieser Worte. Wenn wir tagelang durch die trostlose Kahlheit der Steppen ge-

* Mit *Syrien* bezeichnete man nicht nur das heutige Land Syrien, sondern im weiteren Sinn das gesamte Gebiet des Vorderen Orients zwischen Euphrat, Arabischer Wüste, der Halbinsel Sinai, dem Mittelmeer und dem Taurus. Der Libanon war seit 1920 gemeinsam mit Syrien Völkerbundmandat, wurde jedoch 1926 zu einem gesonderten Mandatsgebiet mit eigener Verfassung erhoben.

fahren waren, immer die trügerische Fata Morgana vor Augen, so wirkte das Auftauchen einer grünen Fläche, der Sehnsucht von Tagen, so unwirklich, daß wir den Wunsch empfanden, in die Blätter der Bäume zu beißen, um glauben zu können, daß die Natur uns die lebenspendende Feuchtigkeit wiedergeschenkt hatte.

Den Mittelpunkt der Stadt Damaskus bildete die Zitadelle, von der aus im Jahre 1926 die Franzosen während der Drusenkämpfe das Bombardement auf die Stadt eröffneten.* Wo die Häuser der reichen Araber einst standen, bot sich uns ein Bild des Elends und der Zerstörung. Ein großer Basar, teils unter Hallen, teils im Freien, vereinigte die Verkäufer aller Stände und Gewerbe. In engen Gassen schlossen sich die Handwerker – nach Gilden getrennt – an. Diese Handwerker saßen in ihren kleinen offenen Arbeitsräumen und verrichteten mit den primitivsten Werkzeugen die künstlerischsten Arbeiten. Soweit es das Handwerk erlaubte, benutzten sie zur Unterstützung der Hände ihre Füße. Dies fiel mir besonders bei den Tischlern auf, die mit den Zehen den Hobel hielten und führten, während sie mit den Händen das zu bearbeitende Holz drehten. In großen Mengen lagen flach gepreßte und getrocknete Aprikosen, die aussahen wie gelbe Rinderhäute, auf dem Straßenpflaster. Diese Aprikosen waren für den Export nach Europa bestimmt.

Unser Hotel, in dem wir Unterkunft gefunden hatten, zeichnete sich durch seinen Reichtum an Flöhen und Wanzen aus, und es bedurfte einer erheblichen Menge an Benzol und Flit, um diese lästigen Hausbewohner auf ein erträgliches Maß zu reduzieren. Um die Mittagszeit ruhte alles Leben in der Stadt, und die Menschen versuchten, schlafend die größte Hitze vorübergehen zu lassen. Aber nicht nur in den Wohnungen lagen die Menschen auf ihren Betten zur Ruhe ausgestreckt, sondern überall, wo eine Mauer oder ein Haus etwas Schatten spendeten, ruhte jemand, meist dicht mit Tüchern eingehüllt, was ebenfalls einen Schutz bedeutet.

Für unsere Fahrt nach Bagdad mußten wir uns dem Nairn Konvoi anschließen, da es für einzelne Wagen nicht erlaubt war, die

* Damaskus, seit 1920 Hauptstadt des französischen Völkerbundmandats Syrien, war 1925/26 das Zentrum antifranzösischer Unruhen.

Wüste wegen der Gefahr, die räubernde Araber darstellten, zu durchqueren. Wir trafen daher sogleich unsere Vorbereitungen, um uns den Transportautomobilen des Konvois anzuschließen, nicht vergessend, vorher unsere Waffen einer gründlichen Prüfung zu unterziehen.

Bevor wir jedoch Syrien verließen, unternahmen wir einen Abstecher zu den Ruinen von *Baalbek*, den Resten eines Tempels, der zu den größten Denkmälern des Altertums gehört. Um dieses Kunstwerk zu schaffen, wurden 250 Jahre lang Tausende von Sklaven an die Arbeit gestellt und geopfert. Eine einzige Treppenstufe des Tempels hatte die Größe eines mittleren Steinhauses. Die ungeheuren Säulen und Steinmonumente waren allein durch Menschen- und Tierkraft befördert und errichtet worden. Die Größe der Idee überlebte Zeitalter und Menschen. Der Gründer entwarf den Plan dieses Bauwerkes zu Ehren der Gottheit in dem Bewußtsein, daß vielleicht ein Vierteljahrtausend zu seiner Vollendung nötig sein würde, daß er also niemals die Verwirklichung seines Planes würde erleben können.

Auf dem Heimweg stießen wir auf eine Beduinenzeltstadt, deren Bewohner es sich zur Aufgabe gemacht hatten, Giftschlangen zu fangen und zu zähmen. Als wir die Autos anhielten, um uns diese primitiven Wohnungen näher anzusehen, eilten sogleich die glücklichen Schlangenbesitzer herbei und führten uns ihre Reptile vor, die sie aus allen Taschen zogen. Frauen und Kinder nahmen lebhaften Anteil an diesem Schauspiel und klatschten vor Vergnügen in die Hände, wenn sich einmal eine widerspenstige Schlange zischend gegen ihren Herrn wandte.

Dreißig Kilometer hinter Damaskus nach Osten breitete sich die Wüste vor uns aus. Die Spuren der vielen Automobile, die die Verbindung zwischen dem Mittelländischen Meer und dem Irak, der Etappe nach Persien, herstellten, waren für jeden die besten Wegweiser, der zum ersten Mal die Strecke befuhr. Wir hatten zunächst 460 Kilometer in vollständig unbewohnter Gegend zurückzulegen. Rings um die Wagen hingen Wassersäcke, sowohl für die Kühler als auch zur Stillung unseres Durstes. Unterwegs traf man kein Wasser an. Bei der großen Hitze war der Durst eine quälende Beigabe. 54° C wäre die Temperatur im Schatten gewesen, den wir aber nur unter unserem Wagen liegend hätten finden können. Die Fata Morgana zeigte uns am Horizont waldige Gebirge, Seen und Flüsse. Wie sich auch diese Gebilde verändern mochten, der ruhige, leuchtende Wasserspiegel blieb bei diesen übernatürlichen Erscheinungen immer erkennbar. Unser Augenmerk richtete sich unablässig auf die Bewegungen in der Wüste, auf Reitertrupps, die auftauchen konnten, um uns zu überfallen.

Am Abend erwartete uns eine zweistündige Ruhepause in *Rutbah**, alsdann wurde die Fahrt ununterbrochen bis Bagdad fortgesetzt. 38 Stunden am Steuer *ohne* Schlaf mußten, selbst wenn es nicht so heiß gewesen wäre, anstrengend sein. In diesen Stunden der Ruhe in der Wüste hatten wir das unvergeßliche Erlebnis, eine Wüstennacht in ihrer Großartigkeit kennenzulernen. Die Sonne ging wolkenlos unter, alles um sich in feuriges Rot tauchend. Dann stieg vor unseren Augen aus der Nacht der Mond am Horizont auf, einen Feuerschein vorausschickend, bis er, sichtbar geworden, als silberner Diskus am Himmel sein milchiges Licht ausstrahlte. Die Wüste erschien belebt nach dem heißen Tag; das

Die Trachten der Einheimischen waren gleich geblieben.

* *Rutbah* – Die Oase Rutbah, im irakischen Teil der Syrischen Wüste, stand damals unter der Aufsicht der Briten.

schemenhafte Flimmern der heißen Luft ließ uns glauben, durch Wälder zu fahren. Wir sahen schattenhafte Reitergestalten, die in weißen wallenden arabischen Gewändern durch die Nacht ritten. Vor den Scheinwerfern unserer Wagen kreuzten Gazellenherden den Weg. Die ganze Wüstentierwelt, die den Tag über geschlafen hatte, schien erwacht zu sein.

Die einzige Kamelkarawane, die wir auf dieser Strecke antrafen, begegnete uns vor der Zollstation des Irak, wo wir unsere Papiere und Pässe abstempeln lassen mußten, bevor wir zur Hauptstadt weiterfuhren.

Bagdad, die heißeste Stadt der Welt, ist im Monat Juli ein wahrer Glutofen. In einem Tag drängt sich alles für uns zusammen: gesellschaftliche Verpflichtungen und auch die Befriedigung des Wunsches, etwas von dieser sagenhaften Stadt zu sehen, in deren Mauern die Märchen aus „1001 Nacht" entstanden, die Sagen von Sindbad dem Seefahrer, von Zauberern, guten und bösen Geistern, die später die Welt überfluteten. Von aller Herren Länder zogen die Menschen zu dieser Stadt, deren unermeßliche Schätze die Dichter in ihren Liedern besangen.

Wir waren den gleichen Weg von der Küste gekommen, den viele vor uns gefunden hatten. Ruinen waren die Reste vergangener Pracht, und nur die Trachten der Einheimischen waren in der Art gleich geblieben, wenn auch kein Prunk sie verzierte. Die Mittagszeit, in der wir eigentlich hätten Ruhe halten sollen, mußten wir durcharbeiten. Ein Weg von hundert Metern über die Straße genügte schon, um uns das Wasser in Tropfen vom Gesicht laufen zu lassen. Fünf Liter waren das Mindestmaß, was ein Mensch am Tag an Flüssigkeit zu sich nehmen mußte.

Diese durch die Natur uns beigegebenen Strapazen wirkten sehr stark auf die Stimmung. Es bedurfte des guten Zuredens von Söderström und mir, um die entmutigten Geister unserer kleinen Reisegesellschaft wieder aufzuheitern, die es am liebsten gesehen hätte, wenn wir einen mehrtägigen Aufenthalt zum Ausruhen eingelegt hätten. Aber die Sorge, daß wir durch zu große Zeitversäumnis mit unserer Fahrt in Sibirien in den Winter kommen könnten, ließ dies nicht zu, und so traten wir die Weiterfahrt nach Persien an.

V.

Eine unangenehme Begegnung • Ein Pferd für 20 Mark • Im Haus des persischen Polizeioffiziers • Schakale und Hunde um Teheran • Grunow erkrankt • Ein Luftsprung ohne Folgen • Die Karawanserei vor Täbris

Die nächste Nacht, noch auf irakischem Boden, wurden wir bei Anbruch der Dunkelheit in einer kleinen Ortschaft von der Polizei angehalten, da es wegen der herrschenden Unsicherheit verboten war, sich außerhalb des militärischen Schutzes aufzuhalten. Weil wir vermeiden wollten, in einer Karawanserei untergebracht zu werden, bat ich den Soldaten, mich zu dem Polizeioffizier zu führen. Ich folgte ihm durch winklige Gassen, die rechts und links von hohen Lehmmauern umschlossen waren, zu einem Haus, aus dem nach heftigem Klopfen und Rufen ein Offizier erschien. Anscheinend hatte er vorher getrunken, und ich befand mich plötzlich in einer sehr peinlichen Situation mit dem Bewußtsein, weit außer Rufweite meiner Kameraden zu sein. Aus dem Selbsterhaltungstrieb heraus folgte ich meinem instinktiven Empfinden, und ehe es noch zu einem Konflikt zwischen dem die Situation verkennenden Offizier und mir gekommen war, fing ich an, auf deutsch wie ein Rohrspatz zu schimpfen. Natürlich wußte ich, daß er kein Wort davon verstehen würde, aber Kraftausdrücke sind im Tonfall international. Mein Erguß wirkte ernüchternd, und nach einer Weile konnten wir uns mit Erfolg über mein Anliegen unterhalten, das darin bestand, uns mit den Automobilen in den Polizeiquartieren Unterkunft zu geben. Er erteilte dann auch sogleich dem Soldaten, der mich begleitet hatte, diesbezügliche Weisungen, und gemeinsam gingen wir zu den Autos. Ich verhehle nicht die Erleichterung, die ich empfand, als ich wieder unter den Meinigen war. Wir parkten die Wagen im Hof des Polizeigebäudes, während man uns selbst auf dem Dach des Hauses Nachtlager zur Verfügung stellte.

Bevor wir schlafen gingen, eilten wir zu einer kleinen Kaffeestube. Ein alter Araber servierte uns einen großen Topf einheimischer Limonade mit frischem Eis. Obgleich die Limonade aussah, als wenn Goldfische mindestens eine Woche lang darin herumgeschwommen wären, und auch der Geschmack kaum etwas anderes vermuten ließ, tranken wir sie doch gierig hinunter, da uns der Durst so plagte. Sehr litt in diesen Tagen Lord, der noch viel weniger als wir dafür geschaffen war, die Hitze zu ertragen. In den Straßen des kleinen Ortes saßen auf langen Bänken, die Knie hochgezogen, Mann neben Mann, Araber und Beduinen. Einige rauchten ihre Wasserpfeifen, andere sogen schlürfend den Kaffee ein und wieder andere amüsierten sich zu den Klängen eines Grammophons. Eine Frau war unter all diesen Männern nicht zu erblicken.

Mit jedem neuen Tag brach für uns die Qual des Durstes und der Hitze neu an. Eine absolute Gleichgültigkeit allen Bequemlichkeiten der modernen Kultur gegenüber riß ein – in Anbetracht unseres Zieles, die kühleren Höhen Teherans zu erreichen. Mit Hilfe unserer Wassersäcke – von außen speckig und dreckig, durch das warme, nach Hammelfett und alten Heringen riechende Wasser innen nicht besser aussehend – kamen wir an der persischen Grenze an.

Buntes Durcheinander von Kamel- und Karrenkarawanen. Man führte uns in die Amtsstube des Paßkommissars, der die Wände seines Raumes mit Bildern aller Personen und Persönlichkeiten dekoriert hatte, die seit seinem Amtsantritt dort durchgekommen waren.

Persien wies auf der Strecke nach Teheran gute Straßen auf, wenn auch teilweise sehr steile Pässe. Behindernd für das Vorwärtskommen wirkten die langen Karawanenzüge mit beladenen Kamelen und die Ketten von Karren, die, je fünfzig bis sechzig an der Zahl, nur mit einem Pferd bespannt, die Lasten in vielen Tagesreisen zu ihren Bestimmungsorten beförderten.

Wieder einmal überholten wir einen Transport. Zwei Perser trieben ein Pferd mit Schlägen vor sich her, dessen rechtes Hinterbein gebrochen war. Das arme Tier vermochte sich auf seinen drei Beinen kaum vorwärtszuschleppen. Söderström und ich, vom gleichen Gedanken erfaßt, hielten an und begannen mit dem Besitzer des Pferdes um dessen Erwerb zu handeln. Dreißig Mark in persischer Silbermünze hatte er verlangt, ich zahlte ihm zwanzig Mark aus und hieß ihn seines Weges gehen. Er gab sich zufrieden, denn auch ihm mußten schon Zweifel gekommen sein, ob er sein Vorhaben, das Tier noch 110 Kilometer bis zum nächsten Markt zu treiben, würde ausführen können. Die ganze Karawane hielt an, um zu sehen, was wir mit unserem Neuerwerb anstellen würden. Wir führten die arme Kreatur vorsichtig vom Wege weg, und drei Kugeln bereiteten seiner Qual ein schnelles Ende. Die Treiber sahen auf uns herab, als ob sie es mit Schwachsinnigen zu tun hätten. Kaum waren wir weitergefahren, gingen sie daran, dem Kadaver das Fell abzustreifen.

Immer häufiger trafen wir auf Karawansereien, die sowohl in Ortschaften als auch – gleich unseren alten Pferdepoststationen – am Wege lagen. Sie enthielten einen großen Binnenhof, um den herum eine Reihe von Gebäuden Wohnräume hergaben; die Außenmauer bildete gleichzeitig einen guten Schutz gegen Angriffe. Da der Automobilverkehr zum Teil die langsamen anderen Beförderungsarten verdrängte, ließ man die außerhalb gelegenen Unterkunftsstätten verfallen.

Unsere erste Nacht auf persischem Boden stand uns bevor. Wir wurden die Gäste des Polizeihauptmanns in *Kerend*, der uns in sein Haus lud. Über eine schmale Stiege führte man mich in den Empfangsraum, dessen Boden dick mit Teppichen belegt war. Auf den Boden gekauert, wurde mir eine Tasse Tee angeboten; zur Begrüßung erschienen die Frau und die Mutter des Hausherrn. Über die verwandtschaftlichen Beziehungen klärten wir uns mit Zeichen auf.

Bevor es meinen Kameraden erlaubt war einzutreten, verschwanden die Frauen, da in Persien streng darauf gehalten wurde, daß eine Frau nur den eigenen Mann und die engsten Familienangehörigen zu Gesicht bekommt, ausgenommen natürlich andere Frauen. Auf der Straße gingen sie nur mit dem das Gesicht verhüllenden Tschador*. Obwohl wir eigentlich am liebsten gleich schlafen gegangen wären, erlaubte uns dies der

* *Tschador* – langer, den Kopf und teilweise das Gesicht und den Körper bedeckender Schleier der persischen Frauen.

Gastgeber nicht. Wir mußten warten, bis er zwei Hühnchen geschlachtet hatte, die er mit körnigem Reis und Gurkensalat auftischte. Dies verkürzte unsere Nachtruhe auf vier Stunden, und wir mußten uns sehr zusammennehmen, um den letzten Tag von *Kermanschah* bis *Teheran* in einer Tour durchhalten zu können.

Zu unserer Erleichterung war uns das Auto der Deutschen Gesandtschaft ein beträchtliches Stück entgegengekommen und hatte uns damit alle Arbeit abgenommen, unseren Weg noch länger selbst suchen zu müssen. Durch das Kaswiner Tor wurden wir ohne Unterbrechung zum Sommersitz der Deutschen Gesandtschaft geleitet, wo vier Tage der Ruhe uns erwarteten. Wir waren alle müde, aber froh, dieses Ziel erreicht zu haben. Leider wirkte sich die hinter uns liegende Fahrt sehr unangenehm für Grunow aus, der ernstlich erkrankte und drei Tage das Bett hüten mußte. In sehr geschwächtem Zustand trat er die Weiterreise an, doch ließ er bis Moskau seine Arbeit nicht darunter leiden.

Teheran liegt am Fuße der Berge, deren mächtigster Gipfel, der Demawend, mit ewigem Schnee bedeckt, alles überragt. Die Stadt, die zumeist aus einstöckigen Häusern besteht, wird von einem Wall umschlossen. In den heißen Monaten bilden sich außerhalb der Stadt, im Schutze des kühleren Gebirges, größere Zeltniederlassungen. Kleine Verkäufer, die für die notwendigen Dinge des täglichen Lebens aufkommen, insbesondere aber die kleinen Teeläden, ziehen mit und richten sich neben den Zelten und ihren Verbrauchern häuslich ein. Nach welcher Richtung wir auch gingen, überall sah man prachtvolle, große Gärten, leider waren alle mit hohen Lehmmauern umgeben und so den Blicken Neugieriger verschlossen, der schönen Frauen wegen, die dahinter – sorglich behütet – lustwandelten.

Überall zeigte sich die Liebe der Perser zur Natur. Selbst die kleinsten Straßen in Teheran waren mit Bäumen bepflanzt, und groß und klein besaß seinen eigenen Blumengarten, auch wenn er nur handgroß das Haus vom Trottoir trennte.

Obwohl man in ganz Persien den Zug verspürte, der von der Regierung ausging, das Land mit den Hilfsmitteln der neuen Technik dem Fortschritt und dem Wohlstand entgegenzuführen, indem man Straßen und Eisenbahnen ausbaute und alles unterstützte, was diesem Ziele dienlich sein könnte, so verleugneten die wilden Berge des Tandschal doch nicht die Ursprünglichkeit der Natur, die sich noch nicht hatte brechen lassen. Ich lag im europäischen Bett der Deutschen Gesandtschaft, und durch das geöffnete Fenster drang in der Nacht das helle Kindergeschrei der Schakale, vermischt mit dem Geheul der antwortenden Hunde zu mir herauf.

Von Teheran fuhren wir zunächst bis *Kaswin* auf der alten Strecke wieder zurück, um uns dann – nach Norden abbiegend – Rußland zuzuwenden. Die guten Straßen hörten auf, und wir waren gezwungen, uns an die englische Telegraphenleitung zu halten, die nach Tiflis führte, um die Richtung nicht zu verlieren. Söderström und Heidtlinger waren mit dem großen Wagen um einen Tag voraus, da ich Grunows wegen, der sich nur schwer erholen konnte, einen Tag zugegeben hatte.

So fuhren wir einsam auf einem Hochplateau zwischen den uns begleitenden Bergketten und machten auch nicht halt, als das Tageslicht verlosch, da wir so schnell wie möglich den großen Wagen einholen wollten. Erschien es unmöglich weiterzukommen, so stiegen wir aus und streiften die Gegend beim Licht der Scheinwerfer ab, bis wir entweder eine alte Spur oder eine Möglichkeit des Durchkommens gefunden hatten. Gazellen zogen schattengleich an uns vorüber.

Während wir noch vertrauensvoll, die Telegraphenlinie nicht verlassend, an unserer Richtung festhielten, prallten wir plötzlich mit einer Geschwindigkeit von 30 km/h gegen einen Wall, begleitet von lautem Krachen, während rechts und links Staubwolken aufwirbelten. Wir standen. Mit einem Satz war ich aus dem Auto heraus. Vor uns lag ein Bodenabsatz, einen halben Meter hoch, aber gerade unter dem Scheinwerferkegel, so daß ich ihn nicht hatte sehen können. Durch die Wucht des Anpralls war der kleine Adlerwagen hochgesprungen und stand nun mit den Vorderrädern auf dem Podest. Wir untersuchten sofort die Maschine, konnten aber keinen Schaden feststellen. Als wir sie wieder in Gang setzten, lief sie mit lautem Klappern, und dies erfüllte uns mit großer Sorge, da wir zunächst nicht feststellen konnten, welche Ursache dies hatte. Es gelang, die Seiten des Hanges abzustechen, um dann über das Hindernis hinwegzukommen. Einige Kilometer später fanden wir ein einsames Lehmdorf, in dessen Schutz wir den nächsten Tag erwarten konnten. Erschöpft, wie wir waren, legte ich mich mit Lord zusammen auf den Fußboden zwischen die Gepäckstücke, während die beiden Vordersitze dem kranken Grunow zur Verfügung blieben.

Kaum graute der Tag, so waren wir auf, um der Gewißheit eines zerstörten Wagens ins Auge zu sehen; aber das Schicksal meinte es besser. Unser kleiner „Standard 6" hatte außer einem defekten Auspuffrohr, welches das Klopfen der Maschine verursacht hatte, da die Bruchstelle direkt am Motor lag, nichts abbekommen. Rahmen, Achse und Federn waren unversehrt, und nachdem wir getankt und frisches Öl aufgefüllt hatten, konnten wir unbesorgt weiterfahren.

Wir kamen durch kahle, baumlose Gebirgsgegenden. Die sehr schlechten, vom Regen ausgewaschenen Wege verboten jedes schnelle Fahren, bis wir *Miane* erreichten und damit bessere Straßen. Wir waren wieder am persischen Grenzgebirge, diesem großen äußeren Berggürtel, der das Land umschließt und schützt. Die Gebirgsmassen lagen wie ungeheure Drachen aus den Göttersagen schlafend in der Sonne; wir stolperten über ihre Füße, die 2000 Meter über dem Meer lagen. Wie eine einsame Insel erschien uns unter all den grauen Steinmassen das grüne Tal von *Hajji Aqa*, das bald hinter den uns umgebenden gleichtönigen Bergen wieder verschwand.

Die letzte Nacht vor *Täbris* verbrachten wir in einer Karawanserei. Ein Armenier, der aus früheren besseren Jahren gebrochen Englisch sprechen konnte, dolmetschte für uns, und dank seiner Hilfe konnten wir ein kaltes Huhn und Tee erstehen. Neben dem Wohnhaus wurde uns das niedrig gelegene Dach des Schafstalles als Nachtlager zugewiesen. Die einzige Gaststube gehörte den Mohammedanern und durfte von Ungläubigen wie uns nicht betreten werden. Wir legten eine Leiter zu unserer „Stube" an, kletterten hinauf und ergriffen Besitz von dem, was man uns bot. Die Witterung hatte sich sehr stark abgekühlt, und wir empfanden die Kälte doppelt, da wir in keiner Weise darauf eingerichtet waren. Neidisch blickten wir durch das Fenster – oder besser gesagt: die Öffnung ohne Tür und Glas, welche direkt auf unser Dach hinausführte – in die Gaststube, wo die anderen bequem und warm auf ihren Teppichen hockten. Soweit es möglich war, ohne die Aufmerksamkeit auf uns zu lenken, schlich ich mich an die Öffnung heran, um wenigstens etwas von der ausströmenden Wärme zu profitieren. Dies gab mir aber auch Gelegenheit, einen Blick in das Treiben des inneren Raumes zu werfen. Jeder neu Eintretende zog sich zunächst die Schuhe aus, bevor er den dick mit Teppichen belegten Raum betrat. Dann kniete er nieder zum Nachtgebet, seine Verbeugungen gegen Mekka gerichtet, unverständliche Worte murmelnd. Nachdem er seinen Gottesdienst beendet hatte, begrüßte er seine Landsleute. Sie hockten um einen dampfenden Samowar zusammen, Tee trinkend, der als dunkelbraune dicke Flüssigkeit in den Gläsern stand.

Vor Täbris kam mir Söderström im Wagen des Konsulats entgegen, und, wieder vereint, ging es nach Rußland.

Als ich Berlin verlassen hatte, war die russische Grenze von Moskau aus benachrichtigt worden, und man erwartete uns schon seit meinem Abfahrtstag von Deutschland. Der Zollbeamte war eitel Freude über unsere glückliche Ankunft und darüber, daß er damit der Verantwortung für unseren ungehinderten Grenzübergang ledig war. Er bewirtete uns mit allem, was er in seinem Büro verfügbar hatte, nicht zuletzt mit Kognak, der uns noch im Kopf brummte, als wir unter Führung eines Soldaten, den man uns mitgegeben hatte, *Nachitschewan* erreichten.

Wir befanden uns in der Armenischen Republik der Sowjetstaaten zur Zeit der Herbsternte. Weintrauben hingen an den kräftigen Rebstöcken, und gastfreundliche Armenier boten uns davon soviel an, wie wir nur haben wollten. Überall auf den Feldern lagen die gelben Melonen wie große Wasserbälle. In Serpentinen fuhren wir von *Eriwan* zu den Berghöhen; hinter uns lag die Stadt, klein am Fuße des mächtigen Ararat, der aus der Ebene emporstieg und bis zum Gipfel die klare Kontur seines Massivs – durch keinen Riß gespalten – aufwies. Ihm zur Seite stand sein Zwillingsbruder, der kleine Ararat.

VI.

Szenen aus Wildwest • Der Sturz des Lastwagens • Der Kaukasus • Regen bis Moskau

Jellenowka ist eine Ortschaft, die an dem 2000 Meter hoch gelegenen Sewansee liegt. Seit Tagen hatte man uns erzählt, daß dort die besten Lachsforellen der Welt gefischt werden. Wir waren voll Freude über diese Aussicht, die aber – als wir ankamen – wie schon so oft in nichts zerrann, denn die „Saison" war vorüber. – Ein einsames Kloster stand auf einer Insel im See; zwei Dampfer dienten dem Verkehr von Ufer zu Ufer, nachdem sie mühselig auf Eseln und Kamelen zu ihrer jetzigen Arbeitsstätte emporgetragen worden waren. Als unser Weg wieder zum Tale hinunterführte, befanden wir uns im dichtesten Laubwald. Steineichen mit knorrigen, weitverzweigten Ästen beschatteten die Holzhäuser der Bauern.

Wir sahen uns noch einmal gezwungen, uns zu trennen. Diesmal fuhr der kleine Wagen voraus, während der große Lastwagen langsamer nachkommen sollte. Eine Tagesfahrt trennte uns von *Tiflis*. Während Söderström mit Heidtlinger zurückblieb, fuhren Grunow und ich los. Hundert Kilometer vor dem Ziel stellten wir fest, daß in dem Ort, in dem wir tanken wollten, Benzin nicht erhältlich war. Wir mußten von der Strecke abbiegen und eine kleine Stadt aufsuchen, um uns bei der Bahn den benötigten Brennstoff geben zu lassen. Nach dreistündiger Fahrt und durch Verhandlungen unter Zuhilfenahme sämtlicher Empfehlungsschreiben gelang es endlich. Wir kehrten auf unseren Ausgangsweg zurück und folgten dann einem Bauernweg, der nach den uns erteilten Auskünften der richtige sein sollte. Zweifel, die wir hätten hegen können, wurden durch eine frische Automobilspur erstickt, die vor uns herlief. Ohne Bedenken hielten wir uns an die Spur. Die Sonne ging hinter Wolken unter, die auch später den Mond nicht aufkommen ließen. Stockfinstere Nacht umgab uns. Wir suchten – vorsichtig tastend – den Weg, der nach den Angaben der Leute die Hauptverbindung zwischen Armenien und dem Kaukasus sein sollte. Lange Strecken hindurch fuhren wir durch hohes Gras, und nur durch die geknickten Halme vor uns konnten wir die Spur unseres Vorgängers erkennen. Dennoch standen wir plötzlich vor einem umgepflügten Acker.

Wir hatten uns verirrt ... Schaukelnd, wie ein Schiff bei hohem Seegang, durchquerten wir den Acker, weil wir am Ende des Feldes einen Hund bellen hörten und die schwachen Konturen eines Gehöftes vermuteten. Unsere Ahnung hatte uns nicht betrogen. Vor uns tauchten aus der Nacht drei Häuser und mit ihnen ein Mann zu Pferde auf. Er glich einer Gestalt aus den Erzählungen des wilden Westens, verwahrlost und struppig wie sein Pferd und sein Sattelzeug; ein breiter Filzhut verhüllte zur Hälfte das Gesicht. Das Gewehr hatte er schußbereit über den Sattel gelegt. Neben ihm standen, die Zunge heraushängend, mit triefenden Augen drei große Köter. Uns blieb nichts anderes übrig, als gute Miene zum bösen Spiel zu machen und eine Konversation zu beginnen, die schußbereiten Pistolen jedoch im Ärmel versteckt. Wir erkundigten uns gerade nach dem Weg und baten um Auskunft, als neben unserem „Freund" ein Milizsoldat auftauchte, die ganze Situation erhellend. Wir waren auf eine Polizeistation der Landwehr gestoßen, die in dieser durch Banditen unsicher gemachten Gegend einen vorgeschobenen Posten einnahm.

In gebrochenem Deutsch-Russisch verständigten wir uns, und der bärtige Reiter erbot sich, neben mir im Auto Platz zu nehmen, um uns wieder auf den Weg zu führen. Wir setzten über Feldwege die Fahrt fort. Wenn ich mich vom Steuer verstohlen zur Seite wandte, sah ich vor mir, gegen das Fenster abstechend, das Profil des vollbärtigen Kaukasiers mit der großen gebogenen Nase, den weichen Schlapphut tief in die Stirn gezogen. Der Mann sang während der ganzen Fahrt leise vor sich hin; von Zeit zu Zeit die Eintönigkeit seiner Lieder unterbrechend, lehnte er sich zum Fenster hinaus und rief in die Dunkelheit der Nacht. Manchmal wurde ihm Antwort gegeben. Wäre er ein schlechter Mensch gewesen, so wäre es ein leichtes Spiel für ihn gewesen, uns – die wir ortsunkundig waren – in jede Falle zu führen. Darüber machten wir uns keine Illusionen. Aber er meinte es ehrlich; nach geraumer Weile, die uns Stunden dünkte, hatten wir wieder unseren Weg und mit ihm die wohlbekannte Autospur.

Wie wir später hörten, war es Söderström und Heidtlinger in ihrem Lastwagen nicht besser ergangen; sie waren ebenfalls durch den hohen Graswuchs vom Wege abgekommen. Söderström war ausgestiegen, um beim Licht der Scheinwerfer die Möglichkeit für eine Weiterfahrt zu suchen, als er plötzlich die angstvollen Schreie von Heidtlinger hörte, der beim Wagen stand. Sofort riß Söderström seine Pistole heraus und lief, so schnell ihn seine Füße tragen konnten, zurück. Vier große Hunde hatten Heidtlinger gestellt. Söderström wollte sie niederschießen, als aus dem Dunkel zwei Reiter auftauchten. Sie parierten ihre struppigen Pferde. Ihre dunklen Gesichter verrieten nichts Böses; sie winkten Söderström, der sie unter dem Revolver hielt, nicht zu schießen. Wie sich herausstellte, gehörten sie ebenfalls zu der patrouillierenden Landwehr und konnten den vom Weg Abgekommenen nur behilflich sein. Nachdem sie die beiden aufgefordert hatten, wieder im Wagen Platz zu nehmen, ritten sie, den Weg zeigend, voraus. Zwölf Kilometer lang galoppierten sie im Kegelschein der Lampen, gefolgt von ihren Hunden. Wohl an derselben Stelle, an der uns unser Führer verlassen hatte, verabschiedeten sie sich von Söderström und Heidtlinger.

Eine große Brücke ohne Geländer, mit Löchern zwischen den Bohlen, durch die wir tief unter uns einen Fluß sahen, dessen Brausen bis zu uns heraufdrang, trug nicht dazu bei, unsere durch das Abenteuer aufgeregten Nerven zu beruhigen. Auf und ab ging der Weg. Kleine Bäche durchquerten wir, fast senkrecht den Abhang hinunterrutschend, um in gleicher Weise auf dem anderen Ufer hinaufzuklettern. Ich stürzte mit dem rechten Vorderrad in einen von Gras überwachsenen, eineinhalb Meter tiefen Graben. Eineinhalb Stunden brauchten wir, um uns mit dem Wagenheber hochzuwinden, indem wir erst die Reservebereifung und nachher unsere Sitzkissen unterbauten. Zu allem Unglück setzte noch Regen ein, der uns kalt durch die Glieder zog.

Gegen drei Uhr morgens gerieten wir in einen Hohlweg zwischen zwei Hügelketten, als ich plötzlich glaubte, meinen Augen nicht zu trauen: Vor uns lag umgestürzt der große Wagen! Hätte

Knapp drei Stunden, um den Wagen wieder aufzurichten.

ich nicht das große Adlerabzeichen, das er auf der Rückseite trug, so deutlich erkannt, wäre ich weniger schnell von der Wahrheit überzeugt gewesen, denn ich mußte den Lastwagen noch Stunden hinter uns vermuten; aber da lag er unzweifelhaft. Ich hielt an, und so schnell ich konnte, lief ich zu der Unglücksstelle. Auf dem Verdeck des umgestürzten Riesen, eingehüllt in ihre Schlafsäcke, lagen Söderström und Heidtlinger in tiefem Schlaf; sie waren äußerst erstaunt über unsere Anwesenheit, als wir sie aufweckten.

Das Rätsel der Autospur hatte seine Lösung gefunden: Während wir zum Tanken die kleine Stadt aufsuchten, hatte der große Wagen uns überholt, und wir waren – im Glauben, einer fremden Spur zu folgen – der seinigen nachgefahren. Vor Eintritt des neuen Tages ließ sich nun nichts weiter unternehmen, und so begaben wir uns zunächst alle zur Ruhe, um am frühen Morgen den Schaden bei Tageslicht zu besehen. Das Unglück war passiert, als der Lastwagen in eine Wagenfurche gerutscht war; während Heidtlinger versuchte, ihn wieder heraufzubringen, übersah er einen großen Stein, der von Grasbüscheln bedeckt wurde. Daran anstoßend, verlor der Wagen das Gleichgewicht und schlug um. Söderströms Erinnerung, der gerade im Wagen eingeschlafen war, ging nur so weit, daß er Heidtlinger hatte rufen hören: „Achtung, Achtung!", dann war er mit dem Kopf durch die Fensterscheibe gestoßen, zum Glück, ohne sich zu verletzen. Beide waren nach dem ersten Schreck aus dem Führerhaus herausgekrochen, hatten aus dem Wirrwarr von durcheinandergefallenen Kissen und Werkzeugen die Schlafsäcke herausgesucht und sich auf dem Planendach des umgekippten Wagens ein Lager bereitet.

Knapp drei Stunden brauchten wir, um den Wagen mit unserer großen Winde, die wir stets bei uns führten, und unter Verwendung alles Verfügbaren zur Unterstützung beim Hochbauen wieder aufzurichten. Ein paar Ochsen traten helfend in Kraft und erleichterten uns das letzte Umschwingen auf die vier Räder, indem wir an dem fast stehenden Wagen einen Strick befestigten und durch die Zugkraft der Tiere eine weitere Arbeitsstunde sparten. Dem „Großen" war nichts passiert. Wir brauchten nur unsere Habe wieder einzuräumen und auf den Anlasser zu drücken, um die Fahrt fortsetzen zu können.

Nach Tiflis hatten wir nur noch die Überquerung des Kaukasus vor uns, bevor wir bis Moskau ins Flachland kamen. Von der Paßhöhe der auf zweihundert Kilometer ausgebauten kaukasischen Straße* fiel das Gebirge senkrecht zweitausend Meter tief ins Tal. Serpentine reihte sich an Serpentine. Am Nordabhang fuhren wir durch große Tunnel, die zum Schutz gegen Lawinen angebracht worden waren. Führte uns der Aufstieg von Süden durch waldbewachsene Berghänge und später durch das sanft ansteigende Flußtal, so bildete der nördliche Abhang in seiner unberührten Wildheit einen scharfen Kontrast dazu. Die felsdurchklüfteten Schluchten am Fuße des Kasbek waren ein Sinnbild der nordischen, harten Natur gegenüber der weichen südlichen Gegend, aus der wir kamen.

Die kommenden Tage glichen einander an Mühe, Arbeit und schlechtem Wetter. Wir übernachteten im Wagen. Blitz und Donner schreckten uns auf, bevor strömender Regen einsetzte und sich klatschend über uns ergoß. Diese nächtlichen Stürme weich-

Serpentine reihte sich an Serpentine.

* *kaukasische Straße* – Georgische Heerstraße; als kürzeste Nord-Süd-Verbindung über den Kaukasus, die noch dazu über dessen niedrigsten Paß führt, war die Georgische Heerstraße schon im Altertum bekannt und umkämpft; zur Berühmtheit dieser „Traumstraße" trugen vor allem russische Reisende bei.

ten die Wege auf, und wir verloren den nächsten Vormittag, da wir keinesfalls eine Weiterfahrt unternehmen konnten, bevor nicht die Hauptwassermassen aufgetrocknet waren. Nach Möglichkeit hielten wir darauf, zum Nachtquartier wenigstens eine kleine Ortschaft zu erreichen, in der wir bei der bolschewistischen Zentrale in deren bewachtem Hof Unterkunft erhalten konnten, denn andernfalls mußte immer einer von uns die Nacht über Wache halten.

So kamen wir nach *Grindischafka*, einem Ort, der mir in Erinnerung blieb, weil wir acht lange Tagesstunden warten mußten, bis das Regenwasser aufgetrocknet war. Mit traurigen Blicken saßen wir uns in dem kleinen Gasthaus gegenüber, schlürften unseren Tee mit trockenem Brot und sahen durch die vom Fliegenschmutz dreckige Fensterscheibe auf die schwarze, pfützenbedeckte Dorfstraße. Köter hetzten ein Schwein, das klatschend in einem Schlammloch ausrutschte. Ausgleitend, mit hochgeschlagenem Kragen, frierenden Gliedern gingen die Bewohner an ihre Arbeit. Die Bauern vom Lande trafen ein; Pferd und Wagen waren mit dem Dreck der schlammigen Feldwege bespritzt. Wenn wir uns dennoch entschlossen, aufzubrechen und unser Glück zu versuchen, so war es doch nur ein quälendes Vorwärtskommen; ständig rutschten die Hinterräder im Lehm weg.

Kurz vor *Charkow* mußten wir es aufgeben. Überschwemmungen hatten jede Verbindungsmöglichkeit unterbrochen; Felder und Ortschaften standen unter Wasser. Wir sahen uns gezwungen, anderthalb Tagesreisen zurückzufahren, um auf Umwegen eine Bahnstation zu erreichen, von der aus uns der Zug auf seinem erhöhten Bahndamm über das überflutete Gebiet führen sollte. Als wir zur Nacht auf dem Güterbahnhof in Charkow eintrafen, konnten wir uns vor Müdigkeit kaum noch aufrecht halten. Wir machten uns über das letzte, was sich in unserem Reiseproviant vorfand, her: Rohe Nudeln und Reis waren das einzige, was wir noch besaßen. Wir vertilgten sie in rohem Zustand, denn zum Abkochen waren wir zu müde. Etwas anderes Genießbares war nicht in greifbarer Nähe.

Von hier aus hatten wir eine feste Chaussee, die freilich in ihrem ersten Teil so zerfahren war, daß es ratsamer erschien, den daneben laufenden Feldweg zu benutzen, als einen Rahmenbruch in den grundlosen Löchern der Straße zu riskieren. Überall erweckten wir das Interesse der Bevölkerung; sofort belagerte sie uns und betrachtete neugierig die Wagen, denen man ansah, daß sie von weither kamen. Auf der Straße heftete sich eine ganze Prozession an unsere Sohlen; nahmen wir eine Mahlzeit in einem Restaurant ein, so standen die Leute dicht gedrängt an den Fensterscheiben und schauten uns an.

Vor *Tula*, der weltberühmten Stadt der Silberarbeiten, bogen wir von unserem Weg ab zum Geburtshaus von Tolstoj, das versteckt hinter Eichen und Birken in einem alten Park lag.* Tolstojs Nichte und seine Großnichte hüteten das Anwesen, in dem der Dichter gelebt und geschrieben hatte. Bei Einbruch der Nacht, der letzten Nacht vor Moskau, zogen wieder neue Wolken auf, und ein dauerndes Wetterleuchten spielte am Horizont. In *Serpuchow* versuchten wir erst im Gasthaus Unterkunft zu finden, fuhren auch mit unseren Wagen auf den Hinterhof zwischen überlaufenden Kloaken und Abfällen undefinierbarer Natur; der Gastwirt und sein Gesinde machten jedoch einen so schlechten Eindruck, daß wir lieber draußen irgendwo übernachteten, als uns ihm und seinem Hausstand anzuvertrauen. So gaben wir dieses Quartier auf und fuhren hinaus auf die Straße, gerade im richtigen Augenblick, um auf einen Polizisten zu treffen, der uns mit ins Gefängnis nahm, wo wir im Hof Unterkunft fanden.

Am 22. August, zwölf Uhr mittags, wurden wir in Moskau erwartet. Um keinesfalls verspätet einzutreffen, starteten wir viel früher, als wir es der Kilometerzahl nach notwendig gehabt hätten. Eine Viertelstunde Weges vor dem Treffpunkt, der für die uns zur Begrüßung Entgegenkommenden verabredet worden war, gingen wir in eine Teestube, um unsere jetzt überflüssige Zeit verstreichen zu lassen. Unsere Gedanken galten den Plänen, die wir geschmiedet hatten: Söderström beabsichtigte, für eine Woche nach Deutschland und in seine schwedische Heimat zurückzufahren, um seine Bilder nachzuprüfen. Wir andern

* *Geburtshaus von Tolstoj* – das Landgut *Jasnaja Poljana*, zwanzig Kilometer südlich von Tula; das in seinem ursprünglichen Zustand erhaltene Haus ist heute ein Museum.

sollten in Moskau bleiben, um uns nach einem Ruhetag unseren Wagen zu widmen, die nach der anstrengenden Tour genau durchgesehen werden mußten, bevor sie ihre weite Fahrt nach dem Pazifik antraten.

Kurz vor zwölf Uhr! Wir starteten und wenige Minuten später tauchten vor uns die goldenen Kuppeln der Erlöserkirche auf. *Moskau,* die erste große Etappe war erreicht! Der fünfte Teil unserer Reise in noch nicht drei Monaten! Wir gaben einander die Hand und strichen mit stillem Dank über die Motorhauben unserer treuen Wagen, die so tapfer durchgehalten hatten. Selbst Lord empfand die Bedeutung dieser Stunde, und mit tobendem Gebell sprang er an uns empor.

Aus der Stadt kamen uns die Delegierten des Automobilklubs entgegen. Von allen Seiten wurden wir begrüßt, photographiert, ausgefragt. Wir hielten dann unseren Einzug in die Metropole, am Kreml vorbeifahrend über den Roten Platz zum Automobilklub, vor dem sich eine große Menschenmenge angesammelt hatte. Menschen lehnten sich aus den Fenstern der elektrischen Straßenbahn und der vorbeifahrenden Omnibusse und winkten uns zu. Die Sonne brach hinter den Wolken hervor.

In Moskau am Kreml vorbeifahrend.

VII.

Die Operation Grunows und sein Ausscheiden • Disharmonien • Der Ersatzmann aus Deutschland • Eintritt der Regenperiode • Bruch der Achswelle

Drei Wochen blieben wir in Moskau. Die Ereignisse überstürzten sich. Grunow erkrankte schwer am Nachmittag des zweiten Tages und mußte sofort operiert werden. An seine Weiterfahrt war nicht mehr zu denken. Als Söderström acht Stunden später nach Deutschland flog, war die Entscheidung schon darüber gefallen, daß er versuchen sollte, so schnell wie möglich einen Ersatzmann zu beschaffen, damit die Generalübersicht der Motoren nicht unnötig Zeit kosten würde. Sechs Tage später traf die neue Kraft auch ein, aber trotz aller guten Auskünfte und seiner zwölfjährigen Dienstzeit beim *Automobilclub von Deutschland* als Fahrlehrer erwies er sich als eine völlige Niete. Selbst unfähig, bei der Überholung mit Hand anzulegen, obgleich sich keine Reparatur als notwendig erwies und wir uns nur auf die Gesamtreinigung beschränken konnten, erweckte dieser Mann in Moskau schon bedenkliche Zweifel, ob er auf der Weiterfahrt durchhalten würde.

Aber auch mit Heidtlinger sah es trübe aus. Da Grunow ausgefallen war, konnte er seine mangelhafte Vertrautheit mit dem Motor des Standard schlecht verstecken, und die Täuschung, der ich die ganze Zeit unterlegen war, in ihm den Tüchtigeren zu sehen, wich der Erkenntnis, daß der einzige Fachmann, den wir mitgehabt hatten, mit Grunow ausgeschieden war. Seine eigene Unsicherheit erweckte in Heidtlinger Angst vor der bevorstehenden Weiterfahrt, und es wäre beinahe schon in Moskau zwischen uns zum Bruch gekommen. Damals entschloß er sich jedoch nach einer ernsthaften Auseinandersetzung unmittelbar vor dem Start, doch mitzufahren – heute sage ich „leider". Nach allen diesen Zwischenfällen war die Harmonie zwischen uns zerstört, und welche Mühe der inzwischen wieder zurückgekehrte Herr Söderström und ich uns auch gaben, mit Heidtlinger war nichts Rechtes mehr anzufangen. Mürrisch tat er seine Arbeit, übersehend, was nicht unumgänglich notwendig war.

Mit Söderström waren auch drei neue Gewehre, Munition, Messer und Jagdausrüstungen aus der Heimat eingetroffen. Ferner hatten wir uns in Moskau sicherheitshalber mit Schafpelzen und warmen Schuhen versehen, denn keiner konnte wissen, was uns zwischen Moskau und Peking erwartete. Als Dolmetscher und Begleiter fuhr der Russe Balijeff vom Moskauer Automobilklub weiter mit, der uns schon seit Tiflis begleitet hatte. Grunow, der inzwischen aus dem Krankenhaus entlassen worden war, stand schmal und erholungsbedürftig am Start und winkte uns traurig Lebewohl zu, als wir von Moskau wegfuhren.

Unser Weg ging in gerader Linie nach Osten. Die letzten Worte, die uns im Gedächtnis haften blieben, waren die Warnungen der Kenner Sibiriens, die das Durchkommen bei der fortgeschrittenen Jahreszeit nicht mehr für möglich hielten. Ich gebe zu, daß ich schon damals ihre Warnungen für berechtigt hielt, aber lieber wollte ich gezwungen sein, das Winterquartier in Sibirien aufzuschlagen und erst mit Frühlingsbeginn weiterzufahren, als umzudrehen und die Fahrt aufzugeben. Auch die Gefahr, daß wir in der Wildnis eingeschneit werden könnten, schreckte uns nicht.

Der Himmel war trübe und regenschwer. Zu beiden Seiten der Straße standen Laub- und Nadelwälder, von der Natur bunt durcheinander gepflanzt. Das Laub der Bäume färbte sich schon gelb, und in den Windecken fielen die ersten Blätter zu Boden. Abenteuer spukten in unseren Gedanken; wir betrachteten die Holzhütten, die in der Nähe kleiner Ortschaften unvollendet im Bau am Wege standen, im Hinblick darauf, daß der Winter uns überraschen würde. Wie bald würden wir gezwungen sein, uns selbst solche Unterkunftshütten zu zimmern!

Am Abend klatschte der Regen gegen die Scheiben, der Regen, der von da ab Tag für Tag unsere Fahrt begleitete, bis er sich schließlich am Ural in Schnee verwandelte. Ich entsinne mich nicht, daß wir es in dieser Zeit einmal 24 Stunden lang trocken hatten. An die Umdrehung der Räder hefteten sich breit ausschwingende Wasserflügel von den Löchern in der Chaus

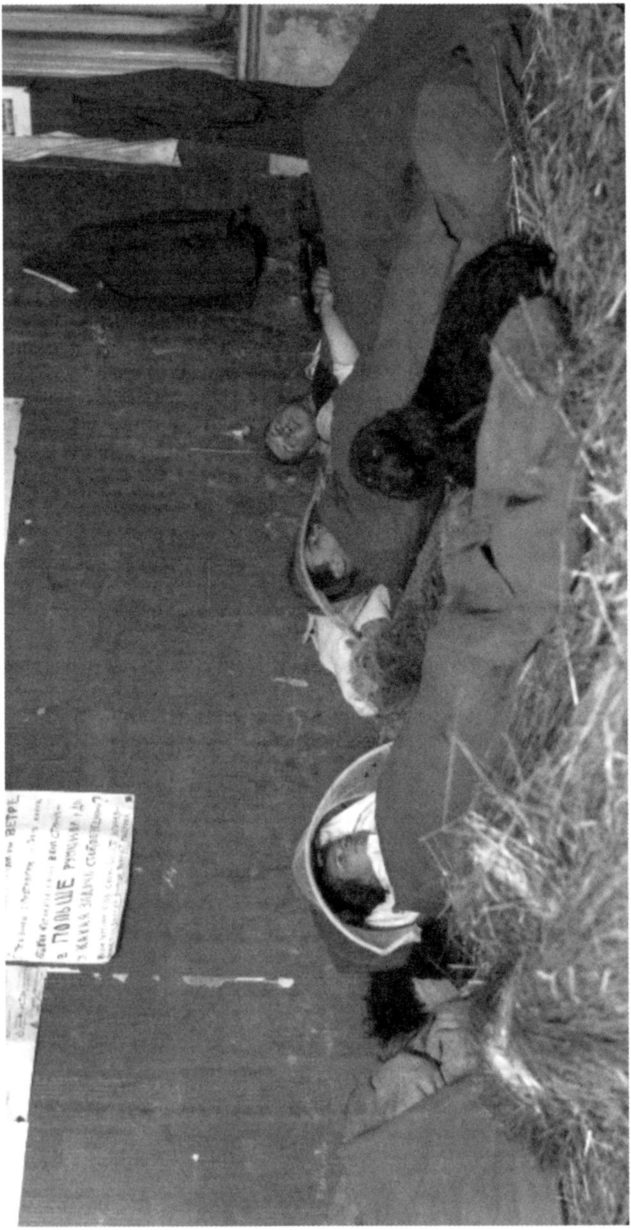

Auf sauberem Stroh in der Schlafstube.

see. Vergeblich tobte der Wind gegen die geschlossenen Wände unserer Wagen. Der Zeitverlust in Moskau hatte uns dem Winter empfindlich nahe gebracht. Das Schlafen im Freien wurde unangenehm. Die Kälte prickelte durch die Adern, und voll Sehnsucht dachten wir an die Hitze in der Wüste. Gezwungen, uns nach Unterkunftsmöglichkeiten für die Nacht umzusehen, verfielen wir auf die Heuböden der staatlichen Pferdeställe. Wir packten unsere Wagen mit Decken zu und zogen selbst mit unseren Schlafsäcken in das weiche Heu. Die Wärme der schlafenden Pferde stieg durch die Luken zu uns hinauf, vermischt mit dem Geruch ihrer Ausdünstung. Durch das geöffnete Bodenfenster schaute der Himmel herein, an dem die Wolken in Fetzen vorbeitrieben oder von dem die dicken Tropfen herniederfielen. Das Wetter war und blieb schlecht.

Wir unterbrachen die Fahrt für einige Tage, als sich eine Achswelle abgedreht hatte und wir – auf derartig große Reparaturen nicht eingerichtet – auf Ersatz mit dem Flugzeug aus Deutschland warten mußten.

Dies gab uns Gelegenheit – jedenfalls hofften wir es –, besseres Wetter abzuwarten. Wir schoben die Wagen in einen Schuppen und erhielten selbst im Gemeindezimmer der Ortschaft Unterkunft. Unser neues Heim versuchten wir so gemütlich wie möglich zu machen, durch kein Möbelstück beengt. Ich übernahm die Sorge für das leibliche Wohl. Eine alte, ausgediente Treppenleiter und ein Schemel wurden Anrichte und Herd meiner Küche, für die eine Ecke des Zimmers reserviert wurde; eine Hälfte unseres Raumes wurde mit sauber aufgeschüttetem Stroh zur Schlafstube, der Rest war Salon und Bibliothek mit Grammophon und Jagdgewehren. Letztere hingen friedlich neben einem Schinken, einem Rucksack und herabfallenden Tapetenfetzen an der Wand. Bunte und einfarbige Drucke der Revolutionsführer schauten auf uns herab, an erster Stelle Lenin. Papierfähnchen waren unter der Decke des Zimmers als Schmuck angebracht, ein praktischer Gedanke, weil wir die Schnur zum Trocknen unserer Wäsche brauchen konnten.

So hausten wir fast eine Woche. Unserem Kochgeschirr entstiegen die schönsten Genüsse von Mohrrüben mit Kartoffeln bis zur Omelette aux confitures. Den ganzen Tag lang spielten wir Grammophon. Schließlich waren wir so eingelebt, daß, während ich über dem Petroleumkocher unsere Wäsche kochte und wusch, die Männer mit übereinandergeschlagenen Beinen auf dem Stroh saßen und ihre Strümpfe stopften.

Unser jüngstes deutsches Mitglied war schon äußerst angegriffen; die Nächte auf dem Heuboden waren ihm nicht bekommen, und obgleich er nur Hand anzulegen hatte, wenn wir im Morast festsaßen – da wir nach einer kurzen Probe kein Zutrauen mehr zu seinen Fahreigenschaften hatten –, war er des Abends doch so müde, daß er kaum noch essen konnte. An unsere Lebensart nicht gewöhnt, brachte er es fertig, frierend eine Nacht auf dem Heu zu liegen, weil er seinen Schlafsack als Kopfkissen benutzte, und es bedurfte für ihn unserer Aufklärung, daß der Schlafsack eben auch als Schlafsack zu benutzen sei. Trotzdem ist er in den drei Wochen, in denen wir zusammen waren, nicht einen Abend richtig damit fertig geworden.

Nach fünf Tagen des Wartens trafen Ersatzachswellen ein. Wir hatten uns zur Vorsorge gleich eine Reserve mitbestellt. In dem Glauben – leider war es eben nur der Glaube –, daß das Wetter sich aufklären würde, nahmen wir unseren Weg wieder auf.

Vorsorglich hatten wir in einem Magazin hohe lederne Schaftstiefel gekauft, die wasserdicht bis über die Knie schlossen, damit wir unbesorgt durch den Schlamm der aufgeweichten Wege stapfen konnten, in den wir manchmal einen halben Meter tief einbrachen.

VIII.

Nachterinnerungen • Quälende Wege • Der Konflikt an der Sura • Freundschaftshund • Mißglückter Überfall

Die Tage der Fahrt verliefen bis kurz vor Kasan in völliger Gleichmäßigkeit. „Serpentin“, wie wir unsere letzte „mechanische“ Kraft getauft hatten, fuhr nach Hause. Söderström war seit Moskau abwechselnd eingesprungen, um Heidtlinger beim Fahren des großen Wagens zu helfen. Chaussee gab es seit *Nischnij Nowgorod** nicht mehr. Der sibirische Trakt besaß eine Ausdehnung von zwanzig bis dreißig Metern Breite, auf dessen grasbewachsener Oberfläche sich die Spuren der Pferdewagen tief eingeschnitten hatten. Die Strecke glich einem großen Güterbahnhof mit seinen durch Weichen verstellbaren Gleisen. Zwischen dem Trakt und den Feldern standen Reihen alter Birken. Der Herbst trieb welkes Laub vor uns her. Hügel nach Hügel wanden sich die Wagen hinauf und hinunter. Leicht und schnell war die Fahrt auf den Höhenrücken dieses dünenartig geschwungenen Geländes, jedoch die Niederungen bereiteten uns durch ihre regenfeuchte Grundlosigkeit viel Kummer. Rechtzeitig vor Einbruch der Dunkelheit versuchten wir stets eine Ortschaft zu erreichen, um dort Unterkunft für die Nacht zu finden.

Bunte Erinnerungen blieben von diesen Stunden im Gedächtnis haften. Einmal lud uns der Bürgermeister des Ortes ein. In der Wohnstube mit rauchgeschwärzten Holzwänden stand auf dem langen, selbstgezimmerten Tisch die Petroleumlampe. Ihr schmaler Schein spielte gespensterhaft durch den Raum und fing sich im Feuerschein des großen runden, frei in der Mitte des Raumes stehenden Ofens. In einer Ecke summte der Samowar sein Lied von Tee und Wärme. Die Jugend des Dorfes versammelte sich unter dem Fenster. Aus begeisterten, hellen Knabenkehlen stiegen, in vierstimmigem Chor gesungen, Wolgalieder schwer-

* *Nischnij Nowgorod* – 1932 Umbenennung in *Gorkij*, zu Ehren des hier geborenen Schriftstellers Maksim Gorkij.

mütig und klagend hinaus in die dunkle Nacht. In der Küche aber marschierten über die Holzdielen die Kakerlaken zum Brot.

Wir nächtigten im Büro des Parteisekretärs. Der Raum war warm, aber sehr klein. Die Heuschütte ließ uns gerade Platz, nebeneinander zu liegen wie die Heringe im Faß. Streckte einer im Schlaf den Arm aus, so stieß er mit dem Ellbogen dem Nachbarn auf die Nase.

Dunkle Nächte gab es, in denen die Ratten uns besuchten. Wir wehrten sie ab, und mit angstvollem Quietschen antworteten die erschreckten Tiere auf den unerwarteten Angriff. Verscheuchen ließen sie sich dadurch nicht, immer wieder krabbelten sie auf uns herum, aber die Müdigkeit ließ uns doch schlafen. Wanzen wurden Haustiere, an die wir uns gewöhnten. Eines Nachts flackerte vor meinen im Schlaf geschlossenen Augen eine Kerze, und vor mir – auf den Knien herangerutscht – hockte Heidtlinger. „Was zum Teufel" ließ er uns nicht in Ruhe schlafen? Kleine, schwarze Tiere liefen am Boden fort aus dem Lichtschein, den die Kerze verbreitete. Eine Wanze spazierte schon an meinem Schlafsack entlang. Ich schnippte sie mit dem Finger weg und drehte mich wieder um; für mich war das kein Grund mehr zur Störung, auch nicht für Söderström und Balijeff, die wie die Bären schnarchten.

Oft gelang es nicht, beizeiten eine geschützte Unterkunft zu erreichen. Dann mußten wir unser Zelt hervorholen. Wir sammelten Holz und entzündeten ein Feuer, über dem wir kochten, uns gleichzeitig einseitig erwärmend. Für die Nacht losten wir die Reihenfolge der Wachen aus. In seinen dicken russischen Schafpelz gehüllt, schritt stets einer auf und ab. Der Revolver hing an der Seite, das Gewehr über der Schulter; von Lord begleitet, hatte man zwei Stunden Wache bis zur Ablösung, während die anderen sorglos schlafen konnten. Als wir noch zu viert fuhren, richtete sich die Wache automatisch so ein, daß derjenige, der am Vortag die ersten zwei Stunden gehabt hatte, in der nächsten Nacht an zweiter Stelle auf Wache ging und so fort.

Einmal schlugen wir vor einem kleinen Dorf unser Lager auf. Ein langes Seil umspannte im Viereck die beiden Wagen. Ich hatte von drei bis fünf Uhr Wache. Es ereignete sich nichts Gefährliches, nur ein junger Stier kam und wollte um jeden Preis ins Zelt. Sooft ich ihn auch verscheuchte, kam er doch immer wieder zurück, sobald ich ihm den Rücken kehrte; meine vollen zwei Stunden wurde ich so von ihm beschäftigt.

Die Bevölkerung begegnete unseren Autos mißtrauisch. Ein alter Bauer, der sich klüger als die anderen dünkte, trat zu uns heran und meinte, indem er auf das Auto zeigte: „Man sagt, daß es der Teufel sei, aber *ich* glaube, es ist nur ein bißchen vom Teufel!" Auf der Strecke liefen Kinder und Frauen davon. Ein graubärtiger Alter schlug, als er meines Wagens ansichtig wurde, das Kreuz. Bei dem nachfolgenden Lastwagen stürmte er hinweg, von Angst getrieben. Zitternd, mit aufgeblähten Nüstern, begegneten uns schon von weitem die Pferde. Sie bäumten sich hoch im Geschirr auf und schlugen aus, wenn wir näherkamen. Wir hielten an und brachten die Maschinen zum Stehen; die Mehrzahl der scheuen Tiere brach den sie haltenden Bauern aus und setzte mit Wagen und Ladung im durchgehenden Galopp über Hänge und Gräben, um das Weite zu suchen. Glücklicherweise kippten die leichten Wagen selten dabei um, meist sprangen sie dem Gaul nach, dabei hin und her schlenkernd wie ein Ruderboot in Seenot.

In einer Ortschaft stand ein Wagen, in dem ein alter Bauer mit gebrochenem Bein saß; er wollte ins Krankenhaus. Das Pferd ging durch, der Wagen schlug um, und jammernd lag der Alte auf der Straße. Wir liefen hinzu, um ihm zu helfen. Er stöhnte, als wir ihn hochhoben und auf einen herbeigebrachten Stuhl setzten. Viele Menschen sammelten sich um uns, als wir anfingen, den Alten nach seinen Verletzungen zu untersuchen. Außer einigen Hautabschürfungen am Arm war jedoch nichts passiert, und eine frische Mullbinde, die wir ihm anlegten, erregte seine ganze Bewunderung. Als wir ihm dann noch ein Wasserglas mit Kognak gaben, war aller Schmerz vorüber, und er konnte sich kaum des Dankes genugtun.

Die Schwierigkeiten wuchsen von Tag zu Tag. In *Lwuwa* an der Sura kamen wir an eine Fähre, die die Überfahrt zunächst unmöglich erscheinen ließ: starke Strömung auf dem Fluß, die Fähre zu klein, die Landungsbrücke an unserem Ufer zu schwach und angefault, jenseits keine solche vorhanden. Bisher hatten wir noch immer durchkommen können, wenn auch nicht gefahrlos, aber nun war guter Rat teuer. Wir waren an einem entscheidenden Punkt unserer Fahrt. Wir konnten zurück nach Nischnij Nowgorod und mit einem Wolga-Dampfer nach Kasan fahren. Die nächste Eisenbahnbrücke lag 200 Kilometer weit ab, ohne Weg, der uns hingeführt hätte. Vor uns lag der Fluß. Ich vereinbarte mit den Fährleuten, daß sie gegen Entgelt die Fähre über Nachmittag stilllegen sollten, damit wir sie mit ihnen gemeinsam für die Überfahrt der Wagen verstärken und einen neuen Landungssteg bauen könnten. Wir wollten außenbords der Fähre Baumstämme anseilen, um ihr eine größere Stabilität zu geben. Die Zufahrt sollte aus Brettern und Balken, an denen wir die Fähre festnageln konnten, neu gebaut werden, um mit größerer Sicherheit die Wagen hinaufzufahren.

Als so alle Vorbereitungen für die Ermöglichung der Überfahrt getroffen waren, ging ich zu den anderen zurück, um ihnen dieses freudige Ereignis mitzuteilen. Heidtlinger begrüßte mich mit saurem Gesicht und erklärte: „Wenn Sie glauben, daß ich diese Schinderei noch länger mitmache, irren Sie sich. Ich riskiere nicht weiter meinen Kopf dabei!" Ich versuchte, ihm zuzureden, es half nichts. Er wurde ausfallend und meinte: „Sie können ohne mich ja doch nichts machen, und *ich* fahre den Wagen nur noch zurück, aber nicht einen Meter vorwärts mehr!" Diesem offensichtlichen Streik gegenüber in einem Augenblick, wo andere Hilfe tageweit nicht greifbar war, erfaßte mich die Wut, und ich sagte: „Gehen Sie weg! Die Wagen können auch ohne Sie hinüberkommen." Was dann aber passieren würde, wenn die Wagen drüben waren und er weiter ablehnte zu fahren – das wußte ich selbst noch nicht.

Wir arbeiteten den ganzen Nachmittag, um uns eine neue Brücke zu bauen, die Fähre zu verstärken und am jenseitigen Ufer die Möglichkeit zu schaffen, auf zwei Planken wenigstens so weit Boden zu gewinnen, daß kein Wasser in die Motoren kam. Ich probierte die nasse Fahrt zuerst mit meinem Wagen. Als ich startete, trat Söderström, der bis dahin stillschweigend mithelfend den Streit zwischen mir und Heidtlinger beobachtet hatte, zu mir an den Wagen heran und fragte, ob er nicht wenigstens das Gepäck aus dem „Kleinen" herausnehmen solle. Ich war aber so verbittert, daß ich nur antwortete, daß das Gewicht, zusammengenommen, doch noch nicht so viel wie der leere Lastwagen ausmache, und ginge die Karre mit mir unter, dann wäre das Los der Weltreise wenigstens entschieden.

So fuhr ich auf die Fähre hinauf. Die Balken, an denen sie angenagelt war, wurden losgeschlagen. Wir glitten über den Strom, und am gegenüberliegenden Ufer kam ich glücklich an Land. Dann kehrte ich zurück, um den „Großen", der inzwischen von Söderström und Balijeff zur Gewichtsverminderung ausgeladen worden war, ebenfalls hinüberzufahren. Doch da stellte sich Söderström dazwischen: Für was ich ihn denn eigentlich hielte, daß er als Mann müßig dastehen und zusehen sollte, wie eine Frau ihr Leben aufs Spiel setzte. Von dem großen Wagen sollte ich nur wegbleiben; was ich mit dem kleinen geleistet hätte, würde er mit dem Lastwagen ausführen, und wenn es notwendig wäre, rund um die Welt bis zur Heimat! Wenn ich einverstanden wäre, meinte er, springe er überhaupt als Fahrtgehilfe ein, und wenn es an ihm läge, sollte der Mangel an Mechanikern das Unternehmen nicht zum Scheitern bringen.

So entstand mir ein Freund in der Not, und an diesem Tage legten wir den Grundstein zu einer Freundschaft, die uns die Kraft gab, alle Gefahren gemeinsam überwindend, das Ziel zu erreichen. Von diesem Tage an wurde die Fahrt aber auch eine deutsch-schwedische, denn nur dadurch, daß Söderström aushielt, gelang es, unser Programm zu Ende zu führen. – Ohne Zwischenfälle erreichte auch der „Große" das andere Ufer, und während ich zum Schutz der Wagen zurückblieb, kehrte Söderström noch einmal um, um das Gepäck zu holen.

Die Nacht brach herein. Wartend saß ich im Wagen – vor mir die sandige Böschung und dichtes Kieferngestrüpp. Lord, der bei mir geblieben war, begann zu knurren und ermahnte mich so zur Vorsicht. Eine Weile verstrich, ohne daß ich etwas gewahr werden konnte. Plötzlich sprangen drei Kerle aus dem Dickicht, die Böschung herunter auf mich zu, mit dicken Knüppeln bewaffnet. Der sofortige wütende Angriff von Lord machte sie stutzig, und als sie sahen, daß ich die Mündung des Karabiners auf sie gerichtet hielt, blieben sie stehen. Ich rief Lord, der mit gesträubten Haaren vor ihnen stand, und knurrend kehrte er an meine Seite zurück. Die Männer besprachen sich, warfen die Knüppel weg, fingen an zu lachen ... und ausspuckend zogen sie ihres Weges!

Söderström kam mit dem Gepäck und mit Balijeff und Heidtlinger zurück. Wir mußten am Flußufer kampieren und den nächsten Morgen abwarten, denn unserer Mühe und Sorge war noch kein Ende gesetzt. Der Grund, auf dem wir standen, war loser Sand, zum Flußbett gehörig, im Winter und im Frühjahr vom Wasser überspült. Wir mußten erst eine Böschung hinauf und drei Kilometer durch Weidengebüsch fahren, bis wir wieder festeren Boden hatten.

Der kleine Standard zog sich mit eigener Kraft durch, unser „Großer" aber, der seine drei Tonnen Gewicht hatte, grub sich mit den Hinterrädern sofort ein. Mit der Winde arbeiteten wir ihn jedesmal wieder hoch, und indem wir Bretter vorlegten, schafften wir ihn meterweise vorwärts, bis wir über den Hang waren. Oben angelangt, mieteten wir uns sechs Pferde, und unter Schreien und Peitschenknall zogen natürliche und mechanische Pferdekräfte den schweren „Kerl" durch den lockeren Sand der Weidenbüsche, bis fester Boden erreicht war.

Mit dem Essen war es knapp für uns geworden. Mit nüchternem Magen erreichten wir die nächste kleine Stadt, deren Kirchturmspitze wir schon seit zwei Tagen als Silhouette am Horizont gesehen hatten. Heidtlinger aber machte gute Miene zum bösen Spiel und half Herrn Söderström wieder beim Fahren des Lastwagens.

IX.

Opfer des Alkohols • Der Messerangriff • Heidtlinger fährt per Bahn weiter • Im Familienkreis der russischen Bauern • Der ewige Schweinebraten • Großmutter und Wanzen

Das Wetter wurde noch schlechter, der Regen machte das Fahren fast unmöglich. Unsere Tagesleistung, die bisher noch zwischen fünfzig und hundert Kilometer gelegen hatte, sank auf zehn bis zwanzig Kilometer herab. Trübe Erinnerungen knüpfen sich an den Tag, an dem wir für eine acht Kilometer lange Waldstrecke zehn Stunden (!) brauchten. Immer wieder blieb der große Wagen im Schlamm stecken, von einem Loch rutschte er ins andere. Wir mußten ihn ausgraben, Steine und Holz zu Hilfe nehmen, um ihn hochwinden zu können. Der Dreck hing uns an Händen und Kleidern, vor Dreck war von den Wagen fast nichts mehr zu sehen. Nach Stunden gaben wir die Hoffnung auf, mit unserer bisherigen Arbeitsmethode erfolgreich weiterzukommen. Wir überlegten und gingen dann dazu über, junge Bäume im Wald zu fällen und daraus eine Knüppelstraße zu bauen, auf der wir – ohne ständiges Einbrechen – die Wagen nun vorwärtsbringen konnten. Am frühen Morgen hatten wir ein Dorf vor uns liegen sehen, am Abend konnten wir es erreichen.

Der Landarzt nahm uns in seinem Haus auf. Während wir unser Abendbrot kochten, stellte er heißes Wasser in großen Kesseln auf den Ofen, um nachher jedem von uns eine heiße und kalte Dusche bieten zu können. Ich fand nicht sein Verständnis, als ich es – zum Unterschied von den Männern – vorzog, mein improvisiertes Bad ohne seine Unterstützung zu nehmen.

Auf dem Hauptweg, der nach Kasan führte, wurde das Steuern fast unmöglich. Die Wagen schoben sich auf dem feuchten Erdreich willkürlich von einer Furche in die andere. Häufig verloren sie ganz die Führung und drehten sich um ihre eigene Achse, mit dem Kühler in der Richtung stehenbleibend, aus der wir gekommen waren. Große Gefahr war damit jedoch nicht verbunden, weil die Breite der Fahrbahn uns nicht in die Nähe von

Bäumen brachte; wir hatten nur Sorge, daß der „Große“ dabei nochmals Umstürzen könnte. Tag für Tag verging in völliger Ungewißheit darüber, was uns bevorstand; nur die Hoffnung, daß die Zustände sich bessern würden, hielt uns aufrecht. Bis Moskau hatten wir immerhin noch einige Anhaltspunkte erlangen können, aber seit Nischnij Nowgorod fehlte uns jede Orientierungsmöglichkeit. Im günstigsten Falle konnten wir in den Ortschaften eine ungefähre Auskunft über die nächsten zehn Kilometer erhalten, und meist lautete sie einstimmig schlecht … Autos gab es in dieser Gegend überhaupt nicht, und die Bauern hatten ihren eigenen Maßstab in der Beurteilung. Hindernisse, die uns Tage kosten konnten, lagen vor uns, und wir mußten uns darauf verlassen, die gefährlichen Stellen rechtzeitig zu entdecken, bevor sie unser Verhängnis werden konnten.

An einem Sonnabendabend lag *Swijashsk*, die letzte kleine Stadt vor Kasan, im Regen. Wir waren des Weges unsicher. Eine halbe Stunde suchten wir einen Menschen, der noch nüchtern genug war, um uns Auskunft erteilen zu können. Die Opfer des Alkohols waren auf dem Lande unter den Bauern recht zahlreich. Kein Tag verging, an dem wir nicht Wagen nach Hause fahren sahen, auf denen die *Frau* mit vergrämten Augen das Pferd lenkte, während neben ihr, besinnungslos betrunken, der Mann, der Bruder oder der Vater lag. Junge Burschen stolperten über den Weg, sich an den Armen junger Mädchen festhaltend, die sie vor dem Fallen schützten. Die Blicke der Burschen waren leer und ins Weite gerichtet, während den jungen Mädchen, wahrscheinlich Bräute, die hellen Tränen über die Wangen liefen. Andere Männer, die niemanden hatten, der sie stützen konnte, waren im Rausch auf die Straße gefallen und lagen schlafend im Dreck, sich Gesicht und Kopf mit Kot beschmierend. Halbwüchsige und Kinder … alle schon Opfer des Alkohols!

Gleich nach der Revolution hatte die Regierung ein totales Alkoholverbot erlassen. Damit wurde aber nur eine Verschlechterung der Zustände erzielt, denn die Bauern brauten sich ihren Schnaps selbst mit allen Zutaten, derer sie habhaft werden konnten. Viele Tausende starben in diesen Zeiten an Alkoholvergiftung oder hatten sich gesundheitlich für ihr Leben ruiniert.

Bei der ungeheuren Ausdehnung des Landes war sowieso eine Kontrolle nur im allerengsten Umkreis der Städte möglich gewesen. Dieses Gebiet spielte aber im Verhältnis zu den riesigen, unerfaßbaren Strecken eine so geringe Rolle, daß die Regierung sich gezwungen sah, das Alkoholverbot aus Gründen der Volksgesundheit wieder außer Kraft zu setzen. Die große Kälte in Rußland machte wohl den Alkoholkonsum notwendig. Bedauerlicherweise nahmen die russischen Bauern weiter in großem Übermaß Alkohol zu sich. – Im Zusammenhang damit hatten wir einen Zwischenfall:

Wir fuhren über eine Brücke mit anschließendem Deich, der zum festen Land führte. Der Unterbau des Dammes konnte jedoch das Gewicht des großen Wagens nicht tragen und gab nach. Der Zufall, daß der Wagen mit den Trittbrettern zum Aufliegen kam, verhinderte seinen Absturz in den Fluß. Wir begannen sogleich mit den Aufbauarbeiten und seilten vorsichtshalber den „Großen" fest, damit in der Zwischenzeit ein eventuelles weiteres Rutschen vermieden wurde. Bauern, die sich auf dem Heimweg befanden, sammelten sich um uns. Während Söderström, der Russe und Heidtlinger mit den Arbeiten um den Wagen beschäftigt waren, fiel mir die Aufgabe zu aufzupassen, daß nichts abhanden kam. Ein betrunkener Bauer drängte sich immerfort an den kleinen Wagen heran, und obgleich ich mir alle Mühe gab, ihn davon abzuhalten, wurde er nur noch zudringlicher. Es blieb mir nichts anderes übrig, als ihm einen Faustschlag gegen das Kinn zu versetzen ... Er verlor das Gleichgewicht, fiel hin, raffte sich jedoch wieder auf und ging zum Angriff über. Ich konnte ihn noch einmal abwehren, bis Söderström auf mein Rufen zur Hilfe herbeikam. Der Bauer ließ sich dadurch aber nicht abschrecken und griff seinen neuen Gegner an. Diesmal setzte ihn der Schlag, den er von Söderström erhielt, außer Gefecht. Besinnungslos fiel er zu Boden.

Nun aber ergriff die Menge gegen uns Partei. Dicht drängten die Bauern an uns heran, und einer zog plötzlich ein langes Brotmesser hervor, damit nach Söderströms Magen stoßend. Die Spitze des Messers hatte schon dessen Jacke gestreift, als Söderström blitzschnell seine Pistole zog und unmittelbar vor den

Füßen des Bauern in die Erde schoß. Dies wirkte abkühlend wie kaltes Wasser. Alles zog sich zurück. Man half dem Betrunkenen von der Straße auf, legte ihn in den Wagen, und seine Frau fuhr ihn nach Hause.

Nach einer Viertelstunde, in der wir ungestört unsere Arbeit hatten fortsetzen können, kam der größte Teil der Bauern zurück. Völlig ernüchtert, entschuldigten sie sich wegen des Vorgefallenen und legten nun Hand an, um uns zu helfen. Sie ergriffen ein langes Seil und spannten sich selbst davor. Mit vereinten Kräften hatte diese tätige Mithilfe schnellen Erfolg, und wir kamen aus der bedenklichen Lage heraus.

Eine Fähre brachte uns über die Wolga nach *Kasan*. Die Anfahrt war schlecht, weil wir fast senkrecht einen dreißig Meter langen, steilen Damm hinunterrutschen mußten, bis wir auf dem steinigen Boden des Flußbettes ankamen, der zum Steg der Landungsbrücke führte. Zum ersten Male seit langer Zeit schliefen wir wieder in einem Hotel und in einem Bett! Letzteres war uns so ungewohnt geworden, daß wir zunächst keine Ruhe finden konnten, und ich erinnere mich, daß ich, nachdem ich eine halbe Stunde wachgelegen hatte, trotz aller Müdigkeit aufstand, meinen Schlafsack auseinanderrollte und mich darin auf den Fußboden legte; dann schlief ich in wenigen Minuten fest ein.

Die Wege der letzten Zeit hatten uns die Unmöglichkeit eines schnellen Fortkommens mit dem Lastwagen gezeigt. Erschwerend kam noch hinzu, daß Heidtlinger nur noch periodisch den Lastwagen fuhr und im übrigen Söderström die Steuerung überließ. Dies entsprach nicht dem Zweck des Bagagewagens, und wir entschlossen uns, den „Großen" zunächst bis Swerdlowsk auf die Bahn zu setzen. Wir wurden in unserem Vorsatz durch die Auskünfte bestärkt, die wir über den weiteren Zustand der Wege und der Flußübergänge erhalten hatten. Im Sommer hätten wir auf dieser Strecke, mit Ausnahme der Flußübergänge, wahrscheinlich keine nennenswerten Schwierigkeiten angetroffen. Jetzt aber hatte der tägliche Regen den Boden grundlos gemacht. Wir setzten daher unseren Lastwagen, zusammen mit Heidtlinger, auf die Bahn. Balijeff, Söderström und ich fuhren im Standard weiter.

Die Wege blieben gleich schlecht. Der Schlamm stand wie ein zäher Teig und spritzte als schwarze Masse unter den Rädern weg. Lange Strecken konnten wir hinter uns die Spur unseres Wagens im Morast verfolgen. Wir waren fast ausschließlich darauf angewiesen, den ersten und zweiten Gang zu benutzen. Unzählige Male blieben wir stecken. Stiegen wir aus dem Wagen aus, so sanken wir bis zu den Knien in den Schlamm ein. Wir wühlten bis zu den Achseln im Schlamm, um die Hinterräder des Wagens hochzubauen. Wir legten Schneeketten auf, wodurch wir wenigstens für Augenblicke erleichterte Fahrt hatten. Wie in Syrien der Durst so beherrschte hier der Dreck unsere Tage. Am meisten litt Balijeff, den dieser Eindruck auch des Nachts nicht verließ. Auffahrend von seinem Nachtlager, begann er im Halbschlaf zu sprechen, von der Angst gequält, daß wir nicht vorwärts kämen. Er weckte dann Söderström und mich, und wir beide hatten Mühe, ihn zu beruhigen und ihn ganz zu wecken, um ihn von dem Alpdruck zu befreien.

Auf uns beide – Söderström und mich – wirkte diese Periode unserer Reise nicht weiter bedrückend, im Gegenteil: Wir schliefen ruhig und fest; alle schweren Gedanken, die uns vom Tage her bedrückten, prügelten wir uns am Abend vor dem Schlafengehen von der Seele. Ein Boxkampf, bei dem es blaue Flecke gab, wurde unsere allabendliche Erheiterung nach dem Abendessen. Aus diesen kleinen Kämpfen, die uns die Erinnerung an die kleinen Raufereien in unserer Kindheit brachten, gewannen wir wieder unser Lachen zurück, das wir für den kommenden Tag gebrauchten.

Über Ungeziefer hatten wir nicht sehr zu klagen; wir sahen davon mehr, als wir fühlen mußten, denn der intensive Geruch von Benzol und Öl, der sich im Laufe der Zeit mit unseren Schlafsäcken verbunden hatte, schreckte die Tierchen ab.

Unsere Abwechslung bestand in der Verschiedenartigkeit unserer Quartiere und in dem Bewußtsein, am Morgen weiterzufahren, ahnungslos, wo der Abend uns finden würde. Wo auch immer wir innerhalb eines Dorfes zur Ruhe gingen: die Gastfreundschaft, die man uns zuteil werden ließ, blieb sich überall gleich. Sobald unser Wagen in ein Dorf kam, sammelten sich

Der aufgehängte Holzkasten diente als Wiege.

die Bewohner um uns. Wir baten dann um eine Unterkunft, und nach eingehender Beratung erhielten wir jedesmal den größten Bauernhof zugewiesen. In stallartigen Schuppen, unter Rindern, Schweinen, Ziegen, stand unser Wagen auf Stroh, während wir von dem Hausherrn in die Stube geführt wurden. Die Bäuerin hatte den Samowar aufgestellt, und heißer Tee war das erste, was man uns anbot. Meistens bestand das Haus nur aus einem großen Ofen, um den die Stube herumgebaut war. Über dem Ofen befand sich die Schlafstatt der Familie. Der Ofen selbst diente sowohl zur Heizung als auch als Kochherd. Das jüngste Kind lag in einem Holzkasten, der, an einem Seil an der Decke aufgehängt, als Wiege benutzt wurde.

Unsere Mahlzeit kauften wir täglich neu ein, mit Ausnahme des Fleisches, das länger vorhielt und nur an den großen Proviant-tagen erworben werden mußte. Wir lebten von Schweinebraten, Kartoffeln und Mohrrüben. Für unseren Braten kauften wir ein ganzes Spanferkel, welches wir für wenige Rubel erhielten und abstechen ließen. Frisch geschlachtet war das Fleisch sehr zäh; wenn wir es aber verschiedentlich in den darauffolgenden Tagen aufgekocht hatten, wurde es zur Delikatesse. Es kam jedoch auch vor, daß das Schwein sehr klein, unser Hunger aber sehr groß war und wir das Ferkel an einem einzigen Abend ganz und gar vertilgten.

Aus dem kleinen Ort kam alles, was mit dem Hauswirt irgendwie bekannt oder verwandt war, um uns zu betrachten. Die Räume waren schnell bis auf den letzten Platz gefüllt, und nur ein kleiner Kreis blieb uns zur Bewegung frei, zum Aufstellen des Petroleumkochers und zur Bereitung des Nachtmahls. Mit gespannten Blicken verfolgte man unsere Bewegungen, wie im zoologischen Garten bei den wilden Tieren. Erst wenn wir für die Nacht Stiefel und Strümpfe auszogen und den Ledergürtel lockerten, zogen sich die Zuschauer zurück, jedoch nur, um am frühen Morgen wieder dazustehen, wenn wir erwachten.

Doch auch von dem Leben der Menschen, durch deren stehende Kreise unsere Linie lief, lernten wir manches kennen. Instinktmäßig begriffen wir Zusammenhänge, wo uns die Sprache fehlte. Die Bevölkerung in diesen nach europäischen Begriffen menschenarmen Gegenden war stark und widerstandsfähig. Diese Menschen bewahrten das Andenken ihrer Voreltern und freuten sich, wenn ein Fremder ihnen und ihrem Leben Interesse entgegenbrachte. Sie zeigten uns die Bilder von Verwandten und Bekannten, holten alte Geschirrstücke aus dem Schrank, die aus Urgroßväterzeiten in der Familie erhalten waren.

In einem Falle erregte das Bild der Großmutter einer Bäuerin unsere Heiterkeit. Es hing in einer schwach erleuchteten Ecke der Stube, und als wir darauf aufmerksam gemacht wurden, veränderte die Großmutter ständig ihre Züge: Sie lachte, sie weinte, schmunzelte und blickte wieder böse auf uns. Zuerst wußten wir nicht, was wir davon halten sollten, doch als wir zur näheren Betrachtung schritten, fanden wir hinter dem Glase Hunderte von Wanzen, die herumspazierten und ständig die Gesichtszüge der Ahne veränderten!

Die Kinder wuchsen auf, fern von jedem Arzt, allen Unbilden des Wetters und allen Krankheiten ausgesetzt; nur die kräftigsten überdauerten die früheste Jugend. Die Natur trieb eine drakonische Auslese. Die Frauen waren psychisch und physisch veranlagt, diese harten Bedingungen zu ertragen. Es gehörte nicht zu den Seltenheiten, daß sie 16 oder 18 Kindern das Leben gaben. Die Trauer, wenn eines starb, war nicht groß; der Verlust einer Kuh wurde in dem Kreise einer Familie, die mit den Sorgen ums Dasein zu ringen hatte, viel härter empfunden. Die Kinder erhielten als alleinige Nahrung – oft zwei bis drei Jahre – die Mutterbrust, bis das nächstfolgende Kind an der Reihe war. Hier spielte auch der Glaube eine Rolle, wonach die Frau die Hoffnung hatte, den Kindersegen dadurch länger hinausschieben zu können.

Unter den erwachsenen Menschen sah man wenig Kranke, jedoch häufiger Krüppel infolge von Unfällen. Die Menschen dieser Landstriche waren schon durch die Art ihres Aufwachsens wesentlich gesünder und robuster. Die gleichen Anforderungen wurden an die Haustiere gestellt, denn selbst im strengsten Winter mußten sie draußen übernachten. Hatte ihnen doch die Natur einen dicken Pelz wachsen lassen!

X.

Wegschwierigkeiten • Wölfe • Noch eine Achswelle • Balijeffs Erkrankung • Im Bahnwärterhaus • Nowosibirsk • Einstellung der Fähre • Verladen nach Irkutsk

In jeder größeren Ortschaft, wo es eine Schule gab, besuchten uns der Lehrer oder die Lehrerin mit der Bitte, ob sie nicht vor unserem Start mit den Schulkindern kommen dürften, da diese ja noch nie in ihrem Leben ein Auto erblickt hätten. Für uns waren diese Schulbesuche eine Quelle der Freude. Wir beantworteten die Fragen der Kinder, die uns verdolmetscht wurden, und zeigten ihnen den Wagen von innen und außen. Wir bemühten uns nach Möglichkeit, ihnen ihre Angst zu nehmen und sie aufzuklären, daß das arme Auto wirklich kein Spuk des Teufels sei. Wir fanden Gläubige, doch die Mehrzahl blieb mißtrauisch.

Immer schwieriger wurde das Vorwärtskommen. Eine zentimeterdicke Dreckschicht überzog den Wagen bis zum Dach. Wir mußten zum Seitenfenster hinaus steuern, da die vordere Scheibe infolge des daran klebenden Schmutzes undurchsichtig geworden war. Am schlimmsten empfanden wir den Dreck, der den Kühler verklebte und den Motor seiner Kühlfläche beraubte. Wir versuchten, mit einem Holzmesser, das wir uns schnitzten, die Lamellen freizubekommen und auszukratzen, eine Sisyphusarbeit, die nicht für fünf Minuten Erfolg hatte. Während Regen und Wind unsere Finger vor Kälte steif werden ließen, stiegen wir aus, um Wasser für den kochenden Motor zu schöpfen. So verlief unsere Fahrt bis zum Ural.

Der Ural, der Gebirgszug, der Europa und Asien trennt, trat kaum in Erscheinung. Der Weg, durchgehend schon im bewegten Gelände, stieg unmerklich an. Ein kleiner Fluß, der uns zur Seite ins Tal strömte, und einige fichtenbewachsene Hänge waren alles, was uns als Unterschied zu vorangegangenen Tagen auffiel.

In *Swerdlowsk* kam der erste Schnee. Tagsüber taute zwar die Sonne den größten Teil wieder weg, doch der Winter ließ sich nicht unterkriegen. Bei unserer Abfahrt waren die ersten Schlitten auf der Straße. Der große Wagen wurde weiter nach Nowosibirsk verladen. Eine halbe Tagesfahrt leisteten wir ihm Gesellschaft, um ein unpassierbares Moor zu umgehen, und trennten uns dann, weiter unseren Weg nach Osten suchend. Stellenweise erlaubte uns ein leichter, sandiger Boden schnelleres Fortkommen. In *Tjumen* fanden wir neuen Brennstoffvorrat, dessen wir bereits dringend bedurften.

Im Flachland hatte der Schnee wieder aufgehört. Von Tag zu Tag wurde es schwieriger, die Richtung zu behalten, denn nur ganz schmale Bauernwege standen uns zur Verfügung, um durch die armseligen Kiefernwaldungen zu kommen. Infolge des mageren Bodens wuchs hier nur niedriges Krüppelholz, in dem die Wölfe ihre Heimstätte hatten. Beim Hereinbrechen der Dunkelheit tauchten die lichtscheuen Burschen auf. Sekundenlang leuchteten ihre Augen im Licht der Scheinwerfer, und wie ein Schatten huschten sie an uns vorbei. Abends jedoch, wenn wir unser Essen bereiteten, erzählten uns die Bauern von ihnen: Im Winter kamen sie in Rudeln von dreißig bis vierzig Stück und erklärten – von quälendem Hunger getrieben – den Menschen den Krieg. Sie überfielen Schlitten, die einsam auf dem Heimweg waren; alles, dessen sie habhaft werden konnten, fiel ihren blut- und fleischsuchenden Zähnen zum Opfer. Nur die abgenagten Knochen der Unglücklichen blieben als die stummen Zeugen des Dramas übrig. Sie verschonten aber auch ihr eigenes Geschlecht nicht, und wenn im Kampfe einer der Kameraden gefallen war, so stürzten sie sich über ihn genau so gierig wie über andere Beute.

Der Schrecken des Winters und die Angst vor den Wölfen beschäftigten im Spätherbst alle Gemüter und Gedanken, und immer und immer wieder, wenn wir ein Haus verließen, klangen uns die Warnungen in den Ohren, nur nicht allein den Wagen zu verlassen. Damals versprachen Söderström und ich uns: Sollten wir jemals in die Lage kommen, von Wölfen umstellt zu werden, dann würden wir uns bis zur Erschöpfung unserer Munition wehren, aber immer zwei Kugeln für den Notfall für uns selbst sparen.

Wir kamen Nowosibirsk näher und mit ihm den Sumpfgeländen Sibiriens. Wieder setzte die mühselige Arbeit ein, lange Strecken im Morast zurücklegen zu müssen. Aufatmend begrüßten wir jeden Streifen kleiner Kiefernwaldungen, die uns für kurze Strecken Erleichterung gewährten. Trotz aller Vorsicht ereilte uns unser Schicksal: im Weg versteckt ein Sumpfloch. Unser Wagen stürzte hinein, kam mit dem Motor wieder hoch, blieb aber mit den Hinterrädern hängen, die sich in die gefrorene Erdkruste des Weges eingruben. Das rechte Hinterrad fing sich unter einem Stein, der den Wagen blockierte. Sofort legte sich der Morast handbreit über die Trittbretter. Bei dem Versuch, uns mit eigener Kraft herauszuarbeiten, brach die Achswelle.

Kein Schieben und Graben half mehr; das Erdreich sackte nach in das Loch, das der Spaten grub. Wir mußten versuchen, Hilfe zum Abschleppen zu bekommen, und verhandelten mit einem Bauern, der mit Pferd und Wagen des Weges kam. Er erklärte sich zu dem Versuch bereit, uns an einem Seil, das wir am Wagen befestigen sollten, herauszuziehen. Zu diesem Zwecke fuhr er neben uns durch den Dreck; die Pferde sanken ein, und von der Angst getrieben, arbeiteten sie sich wieder hoch, erreichten festen Boden und zogen den Leiterwagen mit, der bis an die Räder verschwunden war. Hinter dem Wagen war an einem Seil eine Kuh angebunden. Sie mußte ebenfalls hindurch und verschwand vor unseren Augen; nur die Hörner und die Rückenwirbel blieben sichtbar. Sofort griffen wir alle ein, um das versinkende Tier zu retten. Ein paar vorbeikommende Russen unterstützten uns, und es gelang, das arme Tier herauszuziehen. Noch lange nachher lag es am Boden, mit verdrehten Augen den Dreck aus Nase und Maul stoßend. Leider war damit dem Bauern die Lust, uns zu helfen, vergangen. Er schlug uns vor, wir sollten Waldarbeiter aufsuchen, die zwei Stunden entfernt bei einem Bahnwärterhaus an der Strecke beschäftigt waren; vielleicht würden diese uns helfen. Da wir keine andere Wahl hatten, folgte Balijeff diesem Rat und setzte sich zu dem Bauern auf den Wagen, der bereit war, ihn noch ein Stück des Weges mitzunehmen.

Söderström und ich blieben untätig zurück, mit Sorge den nahenden Sonnenuntergang betrachtend. Im niedrigen Gestrüpp raschelte es verdächtig. Manchmal ging ein Zittern durch die Sträucher, als ob ein Körper an ihnen vorbeigestrichen sei. Wir wagten nicht, uns weit voneinander zu entfernen. Neben unserem armen Wagen stiegen die Luftblasen aus dem Morast, und wir sanken tiefer und tiefer. Die Nacht brach herein. Wir entsicherten die Büchsen, und in die Dunkelheit spähend, erwarteten wir die Hilfe, die kommen sollte. Endlich traf Balijeff mit 16 Arbeitern ein, und wir schritten sofort daran, uns aus dem schlammigen Grab zu befreien. Mit Baumstämmen konstruierten wir einen Hebearm unter dem Wagen, um mit gemeinsamer Kraft das Fahrzeug hochdrücken und Baumstämme unterschieben zu können, bis wir ihn wieder auf gleicher Höhe mit dem festen Erdboden hatten. Dann hängten wir ihn an ein Seil, und – alle Mann davorgespannt – steuerten wir dem Bahnwärterhaus zu, von dem aus uns Hilfe zuteil geworden war.

Mit offenen Armen empfingen uns der Bahnwärter und seine Frau. Sie hatten Abendbrot auf dem Tisch stehen; wir fielen darüber her wie hungrige Wölfe. Um weitere Pläne zu schmieden, waren wir zu müde, denn nach der Mahlzeit setzte völlige Erschöpfung ein. Wir legten uns auf den Boden und waren bald eingeschlafen.

Balijeff wachte am nächsten Morgen mit hohem Fieber auf. Beim Husten spuckte er Blut und glich mehr einer Leiche als einem lebenden Menschen. So gut es die Umstände erlaubten, bereiteten wir ihm in der Bahnwärterstube auf Stroh ein notdürftiges Lager und flößten ihm heißen Tee ein. Es stellte sich heraus, daß er früher schon einmal einen Anfall von Tuberkulose gehabt hatte, und dieser Ausbruch schien eine Wiederholung zu sein. Wegen der Weiterfahrt hatten wir nun nur die Möglichkeit, den Versuch zu machen, Heidtlinger, der mit dem großen Wagen auf der Eisenbahn fuhr, telegraphisch um Zusendung der Ersatzachswelle zu ersuchen. Das wichtigste blieb jedoch die Frage, ob Balijeff soweit gesunden würde, daß er die Fahrt fortsetzen konnte.

So arbeiteten wir nach zwei Richtungen; während der Telegraph spielte, um Heidtlingers habhaft zu werden, saßen wir am Krankenlager, um Balijeff alles zu geben, was seine Genesung versprach. Doch nach beiden Richtungen hin mußten wir die Erfolglosigkeit unseres Tuns erkennen. Vom großen Wagen kam keine Nachricht, und Balijeff länger in seinem Zustand in der Waldeinsamkeit ohne Ärzte zu behalten war gewagt. Dem Menschenleben gegenüber, das auf dem Spiel stand, gaben Söderström und ich alle anderen Pläne auf. Mit der ersten Möglichkeit, die sich ergeben würde, wollte ich Balijeff nach Nowosibirsk bringen, während Söderström den Transport des kleinen Wagens übernahm. Mit Hilfe des Bahnwärters setzten wir uns mit den Eisenbahndirektionen von Omsk und Nowosibirsk in Verbindung, um einen Waggon zum Abtransport von der Strecke zu erhalten. Wir teilten ihnen mit, daß wir in großer Notlage und der Möglichkeit beraubt seien, mit eigener Kraft von der einsamen Blockstelle aus weiterzukommen, der Russe aber durch seinen Zustand in Lebensgefahr schwebe. Schon am Nachmittag erhielten wir die Ankündigung eines Waggons, der mit einer Sonderlokomotive am Abend bei uns eintreffen sollte.

Söderström und ich gingen jetzt dazu über, die Verlademöglichkeit zu studieren. Wir fanden einen halben Kilometer hinter der Blockstelle ein totes Gleis, das für Bahnarbeiten angelegt worden war. Wir beschlossen, hier die Verladung vorzunehmen. Mit Hilfe von Arbeitern transportierten wir Schienen und hölzerne Eisenbahnschwellen zu diesem Platz.

Als später der Waggon eintraf, legten wir die Schienen an und banden die Bohlen darauf fest, auf diese Weise eine Brücke konstruierend, auf welcher der Wagen hinaufgezogen werden konnte. Die Arbeiter, die uns schon einmal geholfen hatten, griffen wieder zu, und wir schleppten den „Kleinen" durch den Sand zu der Stelle. Der schwierigste Teil war die Auffahrt auf die Plattform, weil wir den Wagen quer zur Plattform hochziehen mußten. Während die Hinterräder noch auf der Brücke standen, waren die Vorderräder schon am Rand der anderen Seite. Es blieb nichts anderes übrig, als den hinteren Teil des Wagens auf die Plattform zu heben. Sicherheitshalber – falls er Umstürzen sollte – bauten wir eine zweite Brücke, und Zoll für Zoll hoben wir ihn glücklich herum. Dann packten wir Balijeff in den Wagen, die Lokomotive spannte sich vor, und wir fuhren bis zur nächsten Eisenbahnstation. Dort wechselte ich mit Balijeff in einen Personalzug über, während Söderström mit dem Standard auf einen Güterzug warten mußte.

Nachdem wir in *Nowosibirsk* eingetroffen waren und dem

Deutschen Konsulat einen Besuch abgestattet hatten, brachte ich den Kranken sogleich zu Bett. Er phantasierte und war nicht in der Lage, sich einer Sache zu erinnern oder jemanden zu erkennen. Mich nach Heidtlinger umzusehen, blieb mir nicht die Zeit. Zu meiner Überraschung traf Heidtlinger mit dem gleichen Zug ein, als ich zur Bahn ging, um Söderström abzuholen.

Zwei Tage später fuhr Balijeff nach Moskau zurück. Bevor er uns verließ, verpflichtete er uns, daß wir die Weiterfahrt nicht antreten würden, ehe wir nicht von Moskau aus einen neuen Begleiter bekommen hätten. Vier Tage darauf verließ uns auch Heidtlinger. Die Strapazen, die hinter ihm lagen, erschienen ihm nachträglich so abschreckend, daß der Wunsch, die sichere Heimat wieder zu erreichen, über alles siegte. Mit Bitterkeit sahen wir ihn scheiden; er wußte auch, daß er uns in der Not verließ, denn wir beide verstanden von dem Mechanismus der Wagen nur soviel, als die Praxis uns auf der Fahrt gelehrt hatte. Jetzt Ersatz zu bekommen war ausgeschlossen.

Söderström und ich blieben allein zurück. Im Hause des deutschen Konsuls fanden wir ein Heim, welches uns half, die Stunden des Wartens zu überwinden, denn von Moskau blieb jede Nachricht aus. Dreimal telegraphierten wir, nach einem Ersatzmann fragend, ohne jedoch Antwort zu bekommen. Drei Wochen mußten wir müßig zusehen, wie die letzte Möglichkeit des Fortkommens erlosch. Auf den Flüssen setzte Eistreiben ein, die Fähren wurden stillgelegt. Wir konnten nicht einmal mehr aus Nowosibirsk heraus, denn vor uns lag der Ob, für jeden Verkehr gesperrt. Unsere Hauptbeschäftigung war, Erkundigungen einzuziehen. Mit der sibirischen Regierung besprachen wir die weiteren Pläne. Es ergab sich für uns ein einziger fraglicher Ausweg, nach *Irkutsk* zu verladen und dort das Zufrieren der Flüsse abzuwarten. Anders als mit der Bahn hinzukommen war ausgeschlossen, sowohl wegen der hohen Schneemassen, die den Weg versperrten, als auch wegen eines kategorischen Verbots der sibirischen Regierung, die es ablehnte, uns nach ihrer Ansicht in den sicheren Tod gehen zu lassen. Mitte November siedelten wir nach Irkutsk über.

XI.

Sibirischer Winter • Unter den Burjaten • Rehjagd • Chinesischer Schnaps und Samagonka • Die Probefahrt zum Baikalsee

Zweieinhalb Monate zwang uns der Winter, in Irkutsk liegen zu bleiben. Bei unserer Ankunft brauste die Angara noch mit gewaltiger Strömung dem Jenissej zu, die Stadt in zwei Teile trennend, deren Verbindung eine Pontonbrücke bewerkstelligte. Unsere Erkundigungen bestätigten die Befürchtung, daß an eine Weiterfahrt zunächst nicht zu denken sei. So faßten wir in der ersten Woche den Entschluß, aus dem Hotel in ein Privatquartier zu ziehen, und als uns von einer russischen Familie zwei möblierte Zimmer angeboten wurden, griffen wir zu. Unser Bekanntenkreis wuchs schnell an durch die leitenden Herren vom dänischen Telegraphenamt* und durch eine deutsche Familie, in deren Kreis wir Aufnahme fanden.

Söderströms Liebe zur Jagd und unser Wunsch, die Zeit nicht völlig nutzlos zu verbringen, ließen uns versuchen, unseren Film durch Jagdaufnahmen zu bereichern. Auf den damit verbundenen Fahrten in die weitere Umgebung von Irkutsk hatte ich Gelegenheit, die ausgiebigsten Studien und Erfahrungen über die Schnee- und Winterverhältnisse in Sibirien zu sammeln. Ein Kreis von Jägern hatte sich zusammengefunden, um uns zu unterstützen. Nach kaum achttägigem Aufenthalt unternahmen wir unseren ersten Ausflug. Eine Erkundungsfahrt mit dem kleinen Wagen in die angrenzende Burjatenrepublik oberhalb Wercholensk am Jakutskitrakt bot uns die Möglichkeit, nach 180 Kilometer Fahrt an Ort und Stelle alle notwendigen Vorbereitungen für die kommende Jagd zu treffen.

Gemeinsam konnten wir dann drei Tage später von Irkutsk aus wieder starten, mit fünf Jägern im Standard und 16 Jägern

* *Dänisches Telegraphenamt* – Irkutsk war eine wichtige Zwischenstation der Telegraphenleitung, die zwischen Kopenhagen und Peking existierte. Hier gab es auch eine dänische Kolonie.

im Lastwagen, den wir zu diesem Zweck ausgeräumt hatten. Frostklare Luft, Sonne und blauer Himmel begrüßten uns, sobald die Nebel der im Frost dampfenden Angara und die Stadt hinter uns blieben. Der Schnee lag einen halben Meter hoch, jedoch war die weiße Decke auf dem Trakt durch die Bauernschlitten fest und hartgedrückt, so daß wir trotz der hohen Steigungen, die wir gleich zu Anfang zu überwinden hatten, schnell vorwärtskommen konnten. Nach hundert Kilometern mußten wir von der gebahnten Straße herunter und fuhren, einem schmalen Weg folgend, unserem Bestimmungsziel, einem Burjatendorf, zu. Die Gegend bestand aus nebeneinander liegenden Hügelketten und flachen Tälern, in welchen sich die Dörfer angesiedelt hatten. Der Leiter der Jagd, ein genauer Kenner dieser Distrikte, gab uns im Vorbeifahren Aufklärung über Sitten und Gebräuche der Einwohner.

Eine bergartig aufsteigende Anhöhe, bestanden mit dunklen Tannen, von denen der Wind den Schnee abgefegt hatte, war der *Heilige Berg*, zu dem die Bevölkerung der umliegenden Ortschaften zum Beten pilgerte. Auf halber Höhe war ein Opferplatz abgegrenzt, und große graue Steine kennzeichneten den Altar. Die Bauern wagten nicht, den Wald zu betreten … aus Furcht vor den dort wohnenden Geistern, die dadurch erzürnt werden konnten und sich mit schweren Strafen an dem Vermessenen rächten. Nach ihrem Glauben drohte jedem der Tod, der es wagte, am Heiligen Berg zu jagen! Wir trafen auf Tieropfer, meist Schafe, welche die Einwohner zur Beschwörung der guten Götter dargebracht hatten. Bei lebendigem Leibe hatten sie dem armen Tier vom Kopf bis zum Schwanz eine Latte durchgejagt, die sie dann wie eine Fahnenstange vor dem Eingangstor des Ortes aufstellten.

Aus großer Ferne waren die Gräber am Wege durch den tischartigen Aufbau aus Baumstämmen gekennzeichnet, auf dem das Gerippe eines Pferdes bleichte, blankgefressen von Raben und Krähen. Nach dem Glauben der Burjaten mußte das Lieblingspferd des Verstorbenen ihn in den Tod begleiten. Das Tier wurde mit der Leiche hinausgeführt, getötet und über ihr aufgebahrt.

Alles zeugte für den Aberglauben, der die Bevölkerung beherrschte, und die Angst vor den bösen Geistern veranlaßte jeden, im Sinne der leicht erzürnbaren Gottheit zu handeln. Man spendete, um ihre Gunst zu gewinnen, Speisen und Geschenke. Selbst vor jedem Schluck aus dem Schnapsglas schüttete der Burjate die ersten Tropfen für die Götter auf den Boden! An jedem Hause hingen Felle von kleinen Tieren – meist Wiesel und Hermelin – in denen die Hausgötter lebten. Daneben hingen zu deren Ernährung kleine Körbchen und Taschen, die regelmäßig mit Speisen versehen wurden. Überall fanden wir so schon die Ausläufer des buddhistischen Glaubens, den wir, je näher wir der Mongolei im Verlaufe der weiteren Fahrt kamen, in immer ausgeprägterer und in gesetzmäßiger Form antrafen.

Der Sonnenuntergang hüllte die weißen Berge in feuriges Gold, das, langsam verbleichend, durch das silbrige Licht des Vollmondes abgelöst wurde. Wir waren auf den tief mit Schnee bedeckten Wegen die letzten Stunden nur langsam vorangekommen und erreichten spät in der Nacht unser Ziel. Kalt und verfroren, wie wir waren, mußten Söderström und ich zuerst noch unsere Wagen versorgen. Eine windgeschützte Stelle hinter Brettern wurde unsere Garage, und nachdem wir das Wasser abgelassen und die Batterien herausgenommen hatten, überließen wir unsere vierrädrigen Gefährten der fünftägigen Erstarrung im Frost. Wir selbst suchten in größter Eile die warme Stube auf, wo unsere Jagdgenossen schon bei einer heißen Tasse Tee saßen und im Backofen jeder sein Nachtmahl zum Kochen aufgesetzt hatte. Auch wir machten uns gleich an die Arbeit. Der Einfachheit halber gab es Pelmenj, das sibirische Nationalgericht des Winters: gehacktes Fleisch, welches in Mehlteig gewickelt zu kleinen Taschen verarbeitet worden und dann an der Luft hartgefroren war. Diese Speise hielt sich den ganzen Winter über. Wir hatten von diesem köstlichen Gericht ebenfalls einen Sack mit, dessen Reste wir drei Monate später in der Wüste Gobi verspeisen sollten. Für jeden warf man eine Handvoll in kochendes Wasser und hatte alsbald eine wohlschmeckende Bouillon mit Einlage.

Die Jagd war für den nächsten Tag um sechs Uhr früh angesetzt. Also krochen wir bald in dem einzigen Raum unseres Hauses in unsere Schlafsäcke und Decken, und nach kurzer

Zeit erfüllte den Raum das schnarchende Geräusch der rauhen Männerkehlen. Rings um das Dorf heulten die Wölfe ihr klagendes Lied in die Nacht, und ab und zu antwortete ein Hund mit kurzem Aufbellen aus dem Dorf.

Am nächsten Morgen stand für jeden von uns ein Pferd bereit. Die Sättel hatten wir selbst mitbringen müssen. Zu uns gesellten sich noch zwanzig burjatische Jäger und 45 Treiber. Bei den großen Gebieten, die in Frage kamen, konnten diese Jagden nur zu Pferde gemacht werden.

Zunächst bildeten die Jäger einen Kreis, um die Nummern für die Reihenfolge ihrer Standposten zu ziehen. Nachdem dann das Jagdfeld bestimmt worden war, trennten wir uns von den Treibern, die in entgegengesetzter Richtung davonritten, und nahmen in Galopp und Trab unseren Platz für die erste Jagd ein. Den Nummern nach hielten wir in Abständen von hundert Metern an, banden die Pferde an einen Baum, und die beiderseitigen Nachbarn im Auge behaltend, suchte sich jeder seinen Platz. Die Treiber schlugen einen großen Bogen, bis sie parallel zu uns zum Stehen kamen. Ein Wald von drei bis vier Kilometer Breite lag dazwischen. Sobald sie alle in einer Reihe Aufstellung genommen hatten, wurde unter lautem Rufen und Schlagen an die Bäume die Jagd eröffnet, und alles, was in diesem Streifen von Wald und Gestrüpp herumlief, ergriff aufgescheucht die Flucht. Eine weiße Wolke von Schnee hinter sich herspritzend, jagte das Reh durch den tiefverschneiten Wald; in hohen Sprüngen setzte es über die Stämme der gefallenen Bäume hinweg. Wie ein kleiner weißer, kaum wahrnehmbarer Ball floh der Hase, plötzlich erstaunt sitzenbleibend und den Jäger betrachtend. Als ein rotbrauner Strich, flach über den Boden streifend, entzog sich Meister Reineke der Gefahr. Birk- und Auerhühner strichen laut schlagend über die Wipfel der kahlen Bäume.

Sobald ein Treiben beendet war, sammelten sich alle wieder, und an einem schnell entzündeten Feuer tauten wir unsere erstarrten Glieder auf. Die Temperatur bewegte sich ständig um vierzig Grad unter Null. Vier bis fünf Jagden konnten wir an einem Tag machen. Die Freude und das Jagdfieber erwärmten uns, wenn mit dem näherkommenden Rufen der Treiber die

Ein Burjate.

Schüsse fielen. Acht-, zwölfmal knallten und pfiffen die Kugeln durch die im Frost klingende Luft, wenn ein Reh flüchtig an einer Linie vorbeisprang, nicht nahe genug, um es zwischen den Baumstämmen sicher zu treffen.

Sobald ein Burjate ein Reh zur Strecke gebracht hatte, stürzte er, kaum daß es lag, auf das Tier zu, gefolgt von seinen Stammesgenossen. Ein rascher Schnitt öffnete den Leib, aus dem sie Herz, Nieren und Leber rissen, um sie roh und noch warm zu verschlingen. Schmatzend lachten sie vor Wohlbehagen und schlürften zum Schluß, mit den Händen schöpfend, das frische, in der Bauchhöhle zusammengelaufene Blut.

Sobald die Sonne anfing, den Horizont zu berühren, und die langen Schatten der Bäume ein Lattenmuster auf dem weißen Waldboden bildeten, wandten wir uns heimwärts. Die sechs bis acht Werst* Heimweg, die wir immer hatten, waren für mich eine Freude, weil ich das schnellste Pferd der Gegend ritt. Um bei dem

* *Werst* – altes russisches Längenmaß, entspricht 1067 Metern.

Wettlauf zum warmen Herd unseres Bauernquartiers das Gesicht vor der Kälte zu schützen, wickelte ich mich bis über die Nase in einen Schal und zog die Mütze tief in die Stirn, nur einen Spalt für die Augen offen lassend, die ich trotzdem noch schloß. Dann legte ich meinem Schimmel die Zügel auf den Hals, ein Zungenschnalzen versetzte ihn in Trab, und er ging ab, seine im Galopp folgenden Kameraden weit hinter sich lassend, bis sie schließlich der Sicht entschwanden. Nie hatte ich eine Ahnung vom Weg, aber meine Erwartung, daß das Pferd immer nach Hause finden würde, trog mich nicht.

Am Abend in der warmen Stube, nachdem jeder sein Essen gekocht hatte, tranken die Jäger Wodka und Kognak, was sie sich gerade von zu Hause mitgenommen hatten. Wir spielten Karten und sangen Lieder. Wer konnte, gab Jagdgeschichten zum besten. An dem Tag, da das Jagdglück uns eine Strecke* von 27 Rehen und 40 Hasen beschert hatte, ging es hoch her. Söderström nahm drei Beutestücke für sich in Anspruch, und seine Jagdgefährten hatten ihm im Walde mit dem Blut des ersterlegten das Gesicht gewaschen. Dies war ein alter sibirischer Jagdbrauch, dem sich jeder Jäger unterwerfen mußte, der seinen ersten Bock innerhalb der Landesgrenzen erlegte.

Die Sitte erforderte es aber auch, daß der so aufgenommene und anerkannte Schütze gefeiert wurde, und dies geschah – mit Schnaps. Jeder stieß mit ihm an, und jedesmal hieß es, das Glas leeren. Ein chinesischer Arzt, der mit von der Partie war, bot seinen Schnaps an, den er aus der Heimat hatte kommen lassen. Wieder klangen die Gläser. Zuerst fiel ein Deutsch-Russe unter den Tisch. Wir trugen ihn um den Ofen herum auf seine Schlafstatt. Zwei Russen folgten, dann verschwand Söderström. Als ich mich wenige Minuten später nach ihm umsah, war er nicht mehr im Haus. Rasch zog ich mir einen Pelz an und lief hinaus … Söderström lag ausgestreckt schlafend im Schnee – in der sibirischen Winternacht bei vierzig Grad Kälte. Ich rüttelte ihn wach. „Steh auf und geh ins Haus, du frierst dich hier zu Tode!", rief

* *Strecke* – das bei der Jagd erlegte (und nach der Jagd gesondert auf der Erde niedergelegte) Wild.

ich. Er aber meinte nur: „Der Schnee ist doch so schön warm!" Schließlich konnte ich ihn von der Notwendigkeit überzeugen, das Haus aufzusuchen, aber nun stellte sich heraus, daß durch die Einwirkung des Alkohols und der Kälte die Glieder den Gehorsam versagten. Auf allen vieren kroch er zur Haustreppe, wo es einige Rippenstöße von mir fertigbrachten, daß er wenigstens vor den anderen aufrecht zu seinem Lager ging. Ihm wäre es beinahe genauso ergangen wie Hunderten von Russen in jedem Winter, die dann erfrieren müssen, wenn niemand sie rechtzeitig hereinholt.

Der chinesische Schnaps, ebenso wie „Samagonka" und „Tarasun", die einheimischen Getränke der Burjaten, löste nach dem Genuß den Wunsch aus, im Schnee zu liegen und einzuschlafen. Diese Getränke wirkten lähmend auf die Glieder, aber ließen den Kopf frei. Tarasun war für mich das widerlichste Getränk, das ich je getrunken habe und trinken mußte. Die Bauern stellten es aus vergorener Stutenmilch unter Zusatz von Alkohol her und verkorkten die Flaschen mangels eines anderen Verschlusses mit Kuhdung. Als Gast eines Burjaten durfte man sich aber nicht weigern, mit ihm zu trinken. Das wäre die größte Beleidigung gewesen, die man ihm antun konnte. Wenn er ein Wasserglas bis an den Rand mit Schnaps gefüllt hatte, schüttete er die ersten Tropfen als Opfer für die Götter weg, nippte am Rande und reichte das Glas seinem Gast, der es bis zur Neige leeren mußte, um dann diese Form der Ehrung zu erwidern. Dies wiederholte sich im Laufe eines Abends mehrere Male, und ich war immer krank, wenn ich von einem solchen Besuch nach Hause kam. Doch dies war gar nichts gegen das Befinden Söderströms, als er nach seiner chinesischen Schnapsnacht erwachte und gleich wieder aufs Pferd und zur Jagd reiten mußte. Abwechselnd hing er auf der einen oder anderen Seite seines Gaules, so schmerzten ihn die Glieder. Aber zwei Rehe schoß er trotzdem noch. Ich hatte ihn damals ausgiebig über diesen Vorfall ausgeschimpft – hätte ich aber die russischen Getränke schon so gekannt, wie es acht Wochen später der Fall war, wäre ich vorsichtiger gewesen.

Vier Tage, in denen viel Wild der Kugel zum Opfer fiel, hatten wir dem Jagdvergnügen gehuldigt. Am Abfahrtstag begann für uns Autoleute wieder die Arbeit, die wir während unserer Winterfahrt jeden Morgen hatten. Die Motoren mußten in Gang gesetzt werden. Alles war gefroren. Das Öl war so steif, daß die Kurbelwelle sich auch nicht um einen Millimeter bewegte. Wir entzündeten ein Holzfeuer unter den Maschinen und deckten sie an beiden Seiten bis zum Boden mit Decken ab, um den Wind zu hindern, die Wärme fortzublasen. Die Zündkerzen wurden im Backofen erhitzt. Zylinderblock und Ansaugleitungen bearbeiteten wir mit der Lötlampe. Auf offenem Feuer stellten wir einen Kessel mit Wasser oder, falls es dieses nicht gab, mit Schnee auf, um es kochend in den Kühler füllen zu können. Zwei-, dreimal gossen wir es hindurch, bis wir glaubten, genügend Wärme für den ersten Startversuch zu haben. Fortlaufend wurde das Feuer unter dem Motor geschürt. Zum besseren Anreiz erhielt unser Benzinpferd noch Äther in die Zylinder. Hatten wir dann Glück, sprang es an, sonst mußten wir unsere Arbeit eben noch etwas länger fortsetzen.

Am unangenehmsten empfanden wir den Zwang, alle Hantierungen mit Handschuhen verrichten zu müssen, weil die Metallteile durch die Kälte so gefroren waren, daß man sie nicht mit bloßen Händen anfassen konnte. Die Haut fror fest und blieb in Fetzen hängen. Benzin, das man sich über einen Finger goß, ließ das Glied sofort zur Weiße erfrieren, und nur schleuniges Reiben mit Schnee verhütete, daß es abstarb. Einmal in Gang, konnten wir dann getrost mit den während der Sibirienfahrt immer dick in Filzmänteln eingehüllten Maschinen den Heimweg oder die Weiterfahrt antreten, schwer belastet durch das Wildbret, das wir für die verschiedenen Küchen nach Hause brachten.

Manche Fahrt haben wir so während unseres unfreiwilligen Aufenthaltes zur Jagd- und Straßenerkundung unternommen. Nicht alle verliefen glatt. Oft passierte es, daß wir mit den Wagen in den Schnee einsanken und uns mit vieler Mühe wieder ausgraben mußten. Die Winde half uns in diesen Fällen, die Räder so hoch zu schrauben, daß wir ein Brett unterlegen konnten und Platz bekamen, um mit Picke und Axt den festgefrorenen Schnee zu entfernen, auf dem Motor und Achse aufsaßen. Eine Wagenlänge vorwärts, und wenn wir Pech hatten, waren wir wieder eingebrochen. Nur die guten Götter unserer Fahrt – um im Glauben der Burjaten zu sprechen – bescherten uns schnell wieder eine bessere Strecke, während die bösen Geister uns dazu verdammten, so manche wertvolle Stunde zu verlieren. Unsere Erfahrungen auf Schneestrecken bei eisigem Frost wuchsen von Tag zu Tag.

So kamen und gingen Weihnachten und Neujahr. Zu Beginn des Januar trieb das erste Eis vom Baikal auf der Angara dem Jenissej zu. Die Pontonbrücke wurde eingezogen, und kleine Fährdampfer vermittelten notdürftig den Verkehr zwischen beiden Stadtteilen. Unser Plan war gefaßt: Sobald das Eis der Angara zum Stehen kam und der Baikalsee ihrem Beispiel Folge leisten würde, wollten wir unsere Fahrt neu beginnen, erst dem Fluß folgend bis zum großen See und dann quer über den Baikal in Richtung Werchneudinsk*.

In der Zwischenzeit verstrichen die Tage in Beobachtung des Flusses und auf der Suche nach einer Bärenhöhle. Man hatte uns von vielen Bären erzählt, die in den Bergen hausten, und nur zu gern hätten wir die Gelegenheit benutzt, den alten Herrn im Film festzuhalten. Leider war aber das Glück dabei nicht auf unserer Seite. Nicht eine einzige Bärenhöhle konnten wir entdecken.

Aus der Heimat sandten uns Freunde und Landeskenner Telegramme, um uns zur Umkehr zu bewegen. Man betrachtete unsere Lage viel aussichtsloser als wir, und die Sachverständigen bezeugten, daß wir vor Mitte Juni 1928 die Fahrt in Sibirien nicht wieder würden aufnehmen können. Unsere Hoffnung aber lag seit dem ersten Wintertag auf dem Eis, und darauf warteten wir in Irkutsk. Die Fahrt über den Baikalsee mit dem Auto war die entscheidende Lösung für unser Fortkommen.

Um den 20. Januar 1928 nahm das Eis gewaltig zu und mit ihm unsere Hoffnung. Große und kleine Eisschollen stießen und rieben sich bei ihrer rasenden Fahrt auf dem Rücken des Stromes aneinander. In seinen Biegungen stauten sie sich übereinander, türmten sich auf, stürzten in sich zusammen und trieben weiter.

* *Werchneudinsk* – bis 1934 Name von *Ulan-Ude*.

Immer mehr Eis und Eis! Die Angara und der Jenissej, beides Flüsse, die wegen ihrer gewaltigen Strömung niemals zufrieren, kommen im Winter doch zum Stehen durch das Staueis. Teils trieb dieses vom Baikal herunter, teils werden die Blöcke, die sich durch die Kälte des Bodens auf dem Grund bilden, losgerissen und steigen empor. Alle diese unendlich vielen weißen Massen finden einen Halt am Eismeer. Dort frieren sie dann zusammen bis zum Baikal hinauf. Doch viele offengebliebene Stellen in diesem zusammengetriebenen und durch die Willkür des Stromes zusammengepreßten Eis zeigten die Macht des Wassers, das – nicht gefrierend – unter der Decke weiterströmt. Selbst „Vater Baikal" kann erst gefrieren, wenn das Eis der Angara sich bis zum See herangeschoben hat. Die Ausmündung des Flusses, der den einzigen Ablauf des von 300 Flüssen gespeisten Baikalsees bildet, bleibt Jahr für Jahr offen.

An einem Sonnabend wichen die dichten Nebelwolken, die über dem Fluß bei Irkutsk gelagert hatten, seitdem der Frost ihn zum Halten hatte zwingen wollen. Das raschelnde Geräusch des Eises verstummte. Es kam der letzte polternde Ansturm der jagenden Eisblöcke. Die eben noch fast glatte Eisfläche der nebeneinanderliegenden Massen begann vor unseren Augen zu brodeln und zu brechen, trieb aufeinander und preßte sich in hohen Torsos, abgesplitterten Eisblöcken empor, zerbrach noch einmal und wurde durch die nachfolgenden Eismassen wieder aufgebaut. Dann trat Totenstille ein. Für diesen Winter hatte das Eis seinen Platz gefunden. Ein großartiges Schauspiel, dem jedoch alljährlich viele Menschen und Sachwerte zum Opfer fallen. Nicht nur der Leichtsinnige, der zu früh das Eis betritt und einem trügerischen Stillstand vertraut, muß dafür büßen, sondern auch weite Strecken des Landes an den Ufern des Flusses werden durch die Wassermassen überschwemmt, die unter dem gestauten Eis nicht mehr Platz finden.

Wie gefährlich dies war, bewies unsere erste Erkundungsfahrt, die wir zum Baikalsee machten. Diese Fahrt erschien uns notwendig, um mit den dort lebenden Bauern in Verbindung zu kommen und zu erfragen, wann und von welcher Stelle aus in diesem Jahr (1928) der See voraussichtlich für eine Überfahrt geeignet sein würde. Wir wollten unter allen Umständen diese Überquerung machen, trotz aller Warnungen der Leute, die den vulkanischen Charakter des Sees kannten. Die größte Gefahr bestand in den Spalten, die plötzlich – drei bis fünf Meter breit – entstanden, um sich später freilich wieder zuzuziehen und einzufrieren.

Mitte Januar 1928 unternahmen wir von Irkutsk aus diese Erkundungsfahrt. Unseren Weg von siebzig Kilometer Länge legten wir bis zum Nachmittag zurück, nicht ohne verschiedentlich in dem eineinhalb Meter hohen Schnee und in den Schneeverwehungen stecken zu bleiben. Wir übernachteten in *Listwjanka* bei dem Leiter einer dortigen kleinen Fabrik. Da dieser in der Lage war, uns alle erforderliche Auskunft zu erteilen, konnten wir bereits am nächsten Tag den Rückweg antreten.

Wir folgten dem Lauf der Angara. Dreißig Kilometer hinter Listwjanka strömte uns Wasser entgegen, welches – so weit wir sehen konnten – den Weg überschwemmt hatte. Durch das Staueis im Flusse war das Bett zu eng geworden, und die nachströmenden Wassermassen hatten das Land kilometerweit überflutet, bis an den Fuß des Baikalgebirges. Die Hoffnung nicht aufgebend, daß wir dennoch durchkommen würden, fuhren wir etwa einen Kilometer weiter. Das bis zu den Trittbrettern des Wagens reichende Wasser spritzte wie Vogelschwingen nach beiden Seiten auseinander. Dann kamen wir in ein Überschwemmungsgebiet, das bereits in der vorangegangenen Nacht entstanden sein mußte, denn es hatte sich schon eine Eisschicht auf dem Wasser gebildet. Söderström setzte sich auf die Motorhaube, um bei der Weiterfahrt aufzupassen, daß die Eisdecke nicht den Kühler zerschnitt. Anlauf nehmend, brachen wir uns stoßweise eine Spur. So hatten wir etwa 500 Meter zurückgelegt und konnten schon hinter der Eisfläche festen Boden sehen, als uns ein Bauer entgegenjagte: „Kehren Sie um!“ rief er uns schon von weitem entgegen, seine Worte durch Gesten unterstützend. Sein keuchendes Pferd neben uns parierend, das bis zu den Knien im Eis einbrach und dem Blut rot von den zerschnittenen Beinen tropfte, erklärte er uns: „Viel mehr Wasser kommt hinter mir her!“ Dann spornte er sein bebendes Tier neu an und jagte fort.

Uns blieb nichts anderes übrig, als mit Vollgas in unserer mühsam gebahnten Spur rückwärts zu fahren, bis wieder fester Boden vorhanden war, auf dem wir wenden konnten. Hinter uns sahen wir schon über die Eisfläche, die wir eben durchbrochen hatten, rauschend neues Wasser strömen, und schnellstens ergriffen wir die Flucht. Doch auch auf dem Weg, den wir soeben erst gekommen waren, drang es jetzt vom Fluß herauf, und die ersten Wassermassen erreichten unseren Wagen, noch bevor wir höhergelegenes Land antrafen. 15 Kilometer mußten wir zurückfahren, bis wir ein kleines Dorf erreichten, in dem wir drei Tage zu warten hatten, bis das Überschwemmungsgebiet zugefroren und die Eisdecke so tragfähig geworden war, daß wir nach Irkutsk zurückkehren konnten.

Torsofelder, deren Eisblöcke sich bis zu Haushöhe türmten.

XII.

Mißglückte Bärenjagd • Eine Nacht unter Räubern • Untergang des Schlittens • Der Baikalsee • Mehr Alkohol • An der Grenze zur Mongolei

Am 1. Februar begann unsere Fahrt von neuem. Zunächst ging es bis *Werchneudinsk* nur mit dem kleinen Adlerwagen, dort traf ich den Lastwagen, den wir von Irkutsk mit der Bahn vorausgeschickt hatten. Gemeinsam sollte es dann weiter nach der Mongolei, in Richtung Peking gehen. Der Weg bis Listwjanka war uns bereits hinreichend bekannt. Die Nacht verbrachten wir wieder bei unseren alten Bekannten. Am folgenden Tag fuhren wir auf dem Eis am westlichen Rand des Sees bis *Goloustnoje*, um von dort aus unsere Überfahrt anzutreten. Sie verzögerte sich um drei Tage durch Mitteilungen von in der Nähe wohnenden Burjaten, die uns in unserem Bauernquartier aufsuchten und angaben, eine Bärenhöhle gefunden zu haben. Wir entschlossen uns, diese Gelegenheit wahrzunehmen.

Einem Flußlauf folgend, fuhren wir im Pferdeschlitten bis zum Dorf der Burjaten, um dort zu übernachten. Noch bei Dunkelheit bestiegen wir in der Frühe des nächsten Tages die Pferde und ritten in die Berge. Ohne Spur, nur der Richtung folgend, ging es hinauf und hinab. Schmale Passagen zwischen den Gipfeln der Bergrücken wurden durch gefrorene Bachläufe gebildet. Zu beiden Seiten versperrten hoher Schnee und umgestürzte Bäume, verwachsen mit niedrigem Gesträuch, jedem Eindringling den Weg. Ein kalter Wind blies durch jeden, auch den dicksten Pelz. Wir froren „wie die Schneider". Die Augen tränten von der frostigen Luft, und in dicken Eisklumpen blieb das Wasser an den Augenwimpern hängen. Um die Härchen in der Nase bildete sich Rauhreif, und die Bärte der Männer waren vereist. Die Pferde sahen aus, als ob sie – mit Zucker überzogen – an den Weihnachtsbaum gehängt werden sollten. Aus ihren Nüstern wuchsen lange Eiszapfen. Der Schnee klumpte sich unter ihren Hufen zusammen, und wenn er – nicht rechtzeitig abgestoßen – wie eine

Kugel über den gefrorenen Schnee glitt, behinderte er die Tiere und ließ sie stolpern. Dann mußten wir anhalten und mit einer kleinen Axt den durch die Wärme des Hufes zu Eis gewordenen Schnee wegschlagen. Doch selbst die sieben Stunden Ritt wurden uns nicht zu lang bei der Aussicht auf eine warme Hütte, von der uns unsere Begleiter erzählt hatten. Unsere Müdigkeit bekämpfend, kamen wir völlig durchgefroren zum Ziel, froh, auch unseren Filmapparat – auf eigenem Packpferd – ohne Zwischenfälle bis hierher gebracht zu haben.

Dann lag sie vor uns … die vielgepriesene Hütte! Sie war fast versteckt durch den Schnee, zwei Meter breit, drei Meter lang und kaum einen Meter hoch! Eine herbe Enttäuschung für uns! Ein alter Kistendeckel war die Tür oder besser gesagt der Verschluß der Öffnung, durch die man natürlich auf allen vieren hineinkroch. Im Raum zu stehen, dessen Fußboden die bloße Erde und dessen einziges Mobiliar ein alter eiserner Ofen bildeten, war unmöglich. Der Wind pfiff durch alle Wände, die aus lose aufeinandergelegten Baumstämmen bestanden. *„Make the best of it"*, sagt der Engländer, und so entzündeten wir zunächst ein Feuer, auf dem wir uns den Tee bereiteten. Ein Teil der Männer versorgte die Pferde, während die anderen Holz hackten als Vorrat für die Nacht. Der Wind, der uns schon am Tage stark zugesetzt hatte, verwandelte sich nach Sonnenuntergang in heulenden Sturm. Das Thermometer war in dieser Nacht – wie wir später erfuhren – auf 53 Grad gesunken! Eng in unsere Mäntel gehüllt, legten wir uns aneinander, um mehr Schutz vor der Kälte zu haben. Der Ofen heizte nur die ihm zugekehrte Seite, hier briet man wie ein Roastbeef, während die andere Seite vom Frost erstarrte, bis man sich wieder drehte „der ausgleichenden Gerechtigkeit wegen".

Endlich dämmerte der Morgen, und nach abermaligem Genuß von Tee, dem ersten und letzten Getränk zu jeder Tages- und Nachtzeit in Rußland, machten wir uns auf zur Bärengrube. Der Wind hatte sich etwas gelegt, so daß wir leichter vorwärts kamen. Wir mußten aber unsere Pferde nach kurzer Zeit stehen lassen und zu Fuß weitergehen. Umgefallene Bäume und Gesträuch erschwerten in dem losen Schnee das Fortkommen. Mühsam kletterten wir einen Berghang hinauf, sorgsam achtend, in die Fußstapfen des Vordermannes zu treten. Ein Ausgleiten ließ einen bis an die Hüften versinken. An der schrägen Wand eines Berges erreichten wir schließlich unser Ziel: eine tiefe Höhlung, die in die Erde führte. Wir trafen die Vorbereitungen für die Aufnahme des Bären mit Film und Büchse – leider vergeblich, weil sich die Grube als leer erwies. Vergeblich räucherten wir sie mit Schwefel aus, aber selbst Söderströms Versuche, in die Höhle zu kriechen, förderten keinen Bären zutage. Verärgert über die verlorene Zeit und die unnötigen Strapazen sahen wir zu, so schnell wie möglich wieder zu unserem Auto zu gelangen, damit wir am nächsten Morgen die Weiterfahrt antreten könnten.

Unsere Begleiter waren aber nicht einverstanden, sie hatten andere Pläne mit uns im Sinn. Dadurch, daß wir ihnen durch das Ausräuchern der Grube bewiesen hatten, daß kein Bär dort war, gingen sie des versprochenen Geldes verlustig. Sie durften annehmen, daß wir das Geld bei uns hatten; auch stachen ihnen unsere Waffen in die Augen. Um ihr Vorhaben ausführen zu können, mußten sie verhindern, daß wir am gleichen Tag zurückkehrten. Sie erklärten uns daher, als wir zur Rückkehr drängten, die Pferde seien zu müde und könnten nicht mehr weiterlaufen. Zu unserem Erstaunen führten sie die Tiere, die die Nacht zuvor neben unserer Hütte an Bäumen angebunden gestanden hatten, dann weg. Auf unser Befragen meinten zwei der Männer, die mit uns gingen, daß tiefer im Walde noch eine Hütte sei, die sie aufsuchen wollten. Diese offenbare Lüge erweckte unser Mißtrauen, und als später einer der Männer zu uns kam, um unsere Gewehre aus dem Blockhaus ins Freie zu tragen, wurden wir selbstverständlich in unserem Verdacht bestärkt. Wir trennten uns nicht von unseren Waffen und saßen die ganze Nacht wach, in der Hand die Pistolen. Uns gegenüber saßen drei Begleiter, die so wenig wie wir Anstalten machten zu schlafen. Zwischen uns glühte der eiserne Ofen. Wir hielten uns wach und erwärmten uns durch reinen Alkohol, den wir mit kaltem Teewasser vermischten. Vielleicht war es Einbildung, wir glaubten aber, draußen Schritte zu vernehmen. Unsere Rücken hatten wir dadurch gedeckt, daß wir uns gegen lückenlos aneinandergefügte

Baumstämme der Hüttenwand lehnten. – Langsam verstrich die Nacht; keiner von uns hatte geschlafen. Auf dem Rückweg ließen wir alle anderen vor uns herreiten; die Pistolen hielten wir schußbereit in der Hand.

In Werchneudinsk erfuhren wir später, daß die Bevölkerung der dortigen Gegend keineswegs zuverlässig ist; man betrachtete die ganze Sache als eine Falle, um uns zu beseitigen. Nur unseren guten Mauserpistolen und unserer ständigen Schußbereitschaft schrieb man es zu, daß die Leute auf ihr Vorhaben verzichtet hatten.

Wir fuhren mit dem Auto von unserem Bauernhof kaum auf das Eis, mit der Überquerung beginnend, als ein lautes Donnern von Süden heranrollte und hell singend an uns vorbeizog. Eine klaffende Spalte öffnete sich hundert Meter vor dem Dorf in einer Länge von mehreren Kilometern. Eine Schlittenkarawane, die gerade in der Gefahrenzone war, konnte sich nur mit Mühe retten. Doch der See wollte sein Opfer. Unter dem letzten Schlitten brach das Eis, und er stürzte in die Spalte, das sich bäumende Pferd mitreißend, das an das vordere Gefährt angebunden war. Der Junge, welcher den Transport führte, hatte gerade noch Zeit, den Strick durchzuschneiden, sonst wäre das Unglück verdoppelt worden. Dann war wieder alles ruhig; auf drei Meter Breite blinkte das tückische Wasser zwischen den klaffenden Spalten des Eises in der Sonne.

Unsere Fahrtrichtung wurde dadurch gestört. Wir mußten uns einen neuen Weg am Ufer entlang suchen, immer den Spalt umfahrend, bis wir eine Stelle gefunden hatten, auf der wir die Schlittenspuren des Fischtransports wiederfanden, denn ihnen mußten wir für die Überquerung folgen. Die größten Schwierigkeiten waren die Torsofelder der zusammengepreßten Eismassen, die uns zwangen, mit Pickel und Beil erst einen Weg zu schlagen. Immerwährend krachte der See, die Luft wie mit fernem Geschützfeuer erfüllend, in den Bergen widerhallend. Von Süden nach Norden rollte es heran, wie Scheibenklirren sprang das Geräusch unter unseren Füßen weiter, hier und da öffnete sich das Eis in Zentimeterbreite, das Wasser sickerte durch … Wir durften uns keine Zeit nehmen, darauf zu achten, denn wir wollten hinüber. Es waren noch fünfzig Kilometer auf dem See, dem Ufer folgend, zurückzulegen, bis wir im rechten Winkel abbogen, um auf die andere Seite zu gelangen.

Ich geriet auf der Fahrt in eine Eisspalte, die einen halben Meter breit war, doch der Schwung, den der Wagen hatte, und sofortiges Vollgas ließen ihn mit schweren Stößen hinüberspringen. Rechts und links klatschte das Wasser auf das Eis, doch das Schicksal hatte es wieder gut mit uns gemeint. Wie viele kleine Spalten wir passierten, weiß ich nicht mehr, denn wir nahmen sie alle in voller Fahrt. Bedeutend unangenehmer waren die bereits erwähnten Torsofelder, die wir inmitten des Sees verschiedentlich antrafen und deren Blöcke und Spitzen sich bis zu Haushöhe übereinandergeschoben hatten.

Nach vierzig Kilometer Fahrt erreichten wir das Deltagebiet der Selengamündung. Die gefährlichste Strecke war überstanden. Das Eis wurde schön und glatt, und zu unserer Freude konnten wir auf dem Fluß unsere Fahrt fortsetzen bis *Kabansk*, wo wir übernachteten. Der nächste Tag verlief bedeutungslos. Es lag viel weniger Schnee, nur hohe Schneewehen verstellten uns manchmal den Weg, so daß wir steckenblieben. Noch bei Tageslicht erreichten wir *Werchneudinsk*, welches – auf steil abfallenden Felsufern der Selenga gelegen – mit den von der Abendsonne beschienenen spiegelnden Fenstern auf uns den Eindruck einer Weihnachtslandschaft machte. Der Schnee lag als weiße Decke auf den Dächern der niedrigen Holzhäuser.

Von Werchneudinsk aus unternahmen wir noch einmal einen Bärenausflug, der mit unserem ersten viel Ähnlichkeit hatte, nur daß wir nicht für das eigene Leben fürchten mußten. Eine Tagesfahrt mit dem Auto, eine Nachtfahrt mit Schlitten und vier Stunden Ritt brachten uns wieder zu einer Hütte im Herzen der Taiga. Diesmal hatten wir etwas mehr Platz, aber dafür keinen Ofen. Wir zündeten ein offenes Feuer im Innern der Hütte an und warteten vergeblich darauf, daß der Rauch zur Öffnung in der Decke hinausziehen sollte. Unsere Augen tränten durch den beißenden Qualm, und wir banden uns die Taschentücher vor das Gesicht, um mehr Schutz zu haben. Dem Übel hätten wir abhelfen können, indem wir das Feuer niedriger hielten, aber sobald wir den Versuch dazu machten, wurde es so bitter kalt, daß wir schnell wieder frisches Holz auflegten. Wir ertrugen unser Schicksal mit verzweifeltem Humor, solange wir die trügerische Hoffnung auf einen Bären hatten. Freilich, der Bär war da, vier Kilometer trennten uns von ihm.

Wenn wir den letzten Teil des Weges, der uns zu unserer Hütte führte, schon als fast unmöglich bezeichnet hatten wegen der Gefahr, in der die Pferde beim Vorwärtsschreiten schwebten, so war das noch gar nichts gegen die Strapazen, die uns nun bevorstanden. Am Tag zuvor waren zwei Tiere gestürzt, wir selbst hatten, vorsichtig tastend am Hang entlangkletternd, den Weg mit der Axt säubern müssen; rutschend und im hohen Schnee strauchelnd hatten wir uns den Weg gebahnt. Nun aber begann ein Kampf gegen den Winter und die Natur des sibirischen Urwaldes. Das Mitnehmen von Pferden schied aus. Mit der Schaufel arbeitend, schoben wir uns mühsam in der gebahnten Spur vorwärts. Der Schnee stieg bis Schulterhöhe. Acht Stunden rastloser Arbeit, in denen wir nur zwei Kilometer vorwärts gekommen waren, setzten unserem Unternehmen ein Ende. Unsere Hunde, ohne die wir niemals den Bären aus seiner Höhle hätten heraustreiben können, kehrten um. Kein Rufen und Zureden konnte sie bewegen zurückzukehren. Da mußten wir Schluß machen und den König der sibirischen Wälder in Frieden seinem Winterschlaf überlassen. Er hatte sich seinen Platz gut gewählt, und die Naturgewalten der Berge schützten ihn gegen die Menschen.

Müde, dreckig, mit rauchentzündeten Augen, verfroren trotz der dicken Pelzbekleidung, trafen wir wieder in Werchneudinsk ein. Unsere Bärenträume waren vorläufig endgültig ins Wasser oder, besser gesagt, in den Schnee gefallen. Das eiserne Muß der Weiterfahrt hatte das Wort.

Ein Abschiedsfest erwartete uns am Abend. Hätte ich gewußt, was uns bevorstand, wäre ich sicher nicht hingegangen. So aber verstrichen die Stunden in Unterhaltung mit den Gastgebern, und wir sprachen dem Wein und Wodka munter zu; das heißt *ich* wollte ganz schlau sein, lehnte deshalb Schnaps ab und trank nur *Madeira* – wenigstens glaubte ich es, weil ich nicht merkte, daß man zur Hälfte Wodka beigemischt hatte. Die Wirkung war verheerend, als ich dann in die Kälte hinauskam; alles tanzte vor meinen Augen, und es bedurfte meiner ganzen Energie, mich einigermaßen aufrecht zu halten und halbwegs gerade ins Hotel zu kommen. Mit dem Eintritt in die warme Stube setzt meine Erinnerung aus. Am nächsten Morgen lag ich auf dem Bett mit einer Beule am Hinterkopf, von der ich nicht wußte, wie sie dahin gekommen war. Söderström zu fragen, getraute ich mich nicht. Ein moralischer Katzenjammer verschloß mir in dieser Sache für Wochen den Mund, und ich dachte selbst nur „um die Ecke" an diese Begebenheit, bis ich anfing, sie von der humoristischen Seite zu sehen. Früher hatte ich einmal über Söderström geschimpft – jetzt war die Reihe an ihm. Uns zum Trost erklärten die Russen, daß wir nun erst behaupten könnten, Sibirien zu kennen!!

Der nächste Morgen traf uns – trotz meines „dicken" Kopfes – auf dem Weg nach *Troizkosaivsk**. Die Winterzeit hatte auch ihr Gutes, denn wir konnten zunächst hundert Kilometer lang das Eis der Selenga benutzen, bevor wir an Land mußten, und dem Trakt folgend, trafen wir vor der Dunkelheit am Ziel ein. Dicht vor dieser russischen Grenzstadt führte unser Weg durch Waldungen, die ein Dorado der Wölfe waren.

Am folgenden Tag schloß unsere Fahrt durch Rußland. Mit der gleichen Zuvorkommenheit, die man uns beim Eintritt in Rußland entgegengebracht hatte, geleitete man uns wieder hinaus. Wir passierten, nach über sechsmonatigem Aufenthalt im Lande, die Grenze.

* *Troizkosaivsk* – bis 1934 Name von *Kjachta*, der russischen Grenzstadt zur Mongolei.

XIII.

38 Stunden Dauerfahrt • Ulan Bator • Im Zollhaus • Herr Alinge • Wilde Hunde

Ein krasser Unterschied trennte Rußland von der Mongolei. Fünf Minuten von der erhöht gelegenen Russenstadt mit ihrer weithin sichtbaren Kirche lag im Tal *Altanbulag*, die mongolische Grenzstadt. Wo wir herkamen, bewegten sich Wagen und Pferde auf der gepflasterten Hauptstraße, *hier* fuhren wir auf dem natürlichen Weg, von Mutter Erde reichlich mit Löchern und Wellen ausgestattet. Kamele trabten durch die Straßen, in langen Reihen zog der Yak, dieses zottige Abbild einer verkümmerten Kuh mit dem pferdeähnlichen Schwanz, geduldig seine zweirädrige beladene Karre an uns vorüber. Mit breiten, lächelnden Gesichtern traten uns die bunt gekleideten Mongolen entgegen. Während sie uns aufmerksam betrachteten, scherzten sie und erzählten sich etwas. Wir verstanden wohl, daß wir die Ursache ihres Gesprächs waren, doch unfaßbar, in unseren Ohren nicht haftend waren die Laute ihrer Sprache.

Ein Kamelreiter trieb sein Tier dicht an uns heran und zwang es niederzuknien. Er lenkte das Tier an einem Strick, den er an einem Holzstück befestigt hatte, das durch die Nase gebohrt worden war. Eine sehr empfindliche und schmerzhafte Methode, das Kamel zum Gehorsam zu zwingen! Viel schöner als seine afrikanischen Geschwister ist dieses „Wüstenschiff". Weich – wie an der Mähne des Löwen – hängen zur Winterszeit dem Kamel die Haare vom Hals bis auf die Brust. Spielt der Wind darin, dann gleichen sie in der Sanftheit der Bewegung einem wallenden Kornfeld. Die Augen der Tiere sind groß und schwarz und blicken mit duldender Erkenntnis über uns hinweg.

Vergeblich versuchten wir, in dem einzigen Hotel Nachtquartier zu bekommen. Die vorhandenen Zimmer waren sechs- bis achtfach überfüllt. Durch Vermittlung lernten wir einen Ingenieur kennen, der uns aufforderte, die Nacht in seinem Haus zu verbringen. Seine Frau, die Herrin des Hauses, eine Negerin aus

Philadelphia, die fließend Mongolisch, Russisch, Deutsch, Englisch und Französisch sprach, musizierte und tanzte, ein Original vom Scheitel bis zur Sohle, mit funkelnden schwarzen Augen; sie hatte eine so herzliche Art, daß wir uns schnell heimisch fühlten. Als wir eintraten, rief sie beim Anblick Söderströms aus: „Den Mann mag ich gern; seht nur, was er für Muskeln hat."

Wir dankten unserem Stern für das saubere Quartier, in dem die Gastfreundschaft aus allen Ecken strahlte und Mund und Magen kaum die aufgetischten Speisen zu fassen vermochten. Dem Kismet auf unserer Fahrt vertrauend, verabschiedeten wir uns am nächsten Tag zu Mittag, um, einem Wagen der mongolischen Transportkompanie folgend, den Weg nach *Urga** anzutreten. Eine kurze Waldstrecke hatten wir noch zu überwinden, bevor wir in der unaufhörlichen Folge der Bergringe untertauchten, die wir überqueren mußten, um nach Urga zu kommen. Unsere Fahrt erweckte in mir das Gefühl, das eine Fliege haben muß, wenn sie gezwungen ist, über eine Galerie aufgestellter Suppenteller zu kriechen. Vor uns erstreckten sich unzählige Plateaus, umschlossen von Hügelketten, die wir nacheinander überklettern mußten. Weiß wie Porzellanglasur bedeckte der Schnee diejenigen, welche dem Sturm nicht preisgegeben waren. Wo der Gott der Winde jedoch sein Unwesen trieb, reihte sich Schneewehe an Schneewehe. Die wattige Masse lag wie weiße Zipfel von Betttüchern im Wege, oder sie erinnerte an Reste von Schokoladencreme und Schlagsahne, wenn der böse Gott noch den Sand über sie gefegt hatte, um seine Tat wieder zu verbergen.

So quälte uns der Wind mit allen seinen Tücken, die er gehabt hatte und weiter vollbrachte. Plötzlich entfesselt, peitschte er Staub und Schnee wolkengleich meterhoch über den Boden, die Erde und jede Spur verdeckend. Durch zwei oder drei Täler trieb er dieses Spiel; wir durften nicht wagen, anzuhalten oder gar den Wagen zu verlassen, sonst bildete sich sofort um uns, wie um jede Bodenerhebung, der Wirbel mit seinem Schleppkleid der Schneewehe. Doch bei alldem hatten wir noch Glück. Obgleich immer streckenweise der Schneesturm raste, blieben

* *Urga* – bis 1924 Name der mongolischen Hauptstadt *Ulan Bator*.

wir doch von einem schweren Wirbel verschont, der jedes Fahren unmöglich gemacht hätte. Zwingt er doch selbst die starken Kamele in liegende Stellung, wenn sie nicht umgeworfen werden wollen; kein Mensch geht dann ins Freie, und die auf dem Wege Überraschten suchen Schutz am Boden.

Um Mitternacht machten wir Rast, um eine Pelmenjsuppe und heißen Tee zu vertilgen, eine kurze Pause, bevor wir mit flammenden Scheinwerfern weiterfuhren. Häufig glitten wieder die Wölfe im Lichtkegel unseres Wagens vorüber, und noch als das erste Frühlicht uns zu einer Hütte führte, strichen diese hungrigen Bestien neben uns her. Tee und Brot waren unser Frühstück, daran hatte sich seit Rußland nichts geändert. Alles war gefroren, vom Fleisch und Brot bis zur Milch, die man in Stücken in Papier gewickelt bei sich trug. Es gab kein Nahrungsmittel, das nicht erst aufgetaut werden mußte, bevor es genießbar war. Selbst unsere Konservenerbsen waren gefroren und mußten als ganzes Stück aus der Büchse herausgestoßen werden.

Wir wollten eben starten, als das mongolische Auto, welches uns bisher zur Führung gedient hatte, von einer Militärkommission angehalten wurde, die in beschleunigtem Tempo nach Urga gebracht werden wollte. Das war für uns insofern bedauerlich, als wir mit unserem Lastwagen dem jetzt bedeutend schneller

Wenn wir uns täuschen ließen, wurden wir ein Opfer der Schneewehen.

fahrenden Mongolenauto nicht folgen konnten. Wir blieben zurück und mußten versuchen, unseren Weg nach der Spur des vorangefahrenen Wagens zu finden. Wenn wir uns durch die Lichtspiegelung auf dem Schnee täuschen ließen, wurden wir ein Opfer der Schneewehen. Der Wind verwehte jede Spur, die noch soeben zu sehen gewesen war. Vorsichtig tastend, die Strecke mehr ahnend als wissend, fuhren wir dahin. Die Berge, die mit ihrem Zuckergußkleid den Kreidefelsen auf Rügen glichen, begleiteten stumm unser Vorwärtsgleiten. An windreichen Hängen lagerte der Schnee wie die Wellen eines plötzlich zum Stehen gebrachten Meeres, oder sie glichen in ihrer Zerrissenheit den vielgezackten Dächern siamesischer Pagoden.

Wieder wurde es Nacht. Immer noch ging es bergauf, bergab. 31 Stunden ohne Schlaf! Die Spur war kaum zu finden. Unsere Kräfte waren am Ende. Ungewiß lag die Zukunft vor uns. Wie weit war es noch? Welche Gefahren standen uns noch bevor? Würden wir vom Wege abgekommen, würden wir auf einen unbezwingbaren Berg treffen, auf einen gähnenden Abgrund oder einen schrägen Hang? Kein Mond stieg auf, um uns zu zeigen, wo wir uns befanden, ob in der Ebene oder im Gebirge. Die Augen waren des Sehens müde, und doch durften wir nicht anhalten. Unsere Ermattung verheimlichten wir voreinander. Söderström am Steuer des Lastwagens, ich am Steuer des Standard, jeder von uns dachte: „Du willst nicht der erste sein, der sich beklagt."

Es folgte die letzte und schwerste Stunde der ganzen Fahrt, bis wir, ein einsames Licht erblickend, einen Stoßseufzer der Erleichterung ausstießen. *Ulan Bator,* die Hauptstadt der Mongolei, lag in Sichtweite. Die Muskeln schienen neu gestärkt, die Augen wurden frischer, anscheinend nur Söderströms Ohren nicht, denn im Banne der Geräusche des knatternden, auspufflosen Motors des Lastwagens (der Auspufftopf lag in den Sandsteppen Kleinasiens) überhörte er den Halteruf des Postens, der vor der Stadt jedes Gefährt und jede Karawane anzuhalten hatte. Schon legte der Posten auf den davonfahrenden Wagen an, als ich gerade noch Zeit fand, meinen Wagen neben dem Soldaten zum Stehen zu bringen. Ein Herr, der uns als Dolmetscher begleitete, sprang hinaus, um den Wachtposten am Schießen zu hindern. Der Soldat beruhigte sich erst, als wir ihm klarmachten, daß er uns ja als Gefangene dabehalten könne, bis der andere Wagen zurückgekehrt sei. Nachdem wir diesen Waffenstillstand geschlossen hatten, versuchten wir, unseren „Großen“ mit Lichtsignalen zurückzurufen, der auch augenblicklich umkehrte. Nun konnte in aller Ruhe den Gesetzen Folge geleistet werden. In Begleitung eines Postens wurden wir zum Zollamt der Stadt gebracht.

Dies alles ereignete sich am 22. Februar 1928, dem mongolischen Silvesterabend, Feiertag in Stadt und Land. Man führte uns in das Büro des Zollinspektors, der, im Kreise seiner Kameraden sitzend, auf quadratisch gemustertem Leinentuch mit bronzenen Figuren spielte. Die Männer hockten auf ihren teppichbelegten Bänken und musterten uns gewiß genauso erstaunt wie wir sie. Sie sprachen nur in der Zunge der Mongolei, und als unser Dolmetscher ihnen sagte, daß wir aus „Germania“ kämen, fragten sie „Stota quoi Germania?“ („Was ist Deutschland?“). Mit dieser Frage waren jedenfalls die westeuropäischen Kenntnisse erschöpft. Nur die Nennung des mongolischen Eigennamens „Sampilon“, des Beraters des Volkswirtschaftsministers, an den ich empfohlen war, konnte uns vor einem dreitägigen Aufenthalt im Zollamt retten. Den Namen „Sampilon“ verstanden sie. Wir sollten diesen Mann gewissermaßen zum Ausweis anrufen. Von diesem Augenblick an wickelte sich alles mit großer Schnelligkeit ab. Eine Kontrolle fand nicht mehr statt. Herr Sampilon erschien selbst, um uns auszulösen und uns ins Quartier zu bringen. Mit ihm kam Herr Alinge, ein Deutscher.

Herr Alinge war ein untersetzter Mann, und als er zu mir an den Wagen trat, merkte man ihm die hinter ihm liegenden Neujahrsfestlichkeiten an. Er verbeugte sich: „Sind Sie Fräulein Stinnes?“ Ich bejahte. „Sie werden bei mir wohnen.“ Huup! „Ich besitze das schönste Haus in Ulan Bator.“ Huup! Vorsichtig entgegnete ich, daß ich über unsere Unterbringung doch erst mit Herrn Sampilon sprechen müßte. „Das habe ich schon getan“, erwiderte er, „Sampilon ist mit allem einverstanden, außerdem könnten Sie in den Feiertagen gar kein Quartier im Hotel bekommen, weil das einzige Hotel geschlossen ist.“ Huup! Dann trocknete er sich den Mund. „Meinen Zustand müssen Sie entschuldigen.“ Huup! „Es ist eben Neujahr.“ Huup! Ich entschuldigte alles, und als mir Herr Sampilon bestätigte, er habe mit Alinge besprochen, daß wir dort wohnen sollten, schien alles in bester Ordnung. Mit Dank folgten wir der Aufforderung.

Das „schönste“ Haus Ulan Bators war ein Steingebäude, an das sich ein großer, mit einer Mauer abgegrenzter Hof anschloß. Wir fuhren mit den Autos hinein. Drei große Hunde stellten sich uns entgegen und versuchten einen Angriff auf Lord. Herr Alinge rief sie nicht weg. „Tiere müssen sich beißen“, meinte er. Daraufhin stieß Herr Söderström sie mit Tritten fort, worauf sie sich zurückzogen und uns ungehindert mit Lord ins Haus ließen.

Wir wurden in das Eßzimmer geführt und setzten uns an den Tisch. „Schreiben Sie auch so ein übliches Buch wie Kisch und Konsorten?“ fragte Herr Alinge. „Möglich!“ antwortete ich. „Na, das ist der Grund, weswegen ich Sie eingeladen habe, ich will nämlich auch darin stehen.“ – „Sicher“, entgegnete ich.

Das Thema der Unterhaltung wechselte. Unser Gastgeber fragte, ob wir auch etwas essen wollten, worauf wir einstimmig mit „Ja“ antworteten. Ich fügte hinzu, daß wir sehr hungrig seien und seit den letzten 38 Stunden nichts genossen hätten außer Tee und Brot; wir wollten aber auch gern aus unserem eigenen Proviant ein Essen herrichten. „Das kommt gar nicht in Frage“, erwiderte Herr Alinge und winkte ab. So saßen wir und warteten auf das Abendbrot. Nach einer Stunde erhielten wir jeder eine Tasse Tee vorgesetzt. Um Zucker mußten wir extra bitten, dann holte ihn Herr Alinge aus seinem Schlafzimmer. Auf uns mußte dieser Empfang befremdend wirken; wir waren Neulinge und kannten noch nicht den krankhaften Geiz, der diesen Mann beherrschte. Einstweilen schrieben wir dieses Verhalten der Wirkung des Neujahrsfestes zu, aber unsere Hoffnung auf ein Abendbrot wurde nicht erfüllt. Im Gegenteil: Herr Alinge versicherte Herrn Sampilon, der sich danach erkundigte, daß wir gar nicht hungrig seien, wir hätten ausdrücklich alles abgelehnt, da wir grundsätzlich des Abends nichts äßen. Hätte er uns wenigstens etwas von unseren eigenen Vorräten holen lassen; so aber mußten wir hungrig schlafen gehen. Zur Nachtruhe stellte er uns das gleiche Zimmer zur

Verfügung. Wir holten unsere Schlafsäcke aus dem Wagen, rollten sie auseinander und legten sie auf den Fußboden.

Müde, wie wir waren, schliefen wir noch am nächsten Morgen um halb acht Uhr, als Herr Alinge eigenhändig die Fensterläden öffnete. „Wollen Sie noch immer nicht aufstehen?" fragte er und verschwand. Was blieb uns weiter übrig, als dieser „freundlichen" Aufforderung Folge zu leisten! Als wir das Zimmer aufgeräumt hatten, versuchten wir, unsere Zeit bis zum Frühstück mit Nebensächlichkeiten auszufüllen. Doch nichts ereignete sich bis zwölf Uhr, als ein Boy mit einer Suppe erschien und diese Herrn Alinge in sein Schlafzimmer trug. Jetzt dämmerte uns die Erkenntnis, und nun gab es kein Halten mehr für uns. Wir ergriffen von der Küche Besitz, und alles Gute aus unserem Proviant hervorholend, kochten wir drauflos. Aus lauter Empörung servierten wir uns ein Schlemmeressen im Rahmen unserer Möglichkeiten.

Nachdem der Magen befriedigt worden war, gingen wir aus, um ein Hotel zu suchen. Wir fanden es. Keine Rede davon, daß es über die Feiertage geschlossen war. Wir ließen uns Zimmer reservieren, und wieder bei Herrn Alinge angekommen, teilte ich ihm mit, daß wir noch am gleichen Nachmittag ausziehen würden. Erstaunt sah er mich an: „Haben Sie sich denn nicht wohl bei mir gefühlt?" Als Gast in seinem Haus wich ich der Antwort aus und meinte, daß wir das Empfinden hätten, ihm in seinem ruhigen Junggesellenheim zur Last zu fallen, und daß wir es vorziehen würden, im Hotel in Betten zu schlafen.

Von mongolischer Seite gestaltete sich unser Empfang in der herzlichsten und zuvorkommendsten Weise. Herr Sampilon kannte Deutschland und beherrschte die deutsche Sprache. Dadurch konnten wir uns mit ihm unterhalten, ohne einen Dolmetscher zu benötigen.

Die Tage, die wir in Ulan Bator verbrachten, erscheinen mir auch jetzt noch im Nachklang bunt und fremd. Ungeordnet schlugen die neuen Bilder durchs Auge ins Gehirn. Kamele und Automobile kreuzten sich in den engen Straßen. Gläubige pilgerten über die weiten, großen Plätze. Büßende bereuten ihre Sünden, indem sie sich alle drei Schritte auf die Erde warfen und den

Staub küßten. Sie zogen um die westliche und östliche Priesterstadt. Mehrere Tage verwandten sie für diesen Bußgang. Ihre Gesichter waren von Schweiß und Staub entstellt, wenn sie bei Wind und Wetter der Gottheit huldigten. An ihrem Wege standen kleine Schutzhütten, die, nach einer Seite offen, das Aussehen von Verkaufsständen hatten. Sie befanden sich hauptsächlich an den drei großen, ineinander übergehenden Plätzen im Mittelpunkt der Stadt, die eine Trennung zwischen der weltlichen und der Priesterstadt bildeten. In diesen Holzständen war auf einer feststehenden Achse eine sich drehende Trommel angebracht, die mit frommen Sprüchen bemalt war. Die Gläubigen hielten dort an, und einen Holzgriff packend, schritten sie langsam mit der sich drehenden Trommel herum. Jede Umdrehung bedeutete ein Gebet zu Gott. Vor den Hütten waren schräge Holzplatten aufgestellt, auf die sich die Andächtigen, dem Tempelritus folgend, niederlegten. Grau und einfarbig war das Kleid der Betenden und Büßenden. Im gelben Gewand, ein breites rotes Tuch togaartig um die Schulter geschlagen, schritten dazwischen die Lamas*. Die reiche Bestickung der Kleider und die verschiedenartige Form der Hüte kennzeichneten ihren Rang. Die Klöster und Kirchen bildeten zwei Stadtteile für sich, die einmal durch die Plätze, zum anderen durch die chinesische Handelsstadt von Urga begrenzt wurden, während sie auf allen anderen Seiten nur Berge und Täler als Nachbarschaft hatten.

20 000 Lamas wohnten in den weiten Klosterstädten. Um die Gotteshäuser reihten sich, wie ein niedriger Ring von Hügeln, die Jurten** der Gotteshüter. Die Tempel wirkten durch ihre überreiche Ausschmückung chinesisch-indischer Kunst verwirrend, bis man vermochte, aus dem über- und aneinander Gebauten, Gehauenen, Gemalten, Geschnitzten das einzelne herauszufinden. Das Schlagen der Gebetstrommeln und die gedämpften

* Der *Lamaismus*, die tibetische Form des Buddhismus, wurde im 16. Jahrhundert in der Mongolei eingeführt. Namengebend war der *Lama*, der „Lehrer", dem als spirituellem Meister und Helfer eine besondere Verehrung zukommt.

** *Jurte* – zerlegbares, leicht zu transportierendes Wohnzelt der Hirtennomaden Innerasiens und Südsibiriens, bestehend aus einem hölzernen Scherengattergerüst und einem kuppelförmigem Dach mit Filzdeckenbelag.

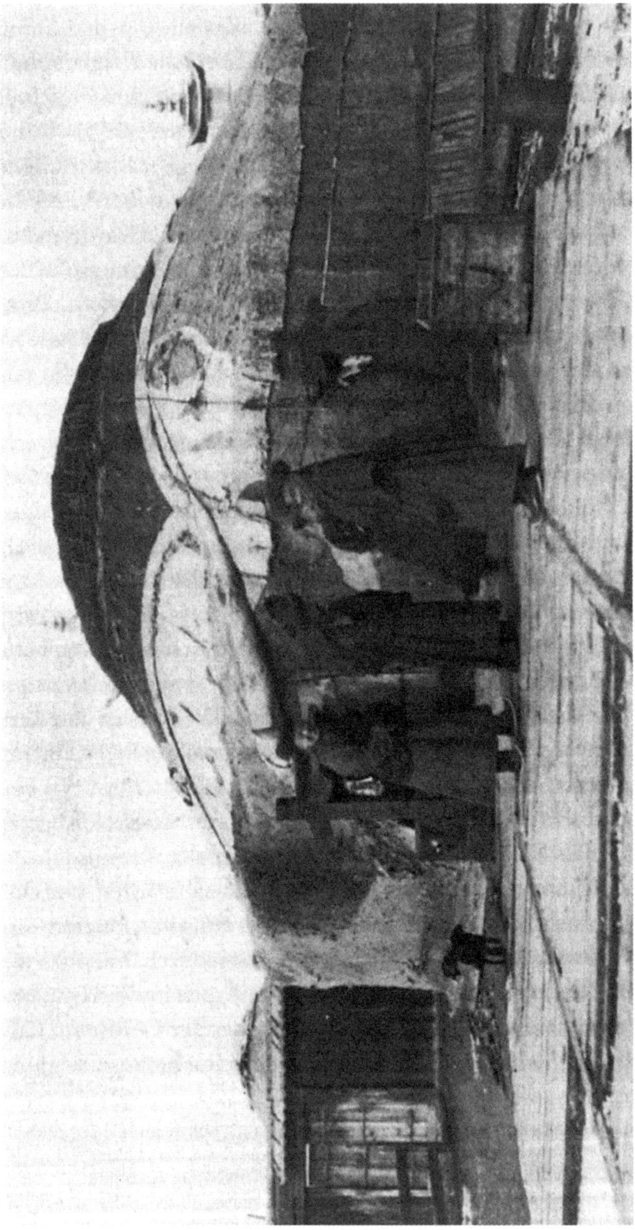

Die Jurten der Gotteshüter.

Töne gesungener Lieder lagen zitternd in der Luft. Laut klatschend wehten die Fahnen im Wind, die anläßlich der Feier des neuen Jahres von Tempel zu Tempel gespannt waren. Über allem ragte das Haus des goldenen Buddha empor, dessen 14 Meter hohe Statue auf einer gewaltigen Lotosblume ruhte. Zwei Arme streckte der Buddha gen Himmel, zwei hatte er sinnend über der Brust verschränkt. Sein betrachtendes Auge blickte lächelnd von oben auf uns herab, die wir klein vor ihm standen. Lange, wallende Stoffe bekleideten seine durch Alter und Weihrauch verblichene Gestalt. Zu seinen Füßen hatten die Priester einen Altar mit vielen kleinen kunstvollen Schalen errichtet, in welchen sie ihm Speisen darboten. Wie überall, so lag auch hier das Tempelinnere in mystischem Dunkel, und die Kälte der ungeheizten Räume schlug uns entgegen. Beim Gottesdienst hockten die Priester singend am Boden, aus unverständlichen Lauten Töne formend, die sie mit Trommel- und Schellenschlag begleiteten.

Außerhalb der Stadt, am Fuße des heiligen Berges, des Bogdo, lag der Palast des ehemaligen Herrschers der Mongolei, des Bogdo Gegen*, des letzten lebenden Buddha. Die Gebäude, durch Mauern von der Umwelt getrennt, verrieten noch durch ihre pompöse Art der Errichtung und Verzierung die Pracht, die hier geherrscht haben muß. Seit dem Tode des Buddha lag alles verlassen, und die zerstörerische Kraft der Zeit nagte an den Bauwerken. Die Kunstwerke – von Wind und Wetter zerfressen – bröckelten ab. Im Innenhof, wo früher reges Leben geherrscht haben mochte, lag der Schnee tief und ungestört, durch menschliche Spuren nicht entweiht. Die Dachreiter und Figuren aus bunten Kacheln, die überreich Palastdächer und Torbögen verziert hatten, lagen in Scherben auf dem Boden. Die Innenräume waren kahl und ihrer Götter beraubt. Nur die Figuren zweier Tempelwächter in fratzenhafter Scheußlichkeit blickten grinsend auf den Verfall, der von allem Besitz ergriffen hatte.

* *Bogdo Gegen Khan* oder *Bogd Khan* – Oberhaupt der lamaistischen Kirche der Mongolei; mit dem Ende der chinesischen Herrschaft über die Mongolei 1911 war der achte und letzte Bogdo Gegen Khan bis zu seinem Tod 1924 kurze Zeit auch weltliches Oberhaupt.

Der Palast des Bogdo Ghegen, des letzten lebenden Buddha.

Vier Tage Arbeitslosigkeit waren uns durch die Neujahrsfeierlichkeiten beschieden, bevor wir daran denken konnten, das Leben der Stadt auch im täglichen Dasein zu betrachten. Doch dann öffneten die Händler wieder ihre kleinen Läden, die, eng nebeneinander gebaut, an der Straße lagen. Ähnlich wie in der Türkei waren die Waren ausgestellt, nur fiel jedes laute Anpreisen der Verkäufer und Aufhalten der Käufer fort. Vorherrschend waren die leuchtenden Farben der Seidenstoffe. Sie lagen in kleinen Buden aufgestapelt oder hingen an Stöcken zur Schau, damit die Käufer auf die Pracht der Ware aufmerksam wurden. Auf der Straße setzte sich die Sinfonie des Regenbogens in den bunten Gewändern der Männer und Frauen fort. Besonders malerisch wirkte der Kopfputz der verheirateten Frauen, eine eng am Kopf anliegende Silberkrone mit Ausschweifungen zu beiden Seiten. Diese Seitenteile des Kopfschmuckes glichen ausgebreiteten Vogelschwingen; es war natürliches Haar, welches des besseren Haltes wegen mit Leim verklebt war. Das letzte Ende des Haares fiel in geflochtenen Zöpfen von beiden Seiten über Schultern und Arme herab. Je nach Stand und Reichtum der Besitzerin war ihr Kopfputz mit wertvollen Steinen und Perlen verziert oder nur mit einfachen Korallen. Viele Spangen erhöhten noch die Schönheit des so zusammengefaßten Seitenteils, und Gold- und Silberstreifen machten sich, wie an der Krone, den Rang streitig. Die Frauen mußten nach der Arbeit, die diese Frisur erforderte, das Haar wochenlang so tragen.

Unangenehm waren die Hunde, die sich in der Stadt und auf dem Lande herumtrieben. Wenngleich wir sie wenig bemerkten, so empfand sie unser armer Lord um so bitterer, der es während der ganzen Fahrt durch die Mongolei nicht wagen durfte, den Wagen zu verlassen, ohne Gefahr zu laufen, zerrissen und aufgefressen zu werden. Ich selbst hatte immer den Eindruck, daß besonders die Hunde, die sich in der Steppe herumtrieben, ein stark bärenmäßiges Aussehen und einen bösartigen Charakter hatten. Die Einheimischen warnten uns vor diesen Tieren, weil sie sich, zum größten Teil wildernd, nicht nur von den Kadavern nährten, deren sie habhaft werden konnten, sondern in geschlossenen Rudeln auch Menschen angriffen und zerrissen.

XIV.

„Boy“ • Gazellen • Sandsturm in der Wüste Gobi • Verfolgt von Räubern • Ankunft in Kalgan • Kriegswirren • Nächtliche Fahrt nach Peking

Am 1. März 1928, genau einen Monat nach unserer Abfahrt von Irkutsk, verließen wir Urga. Das Abschiednehmen und unsere formelle Abfertigung bei Zoll- und Militärstation verzögerten die Abfahrt bis zur Mittagsstunde. Dann ging es frohen Mutes China entgegen. Eine der gefährlichsten Strecken unserer Reise lag vor uns: das Gebiet der Hunghutzen, jener Räuber, die sich aus entlassenen oder desertierten chinesischen Soldaten und aus Bewohnern dortiger Räuberdörfer zusammensetzten; eine wilde, verwegene Bande, die in der Mandschurei und in der Äußeren Mongolei ihr Unwesen trieb. Kein Transport und kein Auto war vor ihnen sicher. Sie hatten sich organisiert und wurden dadurch so zahlreich und mächtig, daß kein Entweichen möglich war, wenn man einmal von ihnen entdeckt worden war. Schwer bewaffnet zogen sie in Rotten von zweitausend bis dreitausend Mann umher und raubten, wo sie etwas fanden, hohe Lösegelder für Transporte und Gefangene fordernd. Fiel man in ihre Hände und zeigte sich nicht sogleich willfährig, so wandten sie sich an die Verwandten oder bei Ausländern an deren diplomatische Vertretung. Hatte dies keinen Erfolg, so schnitten sie einem in „zuvorkommender Weise“ zunächst nur ein Ohr ab, um dieses den Angehörigen oder der sonst verantwortlichen Stelle als dringliche Mahnung zum Entgegenkommen einzusenden. Der nächste Schritt, den sie unternahmen, war die abgehackte Hand im Postpaket und dann als letztes der Mord.

Unser einziger Schutz war ein chinesischer „Boy“, den uns die chinesische Transportgesellschaft in Urga mitgegeben hatte. „Boy“ sollte uns mit der Sprache helfen und den Weg zeigen. Unsere heißgeliebten Waffen, zwei Büchsen und einen Drilling, ließen wir zurück; Verteidigung hätte bei einem Überfall die Lage nur verschlimmert. Wußten die Räuber Waffen in ihrer Reichweite, dann hätten wir die ganze Meute bestimmt auf dem Halse gehabt und wären kaum entkommen. Mit dieser Waffenbeute schon zufrieden, hätten sie uns skrupellos beseitigt. Zunächst fuhren wir jedoch noch in allem Frieden auf mongolischem Boden, sechzig Kilometer Weg, wie wir ihn, von Altanbulag kommend, in seiner Einzigartigkeit von Schneewehen und schrägen Hängen kannten. Nach stundenlanger Fahrt trafen wir von Zeit zu Zeit in Abständen von sechzig bis 120 Kilometern auf ein kleines Haus, von einigen Jurten umgeben, eine Gemeinschaft von Gebäuden, die sich „Dorf" nannte. Dies waren die Dörfer der Mongolei und der Wüste Gobi; nur am Karawanenweg befand sich ein Haus aus Stein oder Lehm darunter, die Station für durchfahrende Automobile, in der man etwas kochendes Wasser zur Teebereitung und in einer Jurte einen Schlafplatz für die Nacht erhalten konnte.

Unser Wunsch, möglichst schnell Kalgan* zu erreichen, trieb uns vorwärts und wieder in die Nacht hinein. Der zunehmende Mond beleuchtete die Spuren und die seltener werdenden Flecken von Schnee. In regelmäßigen Abständen huschten die Telegraphenpfosten der Pekinglinie an uns vorüber. Die Zwischenräume von Bergkette zu Bergkette vergrößerten sich, und immer häufiger konnten wir mit 50 km/h Geschwindigkeit über die Hochplateaus hinwegfahren, bis schmale Passagen, bei denen die Steinblöcke kaum einen Weg freiließen, uns zu langsamerer Fahrt zwangen. Phantastische Romantik umgab uns, als wir in Windungen bergan kletterten, begleitet von den mondbeleuchteten Felsen und gähnenden Schluchten, aus denen die leuchtenden Augen der Wölfe uns entgegenblitzten, der seit Wochen treuen Begleiter unserer Nachtfahrten. Um Mitternacht gingen wir bei *Sanbauu*, nach 262 Kilometern, ins Quartier. Wir erhielten eine schmutzige, kalte Jurte zugewiesen und bereiteten trotz der späten Stunde warmes Essen, in Voraussicht der Anstrengungen am folgenden Tage. Unser Kochherd und Ofen war ein kleiner eiserner Korb, in dem wir getrockneten und steif getrorenen Kuhmist entzündeten. Der Rauch zog durch ein Loch in der Decke ab. Da

* *Kalgan* – heute Zhangkjiakou.

wir durch die draußen herrschende Kälte gezwungen waren, das Feuer die ganze Nacht zu unterhalten, mußte abwechselnd einer von uns wachen. Gleichzeitig hatte er die Verpflichtung, auf die Wagen aufzupassen und die Motoren laufen zu lassen, sobald sie erkalteten. Damit sparten wir uns wenigstens die mühevolle Arbeit des Ingangbringens am kommenden Morgen – er sollte uns früh und unausgeschlafen wieder auf den Beinen finden!

Bei Sonnenaufgang lag vor uns die Wüste Gobi, deren Rand wir mit unserer letzten Etappe erreicht hatten. Sie machte einen ganz anderen Eindruck, als wir sie uns vorgestellt hatten und als sie sich wohl jeder vorstellt, der eine Wüste kennt.

Während der Fahrt verließ uns nicht das wechselnde Spiel der Hügelketten; waren sie auch manchmal weit auseinandergezogen, so begrenzten sie doch immer statt des Himmels den Horizont in unendlicher Weite. Es war nicht der Sand der afrikanischen Schwester, den wir fanden, sondern die dünne, hartggebrannte Grasnarbe der südamerikanischen Steppe legte einen hellbräunlichen Schleier des Frühlings auf die sonnenbeschienenen Flächen. Die Steppe Gobi – nicht die Wüste – durchkreuzte unser Weg. Nur ein einziges Mal, bei der letzten mongolischen Station in *Ude* – dem Ziel unseres zweiten Tages – offenbarte sich der Wüstencharakter.

Schon bei unserer Ankunft hatte sich ein heftiger Wind erhoben, so daß wir es lebhaft begrüßten, unter Dach und Fach zu kommen. Der Paßbeamte ließ uns in seiner Stube schlafen, wo wir warm und gut untergebracht waren. Während der Nacht nahm der Sturmwind zu und rüttelte klirrend an den Fensterscheiben, uns im Schlafe störend. Mit Anbruch des Tages hatte er sich zum Sandsturm entwickelt. Zehn Schritte vom Hause war nichts mehr zu erkennen. Gelbe Wolken von Sand, welche Steine bis zur Größe von Taubeneiern mit sich führten, verdunkelten die Sonne. Wir durften uns nicht aus dem Schutz unserer Wohnung entfernen, und an eine Weiterfahrt war nicht zu denken. Zum Glück hatten wir die Wagen mit den Motoren dem Hause zugewandt geparkt. So warteten wir untätig den ganzen Vormittag. Langsam wurde dann die Luft klarer, und wir unterschieden wieder die um das Zollhaus liegenden Kamelherden, die ihre Ab-

Söderström in Ude.

fertigung erwarteten. Die armen Tiere waren bis zur Höhe des Rückens in Sandwehen eingehüllt, die sich um sie herum gebildet hatten. Obwohl sie versucht hatten, ihren Kopf nach Möglichkeit in den Schutz von kleinen Bodenwellen zu legen, sprachen ihre entzündeten Augen und das mühsame Atmen von den ausgestandenen Qualen. Auch die mongolische Niederlassung, das Dorf aus vielen Jurten, tauchte aus Staub und Nebel auf. Wir fuhren noch am gleichen Tag weiter bis *Erlian*, der chinesischen Grenzstation, um am folgenden Tag bis Seleban zu gelangen, 280 Kilometer vor Kalgan.

„Wilde Pferde!" Große und kleine Herden standen weidend in geschützteren Tälern. Machten wir, vom Weg abbiegend, den Versuch, ihnen näherzukommen, wechselte ihre Ruhe in sprühendes Leben. Den Schweif erhoben, die Nüstern hoch im Wind, jagten sie im fliegenden Galopp, vor ungebändigter Kraft und Wildheit ausschlagend. Leider trafen wir die wilden Pferde an den für die Verfolgung ungünstigsten Orten; um so besser gelang eine solche jedoch bei Gazellen, die zu Tausenden die Steppe belebten. In Herden von fünfhundert bis sechshundert Stück zogen sie bis an den Weg heran, und sobald sie der Autos ansichtig wurden, begannen sie vor uns herzulaufen.

Nachdem wir diese Erfahrung verschiedentlich gemacht hatten, beschlossen wir, unser Glück zu versuchen, die flinken Tiere im Film festzuhalten. Söderström setzte sich mit seiner automatischen Kamera auf die Motorhaube, und als wir wieder einer großen Herde ansichtig wurden, nahmen wir die Verfolgung auf. Schätzungsweise dreihundert dieser dünnbeinigen, schlanken Tiere rannten vor uns her. Ihre Versuche, seitlich auszubrechen, konnten wir für lange Zeit vereiteln, indem wir ihnen augenblicklich mit dem Auto nachgingen. Die Fahrt führte quer über die Steppe. Das Auto sprang und flog, doch wir hielten das Tempo. Der Kinoapparat surrte. Das Interesse, die Leistungsfähigkeit eines einzelnen Tieres festzustellen, veranlaßte uns, ein Stück von den anderen abzudrängen und allein weiterzuhetzen. Wir jagten es eine volle halbe Stunde, in der wir 33 Kilometer zurücklegten; dann gaben wir es auf in der Sorge, zu weit vom Wege abzukommen. Vor uns verschwand in großen Sätzen das gehetzte Tier hinter einem Hügel. Wir mußten den Kompaß zur Hand nehmen, um zu dem großen Wagen zurückzufinden.

Wie schon erwähnt, war *Seleban* unser letztes Nachtquartier vor Kalgan. Nach früheren Mitteilungen mußten wir uns hier ungefähr im Gebiet der Hunghutzen befinden. „Boy" brachte uns auch bald die Gewißheit. Gesten, Ortsnamen und das Wort „Hunghutzen" waren die Vokabeln unserer Verständigungssprache. Er teilte uns mit, daß wir diese Nacht noch sicher wären, aber am nächsten Morgen so früh wie möglich aufbrechen und dann schnell, schnell fahren müßten, um den Räubern keine Zeit zur Verfolgung zu lassen. Vor allem sollten wir vermeiden, die Ortschaft Tschaibassi zu berühren, denn dort sei „ganz dicke Luft". Sodann fragte ich ihn nach den Soldaten, die, wie ich gehört hatte, zur Bewachung der Strecke unterwegs sein sollten, nachdem man zwei Monate zuvor die schlimmsten Räuber niedergekämpft und geköpft hatte. Da erfuhr ich, daß diese Soldaten, soweit sie nicht abgezogen waren – denn Chang Tso-lin* brauchte sie dringend an der Front – zu den Räubern übergegangen waren.

So starteten wir am nächsten Morgen um fünf Uhr. Es war kaum hell, als der Staub seine Wolken schon wieder hinter uns her wirbelte. „Boy", der sich unser Fernglas erbeten hatte, spähte um sich wie ein Luchs, der den Feind wittert. Wenn eine Gestalt auf einem Hügel auftauchte, hielten wir an, um sie auszumachen und unsere Taktik danach zu wählen. Wir konnten genau beobachten, wie die Posten der Räuber sich von Hügel zu Hügel mit Zeichen und Flaggen verständigten. Wir begegneten kleineren und größeren Trupps, die bei unserem Nahen aus verschiedenen Tälern zusammenliefen oder sich schon vorher am Wege postiert hatten.

Bei der ersten Begegnung hielten wir außer Schußweite an. Es wurde herüber und hinüber geäugt. Als wir aber feststellten, daß die vierzig Mann, um die es sich handelte, nur schlecht be-

* Der chinesische General *Chang Tso-lin* (1873 bis 1928) ging im Krieg der Generäle, die 1920 bis 1926 in Nordchina um die Macht kämpften, als Sieger hervor. Kurze Zeit war er Staatschef Chinas, er mußte jedoch vor den heranrückenden Guomindang-Truppen unter Chiang Kai-shek im Juni 1928 in die Mandschurei flüchten.

waffnet und ungenügend beritten waren, gaben wir Vollgas, um an ihnen vorbeizufahren. Sie machten auch keine Anstalten, uns aufzuhalten, sondern ließen uns ruhig vorbei, kehrten zu den Pferden zurück, schwangen sich hinauf und folgten uns, den Rückweg abschneidend.

Kilometer um Kilometer legten wir in ständiger Kampfbereitschaft zurück. Mit keinem Wild, mit keiner Pferdeherde durften wir uns heute aufhalten. Wir waren streng darauf bedacht, daß die beiden Wagen sich nicht zu weit voneinander entfernten. Als daher der große Wagen hinter einem Hügel zurückblieb, hielt ich an, um auf ihn zu warten. Schon hörte ich das näherkommende Surren der Maschine, sie tauchte auf, und gerade wollte ich weiterfahren, als ich sah, wie aus der Motorhaube die Flammen herausschlugen. Zur gleichen Zeit mußte es Söderström auch bemerkt haben, wie er mir später erzählte, als ihm das Feuer schon zwischen den Füßen brannte. Er riß die Bremse und sprang heraus. Der Wagen stand vorn in hellen Flammen … Ladung 400 Liter Benzol und 3 000 Meter Filmband! Es konnte schiefgehen, wenn uns nicht eine schnelle Löschung gelang. Doch in diesem Augenblick, als weit und breit nur Sonne und kein Tröpfchen Wasser war, wußten wir, warum wir seit Deutschland unseren Autominimax bei uns hatten. Wir rissen ihn von seiner Befestigung los, schlugen ihn ein und zischend schoß der Strahl aus dem Behälter, augenblicklich das Feuer erstickend! Wir atmeten erleichtert auf und machten uns dann schnell daran, die Ursache des Feuerwerkes zu suchen. Der Schaden lag in der Dichtung des Auspuffrohres, die, teilweise verbrannt, einen Funken in den Motor geworfen und so den Vergaser in Brand gesetzt hatte. Wir wechselten sie daher aus und fuhren weiter, bis nach kurzer Zeit schon vor uns das gefährliche *Tschaibassi* auftauchte.

Räubertrupp um Räubertrupp hatten wir inzwischen passiert, und alle hatten ihre Pferde bestiegen und ritten hinter uns her. Dicht umschlossen von Hügelketten, mußten wir an dem Ort in Sichtweite vorüber, trotz des größtmöglichen Bogens, den wir schlugen. Acht Kilometer später traf ich quer über den Weg auf eine kleine Erhöhung, hinter der nicht erkennbar – mit Stroh und Erde verdeckt – ein Graben gebaut worden war. In voller Fahrt ankommend, nahm ich die Bodenwelle und stieß in die Vertiefung. Der Wagen wurde in allen Teilen erschüttert, aber sprang weiter wie ein gut dressiertes Pferd. Weniger glücklich fand sich mit dieser vermutlichen Falle unser „Großer" ab, den ich nicht mehr rechtzeitig warnen konnte. Er schlug genauso schwer in den Graben wie ich, die linke Vorderfeder streckte ihre Blätter, und langsam neigte der Motor sich einseitig herunter. Es half nichts, wir mußten halten und eine neue Feder einmontieren. „Boy" war unglücklich. Er lief herum wie eine Henne, der die Entenküken fortgeschwommen sind. Mit den Händen fuchtelnd, bedeutete er uns, daß wir hier nicht bleiben dürften, es sei die schlimmste Gegend, in der wir uns befänden. Als wir uns trotzdem an die Arbeit machten, stand er bleich mit angstvollen Augen dabei und hörte nicht auf, ununterbrochen die Berghänge abzuspähen.

Wir arbeiteten fieberhaft, mehr mit dem Hammer als mit Geduld. Unsere Hände waren wundgerissen und blutig. Trotz der kalten Luft wischten wir uns den Schweiß vom Gesicht. Die Eile wurde aber unsere Rettung, denn auf den Hügeln tauchten schon die nachfolgenden Hunghutzen auf. Wir sprangen in die Wagen, die Motore zogen an und entführten uns unseren Verfolgern. Nur einiges Werkzeug, das wir nicht mehr einpacken konnten, eine kaputte Feder und unsere Spur ließen wir ihnen zurück. Wie wir später an der Kontrolluhr feststellten, hatte die Reparatur nur 28 Minuten (!) gedauert.

Langsam wich die Steppe zurück. Wir kamen in bebautes Gebiet, und die Ortschaften wurden häufiger. Wir begegneten pflügenden Bauern, als „Boy" uns vor einem größeren Dorf anhielt. Er entfernte sich für einige Minuten und kam dann mit dem Bescheid zurück, daß wir auf dem Hauptweg nicht weiterfahren dürften, denn dort wartete die Hauptmacht der Hunghutzen auf uns. Da wir Vertrauen in unseren Führer hatten, folgten wir seiner Warnung, und querfeldein, ohne Weg und Steg, setzten wir unsere Fahrt fort. Wir kamen durch viele kleine Ortschaften, die immer zahlreicher wurden. Die Jurten der Mongolei verschwanden, um Lehmhäusern Platz zu machen, die an Persien erinnerten. Fast überall war der Steppenboden schon der Feldwirtschaft erschlossen. Die geraden Stoppellinien des vorjährigen Korns bewiesen die Anwendung von Saatmaschinen. Überall auf den kleinen Feldschlägen sah man Ackerbauern. Wir trafen auch wieder auf einen Weg, dem wir folgen konnten, wenn er auch sehr schlecht war. Wir überholten von der Feldarbeit heimkehrende Chinesen mit ihren von Ochsen und Maultieren gezogenen Karren, auf denen sie spätes Heu heimbrachten. Mit lächelndem Grinsen erwiderte man unseren Gruß, und doch hätten wir ohne unseren „Boy", der mit allen bekannt schien, nicht wagen dürfen, so quer über Land zu fahren. Die Bevölkerung dieser ganzen Gegend setzte sich auch hier nur aus Hunghutzen zusammen, die jedoch erbitterte Feinde der wandernden Stämme waren. Sie betrachteten diese gleichsam als die schmutzige Konkurrenz, die ihnen auf eigenem Grund und Boden ins Handwerk pfuschte, und boykottierten sie, soweit sie konnten, so unter anderem durch Nahrungsverweigerung. Infolgedessen konnte die Gegenpartei immer nur wochenweise den Karawanenweg unsicher machen. Zweifellos hatten sie durch Spitzeldienst von unserem Kommen gewußt und sich darauf vorbereitet, uns abzufangen. Ihr Plan war mißglückt, weil „Boy" erst in der letzten Abfahrtsstunde zu uns gestoßen war. Hätten sie das gewußt, so hätten sie uns im Kreis umstellt, um uns auf jeden Fall fangen zu können; so aber glaubten sie, wir wären führerlos auf die Einhaltung des Karawanenweges angewiesen. Aus dieser Überlegung heraus und in der Annahme, daß wir es nicht wagen könnten, den Karawanenweg zu verlassen, hatten sie sich darauf beschränkt, uns den Rückweg abzuschneiden. Doch mit „Boy", der mit der Kaste der Einheimischen verbunden war, ließ man uns unbehindert auf unserem Umweg durch, der sonst den sicheren Tod für uns bedeutet hätte. Die Bauern der dortigen Gegend gingen nicht auf Lösegelder aus; sie raubten, was sie bekommen konnten, und erschlugen diejenigen, die zu Anklägern werden konnten.

Nach 150 Kilometer Umweg stießen wir bei *Taipusiqi* wieder auf den Karawanenweg und die Telegraphenlinie. Das war aber auch der Endpunkt der Gefahren für uns. Zwei an diesem Tage uns nachfolgende Automobile der mongolischen Regierung, die es nicht wagen durften, abzubiegen, wurden auf der Strecke gefaßt, wobei einer der Chauffeure einen schweren Kopfschuß erhielt. Beide Wagen konnten erst ihre Fahrt nach Kalgan fortsetzen, nachdem hohe Lösegelder bezahlt worden waren. Das eigenartigste für uns Fremde war das legalisierte Raubunwesen in dieser Gegend, welches so weit ging, daß es gewisse Räuberdistrikte mit festen Taxen gab für die Werte, die durchgebracht wurden; außerdem wurde für jeden Passagier, der den Transport zur Weiterbeförderung benutzte, eine Kopfsteuer erhoben. Chauffeure waren „zollfrei". Einem *Ondit* zufolge sollten zwischen Transportgesellschaften und Räubern sogar Pauschalabkommen pro Jahr bestehen.

Die Wüste Gobi lag endgültig hinter uns. Auf ständig fallendem Gelände näherten wir uns Kalgan. In steilen Windungen führte die Paßstraße dem Tale zu. Der Weg, in den Bergrücken gehauen, war so schmalspurig, daß er zum Teil als eine obere und eine untere Straße ausgebaut werden mußte, um sich entgegenkommenden Gefährten Gelegenheit zum Ausweichen zu geben.

Der erste Baum begrüßte uns in einem Hochtal. Von dort folgten wir einem ausgetrockneten Flußbett, das nur jetzt infolge der beginnenden Schneeschmelze halb vereiste Wasserläufe mit sich führte. Uns zur Seite standen hohe Bergwände, die das Flußbett so einengten, daß wir zwischen zwei Mauern hindurchzufahren glaubten. Ein alter Festungsbau aus meterdicken Ziegelsteinmauern, mit Lehm verbunden, zeigte, auseinanderbrechend, die Spuren des Verfalles. An den Bergwänden öffneten sich schwarze Gruben, die Eingänge der Wohnungen dort lebender Chinesen, die primitivste Form der Höhlenbewohner, die oft kilometerweit zur Feldarbeit laufen mußten, um sich bei einem Reicheren die wenigen Cents für den täglichen Reisbedarf zu verdienen.

Vor Kalgan konnte der Weg dem Fluß nicht länger folgen, weil sich inzwischen verschiedene wasserreichere Bäche in seinem Bett angesammelt hatten. Dieses Wasser floß zwischen hohen Lehmwänden träge dahin, aber der Weg führte jetzt ebenfalls über Lehmboden und vermutlich, nach seiner Beschaffenheit, durch ehemalige Verzweigungen des Hauptflusses, denn der Weg war genauso tief eingeschnitten in die uns begleitenden natürlichen Mauern, deren verwitterte und eingerissene Oberfläche überall die zersetzenden Spuren des Wassers aufwies. Das Ganze sah aus wie vergrößerte Schützengräben, aus denen wir nur für kurze Momente befreit wurden, wenn wir aus ihnen über einen Hügel abbogen, um dann erneut im Hohlweg zu verschwinden.

Am Abend trafen wir in *Kalgan* ein. Nach all den wechselnden Bildern unserer Reise standen wir plötzlich dem typischen Straßenbild Chinas gegenüber. Mit unseren europäischen Automobilen kamen wir uns fremd vor in den schmalen Gassen, in denen die Kulis mit ihren Rikschas wie Ameisen hin und her liefen. Auf Gummireifen glitten diese zweirädrigen, gut gefederten Wagen mit dem menschlichen Pferd vorüber, gekennzeichnet durch zwei Kerzenlampen, die wie die Miniaturscheinwerfer eines Automobils herankamen und ihre schwachen Lichtschatten auf den im Fond gemütlich sitzenden Chinesen warfen. Vor den hell beleuchteten Schaufenstern hingen bunte Lampions und malerisch erhellte Reklametafeln, verziert mit wehenden Papier- und Stoffquasten. An den Straßenkreuzungen stand ein Polizist und regelte den Verkehr.

Von langer Hand auf unsere Ankunft vorbereitet, erwartete uns in Kalgan ein dort seit Jahren ansässiger Deutscher. Es wäre uns nicht schwergefallen, die Wohnung des bekannten Mannes zu finden, wenn nicht drei Hotelbesitzer sich unserer bemächtigt hätten, um uns in ihre Hotels zu schleppen. Da wir nicht Chinesisch verstanden, traten sie als Dolmetscher für uns ein, als wir telephonisch versuchten, mit Herrn May in Verbindung zu treten. Entweder war die Verbindung nicht herzustellen oder niemand im Hause anwesend … jedenfalls liefen wir gegen eine Mauer von Intrigen an, die wir damit durchbrechen wollten, daß wir einfach mit den Autos an einen anderen Platz fuhren. Aber auch dafür hatte die Gegenpartei Sorge getragen: Wir standen in einer kleinen Gasse vor der chinesischen Transportabteilung, die den Verkehr nach der Mongolei vermittelte. Man schleppte einen Zollbeamten heraus, der uns durch die Dolmetscher erklären ließ, daß wir nicht weiterfahren dürften, sondern gezwungen wären, die Wagen in den Hof des Transportgebäudes zu stellen. Meine Erwiderung lautete dahingehend, daß ich weder bereit wäre, den Aufforderungen eines Zollbeamten Folge zu leisten, die mir durch einen inoffiziellen Dolmetscher übersetzt würden, noch die Wagen einen Schritt weiter zu bewegen. Ich stellte ihm anheim, unsere Weiterfahrt zu verhindern, aber dann würden wir die Wagen da stehen lassen, wo sie wären, und wenn die Abendessenszeit käme, würden wir in Ermangelung einer anderen Möglichkeit ein Feuer auf der Straße machen, um zu kochen. Nach diesem Bescheid kümmerte ich mich um niemanden mehr, sondern ging zu Söderström zurück. Wir setzten uns in den großen Wagen, von dem aus wir den kleinen unter Aufsicht hatten, und rauchten in passiver Resistenz Zigaretten. Fragen, die an uns gerichtet wurden, beantworteten wir nicht mehr.

Während sich dies alles abspielte, war unser kleiner Chinesenführer nicht untätig gewesen. Er kam mit der Mitteilung zurück, daß er die Familie May angerufen hätte, die uns erwartete. Jetzt schien auch der Zollbeamte anderen Sinnes geworden zu sein. Er ließ uns verdolmetschen, daß wir ruhig weiterfahren könnten, was wir uns nicht zweimal sagen ließen, denn die Aussicht, nach allen Entbehrungen in ein europäisches Haus zu kommen, spornte uns an. Der kleine Chinese stieg wieder zu mir in den Wagen und führte uns zu einem festungsartigen Gebäude, durch dessen Torweg wir vor das eigentliche Wohnhaus gelangten.

Als ich ausstieg, um Frau May zu begrüßen, wollte diese mich zuerst gar nicht erkennen, denn meine Kleidung und mein Aussehen waren so heruntergekommen, daß sie mich für einen chinesischen Revolutionär hielt, der sich aus Neugierde in unseren Wagen geschmuggelt hatte. Erst meine deutsche Anrede legitimierte mich und behob alle Zweifel. Seit Monaten betraten wir zum erstenmal wieder ein Haus, dessen Räume und Möbel vom guten bequemen Europa erzählten. Ein Badezimmer mit allen Schikanen überraschte uns, nicht weniger die Betten mit blütenweißem Leinen und rotseidenen Steppdecken. Wir betasteten das Ungewohnte wie Kinder, denn es schien uns kaum glaubhaft, daß solche Dinge überhaupt noch existierten. Alle Müdigkeit war verflogen gegenüber diesen Eindrücken, und wir genossen die weichen Klubsessel, neben uns ein Glas Whisky mit Soda, wie ein Geschenk!

Kalgan lebte im Zeichen der nahen Kriegsfront. Auf den Gleisen des Bahnhofs standen zerschossene und ausgebrannte Züge. In der Stadt brodelte die Aufregung vor der möglichen Besetzung durch den Feind. Schwergefesselt trieb man desertierte Soldaten zum Richtplatz; sie gingen zerlumpt, mit wunden Füßen und angstverzerrten Gesichtern dahin. Schweigend und gedrückt folgte die Menge. Auf der Brücke, die über den Fluß führte, waren an Stöcken die Köpfe von Hingerichteten als schreckliche Warnung aufgespießt und spiegelten sich im Strom.

Die Eisfläche des Winters zerstörend, wälzte sich die gelbe, lehmige Wassermasse um abgerissene Eisschollen. Wir nahmen die Fahrt wieder auf. Vor dem Nankoupaß hatten wir einen Fluß zu überqueren. Schon seit Wochen war das Passieren dieser Furt unmöglich, weil der Fluß, im doppelten Bett unter und über dem Eis rollend, jedem den sicheren Untergang gebracht hätte. Abzuwarten bis das Tauwetter die Eisfläche zum Schmelzen bringen würde, war gewagt, denn die Nachrichten von der Front wurden von Tag zu Tag schlechter. Die Nordtruppen hatten sich bereits auf Kalgan zurückgezogen. Jeden Augenblick drohte uns die Gefahr, von den Kämpfen der Truppen überflutet und somit von Peking völlig abgeschnitten zu werden. Das Gesuch um die Genehmigung, die Eisenbahnbrücke benutzen zu dürfen, wurde abschlägig beschieden. Eine Plattform für die Überfahrt zu erhalten, erschien ebenso aussichtslos, weil sämtliche Züge vom Militär requiriert worden waren. Trotzdem sahen wir darin den einzigen Ausweg, denn wenn es uns gelang, einen Waggon zu bekommen, konnten wir wohl auch mit der Eisenbahn vereinbaren, uns über den Fluß an einen Zug zu hängen. Nach acht Tagen der Ungewißheit wurden wir eines zerschossenen Wagens habhaft, der zur Reparatur nach Peking sollte. Wir richteten ihn notdürftig her und luden die Wagen auf. Die Stellen auf der Plattform, wo die Planken fehlten, füllten wir stückweise während der Auffahrt mit unseren eigenen Planken aus. Leider hielt der Zug nicht vor Nankou, und wir mußten einen Teil des Weges wieder zurückfahren, um den Nankoupaß zu überschreiten.

Auf der Paßhöhe kamen wir durch die Große Chinesische Mauer, die das ganze Reich umschließt. Sie kletterte steil den Hang hinunter auf uns zu. Die Steine waren der Bergformation angepaßt und schräg ineinandergefügt. Die Mauer war breit genug, um in der Mitte einen Treppengang für die Verteidiger zu haben, während die Außenseiten mit Zinnen und Schießscharten versehen waren, wie die Festungsmauern einer alten Burg. Den Paß hielt chinesisches Militär besetzt. Zudem hatten die Kadetten ihre Übungsplätze im Gebirge, und wir sahen sechsjährige Jungen, die kaum der Wiege entwachsen waren, in Uniform herumlaufen und Dienst tun, dabei weniger kriegerischen Geist verratend, als ein deutscher Straßenjunge zeigt, wenn ein Kamerad ihm einen Apfel gestohlen hat.

Am Spätnachmittag verließen wir *Nankou*, um Peking am gleichen Tag zu erreichen. An die Bevölkerung richteten wir die Frage: „Peking?"- das einzige Wort, welches wir in der chinesischen Sprache beherrschten –, und winkende Hände zeigten zum Norden der Stadt. Ein junger Bursche, zerlumpt und schmutzig, gab sich die größte Mühe. Wir nahmen ihn am Rock und forderten ihn auf, sich in den Wagen zu setzen und uns zu führen. Er willigte ein und stieg zu Söderström in den „Großen", dem ich folgte. Die Dämmerung hatte eingesetzt, und wir führten unsere Wagen durch die Steinblöcke und über die Steine eines ausgetrockneten Flußbettes. Wir hatten keine Ahnung, daß unser Führer gleich hinter Nankou den richtigen Weg verfehlte und wir, jetzt dem Lauf des ehemaligen Bergflusses folgend, uns vergeblich abmühten, an den steilen Ufern eine Auffahrt zu finden. Schließlich gerieten wir auf einen kleinen Bauernweg, der nach einigen in der Feme auftauchenden Lichtern zu urteilen zu einem Dorfe führte. Wir folgten der Spur, doch bevor wir noch die Hütten erreichten, versank der große Wagen im aufgeweichten Lehm.

Dunkle Nacht war um uns, Söderström und ich, die einzigen Übriggebliebenen dieser Fahrt, ganz allein. Wieder stellte der Dreck, den Kampf erklärend, sich uns entgegen, nachdem wir schon geglaubt hatten, ihn endgültig hinter uns zu haben. Die Bilder unserer sibirischen Schreckenszeit standen vor unseren Augen. Unser Mut sank, als ob man die Quecksilbersäule unserer Energie in Eiswasser getaucht hätte. Doch als jeder die Depression in der Miene des andern las, als wir unseren mit der ganzen Hinterachse festgefahrenen „Großen" betrachteten, ris sen wir uns wieder zusammen und spornten uns gegenseitig an. Galgenhumor mußte uns über alle Schwierigkeiten hinweghelfen, die es, wie wir nun wußten, diese Nacht und in der Zukunft weiter zu überwinden galt. Der Traum einer frühen Ankunft in Peking, einer Flasche französischen Sektes in einem guten Hotel, war im Schlamm mit versunken. Die altgewohnte Arbeit begann, und wie die sachverständigsten Sachverständigen packten wir Winde und Bretter aus und begannen unsere Arbeit, bei der der Chinese ratlos zuschaute. Meter um Meter hatten wir Erfolg, bis wir schließlich wieder auf festem Boden waren. Vorsichtig die schlechte Stelle, in die der „Große" geraten war, vermeidend, fuhren wir mit dem „Kleinen" nach.

Im Dorf erfuhren wir, daß wir einen ganz verkehrten Weg eingeschlagen hatten, und zwei andere Chinesen erboten sich, uns wieder auf die Hauptstraße zu führen. Mit drei Mann Besatzung ging es weiter. An feuchten, schmalen Stellen tasteten wir das Gelände zu Fuß ab und suchten einen Umweg, wenn es zu unsicher erschien. Etliche Male mußten wir trotzdem den großen Wagen ausgraben, bevor wir den Hauptweg erreichten. Die beiden Begleiter aus dem Dorf verabschiedeten sich, und wenige Minuten später hatten wir uns wieder verirrt. In der Erkenntnis, daß vor Tagesanbruch nun doch nichts mehr zu machen sei, entschlossen wir uns, auf dem Felde zu schlafen. Aber wir waren nicht unbeobachtet verkehrt gefahren. Die eben zurückgelassenen Chinesen kamen herbeigeeilt. Wir kehrten um und setzten wieder unter ihrer Führung den Weg fort, bis wir endlich auf eine Allee kamen, auf der wir sicher annehmen konnten, ohne weiteres Verfehlen nach Peking zu kommen.

Fünfzig Cents Gold erbaten sich die Chinesen für ihren Dienst und waren überglücklich, als wir ihnen bei der Verabschiedung einen ganzen Dollar zukommen ließen. Sie schätzten ihre Arbeit gering ein, doch wir wußten genau, daß wir es ihnen allein zu verdanken hatten, wenn wir nicht wieder die Nacht draußen durstig, hungernd und frierend zubringen mußten.

XV.

Der Mittelpunkt der Erde • Geister und Götter • Die Klöster in den Westbergen • Die Ärmsten der Armen in den Kohleminen • Faustrecht auf dem Wege nach Tientsin

Mit Sonnenuntergang schloß die Nordstadt *Peking** ihre Tore. Niemand durfte hinein oder heraus. Zwei Doppelmauern umgaben die Hauptstadt, deren Eingänge von Militär bewacht wurden. Den Mittelpunkt der Stadt bildete der Palast des Kaisers, den ebenfalls eine Mauer umgab. Das innerste Zentrum der Gesamtanlage war der Thron im Thronsaal. Symmetrisch schloß sich daran der Palast und an diesen wiederum die Stadt an. Zwei Tore im Norden und im Süden zerschnitten sie in drei gleichseitige Dreiecke; drei Tore im Osten und im Westen teilten sie in vier gleiche Teile auf. Folgte man der verlängerten Achse des Thrones, so kam man zu dem außerhalb der Stadt gelegenen Himmelstempel. Vom Thron des Himmels führte über Terrassen und Tempelhallen ein steinerner Weg zum Mittelpunkt der Erde; er war durch einen viereckigen Stein festgelegt worden, um den man eine runde Terrasse errichtet hatte. Nach dem Glauben der Chinesen besitzt die Welt die Form eines Würfels, und in China, im Reich der Mitte, eben an jener Stelle, vermeinten sie, den Mittelpunkt des Erdwürfels gefunden zu haben. Unverleugbar im ganzen Leben der Chinesen ist der Rückgriff auf diese Gestaltung des Weltalls: In gleichseitigen Vierecken bauten sie ihre Häuser, in gleichseitiger Symmetrie entstand jedes Symbol des Lebens. Nur paarweise war ein Gegenstand für sie von Wert in der Symbolisierung ihrer Gedanken. Zwei Vasen, zwei Stühle, zwei Bilder; es wurde erforderlich, jedes Stück und Gegenstück an gleicher Stelle unter den gleichen Umständen aufzustellen.

Nicht nur Peking, sondern auch die Kleinstadt, ja sogar jedes Haus suchte sich festungsartig von der Umwelt abzuschließen. In der Nähe menschlicher Wohnungen hatte unser Weg nur durch

* *Nordstadt Peking* – „Beijing" bedeutet Nördliche Hauptstadt.

Mauern und Tore geführt. Zwischen Mauern fuhren wir nach Peking, und kein Einblick in das Innere eines Hofes war möglich, denn vor dem Eingang standen innen oder außen die Geistermauern. Nach dem chinesischen Glauben können böse Geister nur gerade Wege gehen. Wenn man daher vor dem Eingang zu seiner Wohnung eine Mauer aufstellte, die länger war als das Tor breit, so mußten die Geister dagegen anprallen und – weil sie nicht drum herum konnten – Haus und Hof meiden. Bei den armen Bauern bestand die Geistermauer aus luftgetrocknetem Lehm, in den Palästen des Kaisers war sie das vollendetste Kunstwerk an Farben und Handarbeit, das das Zeitalter erzeugen konnte.

Doch von allen diesen Dingen wußten wir noch nichts, als wir nachts um ein Uhr vor den geschlossenen Toren der Hauptstadt eintrafen und Einlaß heischten. Wir rüttelten an den eisernen Trägern, die die schweren Holzbohlen zusammenhielten. Ein Soldat öffnete einen Spalt, um die Ruhestörer zu betrachten. An den Konturen seines Kopfes vorbei sahen wir in einen schwach beleuchteten Hof, der dicht von Militär besetzt war. Wir fragten nach Peking, wir wollten hinein! Wir wollten nicht die Nacht durchgefahren sein, um jetzt draußen bleiben zu müssen! Der Soldat hörte uns lächelnd an, schüttelte den Kopf und schloß wieder zu. Vergeblich bemühte ich mich am Telephon, die Deutsche Gesandtschaft zu erreichen. Ich konnte mich nicht verständlich machen. Wieder klopften wir an das Tor, und diesmal kam ein Soldat zu uns heraus. Wir versuchten ihm zu erklären, daß wir in die Stadt müßten. Achselzuckend bedeutete er uns die Unmöglichkeit unseres Begehrens, vor Sonnenaufgang Einlaß zu erhalten. Ich hielt einen vorbeigehenden Offizier an; er verstand etwas Englisch. Wieder trug ich ihm unseren Wunsch vor. Als Antwort fragte er mich nach meinem Alter! „*Mind your own business!*", entgegnete ich ihm wütend, und er ließ mich stehen.

Weil wir sowieso keine Hoffnung mehr hatten, auf dem Wege gütlicher Verhandlung hineinzukommen, hielt ich nicht länger mit meinem Zorn zurück. Ich schimpfte in sämtlichen Sprachen und Kraftausdrücken, die mir zu Gebote standen. Die Flut meiner Worte ergoß sich über den armen Soldaten, der schließlich nur seine Pflicht tat. Ich holte einen Brief hervor, den ich seit Berlin bei mir hatte. Dieser Brief trug das Wappen Chang Tso-lins. Ich wiederholte drohend den Namen „Chang Tso-lin". Sogleich kamen mehrere Soldaten hinzu, unter ihnen der Feldwebel. Da ich dies für ein gutes Zeichen hielt, fuhr ich in meinem Redeschwall in tönender Entrüstung fort. Der Feldwebel begab sich an das Telephon; ich wich ihm nicht von den Fersen. Ein Telephongespräch folgte dem anderen, und an der Stimme des berichtenden Soldaten erkannte ich, daß er versuchte, den Tonfall meiner Worte und meiner Empörung der Wache in der Stadt mitzuteilen. Gott weiß, mit wem er während der zwei Stunden gesprochen hat! Nach vielen Erkundigungen, die er von Stelle zu Stelle einholte, hängte er den Hörer endgültig an die Wand. Wir gingen hinaus, und vor uns öffneten sich die Tore. Wir fuhren in Peking ein. Bei uns im Wagen war der kleine, zerlumpte Chinese aus Nankou.

Dem Gefühl folgend hielten wir uns an die großen Straßenzüge, von denen wir annahmen, daß sie uns in das Innere der Stadt bringen würden. Zwei Tore, durch die die Straße führte, betrachteten wir als den richtigen Weg; wir wurden aber schnell eines Besseren belehrt, als Soldaten vorsprangen und uns Bajonette entgegenstreckten. Wir waren auf dem besten Wege gewesen, in den Palast Chang Tso-lins zu fahren, da wir den Umweg, den die Straße machte, versäumt hatten. Wir engagierten daraufhin einen einsamen Rikscha-Kuli, der vor uns herlief, um uns unser Hotel zu zeigen. Das Nord-Hotel, zu dem wir die Empfehlung in der Tasche trugen, lag im Legationsviertel. Nur eine kleine Lampe brannte über dem Eingang, weil zu dieser späten Stunde keine Gäste mehr erwartet wurden. Wir fuhren vor, stiegen aus und zogen die Nachtglocke. Ein verschlafener Boy öffnete die Tür. Als er unser ansichtig wurde, die wir in schwarzen, dreckigen Lederhosen nicht den Eindruck erstklassiger Hotelgäste erweckten, wollte er die Tür wieder schließen. Doch wir wußten selbst, wie wir aussahen, und waren darauf vorbereitet. Augenblicklich hatte ich meinen Fuß in der Tür, und mit einem wohlberechneten Stoß schob Söderström sie mitsamt dem Boy zur Seite, und wir betraten das Hotel. Dennoch verhalf uns dies zunächst nicht zu zwei Zimmern, da der Mann sich weigerte und erklärte, keinen Platz mehr zu haben. Es bedurfte erst unseres energischen Auftretens, um ihn unsicher zu machen. Zu seiner Unterstützung weckte er den Barkeeper. Dieser Mann besaß aber Verständnis für unsere Lage, und im Umsehen hatten wir die gewünschten Zimmer und einen Platz für unsere Autos.

Unvorhergesehen tauchte nun aber die Schwierigkeit auf, wie wir unseren kleinen Chinesenführer wieder loswerden würden. Mit großer Zufriedenheit hatte er das Geld, welches wir ihm gaben, eingesteckt und half noch das Gepäck ins Zimmer zu tragen. Mit Wohlbehagen die Wärme des gut aussehenden Raumes empfindend, spuckte er um sich und wollte bei uns schlafen. Wir schickten ihn auf den Hof hinaus, aber immer wieder kehrte er zurück. Erst als Söderström ihn hinausgeleitete und ihm in dem großen Wagen einen Platz anwies, blieb er verschwunden.

Für wenige Europäer hat China als „Reich der Mitte" den Sinn wie für uns, die wir damit die Mitte unserer Reise erreicht hatten. Nun war noch Japan vor uns, und dann würde es wieder der Heimat zugehen.

Die Luft war von den Geräuschen der Straße erfüllt, die – zitternd wie die Wellen im Teich, wenn ein Stein hineingeworfen wird – gestört wurden durch die Signale der Autos und der elektrischen Bahnen. Die Luft und das Land gehörten dem Gong, der Holzklapper, der Pergamenttrommel. Die Menschen lebten in der Vergangenheit und mit den Geistern. Wir achteten auf diese Stimmen des Landes und eilten ins Freie, sobald sie unser Ohr trafen. Wir unterschieden nicht den Sinn der Töne. Wir glaubten zum Beispiel eine Hochzeit zu finden und sahen uns vor einem Zug Gefangener, die zur Richtstätte geführt wurden. Man fuhr diese Menschen auf kleinen Karren. Scherzend unterhielten sie sich mit dem Publikum, alles war vergnügt, Freunde und Fremde warfen ihnen Leckereien zu, lachend wurden sie zum Tode gefahren, lachend begruben die Angehörigen ihre Toten, doch nur, nachdem sie für einige Dollar vom Henkersknecht den Kopf zum Rumpf zurückgekauft und ihn wieder angenäht hatten. Für kopflose Körper war die Seligkeit nicht geschaffen.

Ein Leichenbegräbnis bildete nicht nur für die Angehörigen ein Ereignis, sondern alle, die jemals mit dem Verstorbenen in

Berührung gekommen waren, nahmen daran teil. Je wichtiger die Persönlichkeit, um so pompöser der Leichenzug. Gemietete Kulis schritten in zeremoniellen Trauerkleidern aus grünem Tuch mit weiß und rot gemusterten Kreisen voraus. Sie sangen, schlugen Pauken oder trugen vergoldete Gegenstände religiöser Bedeutung, die uns wie verzierte Stangen vorkamen. Vor dem Sarge, den sechzig Kulis schleppten, trug man in einer Sänfte das Bild des Verstorbenen. Hinter dem Sarg folgten die Leidtragenden. In kleinen zweirädrigen Eselskarren saßen die Frauen in weißen Trauergewändern. Die Männer gingen zu Fuß. Ein weinendes Gesicht haben wir nie gesehen. Hochzeiten und Begräbnisse waren weder nach der Musik noch nach dem äußeren Aufzug sehr voneinander zu unterscheiden. Anfangs mußten wir uns immer erst erkundigen, welche von den Feierlichkeiten wir vor uns hatten. Wie bei der Hochzeit wurde der Vorabend der Beerdigung ebenfalls gefeiert. Angehörige und Bekannte zogen in einer Prozession unter Fackelbeleuchtung zu den von der Stadt zur Verfügung gestellten Plätzen, wo Anverwandte schon vorher das Haus und die Lieblingsgegenstände des Toten in Papier kunstvoll aufgebaut hatten. Mit Musik und Freudenrufen wurde alles zur Besänftigung der Geister verbrannt, damit sie dem Toten in seinem neuen Leben keinen Schaden zufügten.

Aber auch die Verkäufer verlangten ihr Teil am tönenden Leben, das die Straßen erfüllte. Mit Holzklapper und Flöte charakterisierten sie in Melodien ihr Gewerbe. So unterschied sich der Schuhputzer vom Messerschleifer, der Blumenhändler vom Altwarenhändler, der Teeverkäufer vom Straßenbäcker. In Intervallen klang dazwischen das kristallhelle, in der Luft sich fortschwingende Ping-Ping der Platz heischenden Rikschas. Frauen, selbst aus den ärmsten Schichten, ließen sich fahren oder ritten auf kleinen Eseln, weil sie mit ihren kleinen, verkrüppelten Füßen keine längeren Strecken gehen konnten. Die Unsitte, den kleinen Mädchen die Füße einzuschnüren und diese gewaltsam am Wachsen zu hindern, war in den Städten langsam im Schwinden, auf dem Lande jedoch hielten die Bauern, und zwar merkwürdigerweise hauptsächlich die Frauen selber, an dieser schmerzhaften Prozedur fest.

Andere Stimmen, die wir nicht hörten, beherrschten das Land: „die Geister". Man wußte nicht, ob sie ein Gegenstand der Religion, des Aberglaubens waren, oder ob sie wirklich existierten. Man fühlte sie im Umgang mit den Chinesen, man sah die Folgen ihrer scheinbaren Existenz in jedem Hause. Die Geistermauer verhinderte das Eindringen der bösen Geister. An der Hoftüre hingen die Bilder der guten Hausgötter, des „schwarzen" und des „weißen", für unseren Geschmack scheußliche Gestalten. Jeder Raum besaß seinen Gott: In der Küche über dem Herd war der Thron des Küchengottes, dieses kleinen indiskreten Geistes, dem die Kraft zugesprochen wurde, alles zu sehen und zu hören, was im Hause vor sich ging. Vor dem neuen Jahr wurde seine papierene Gestalt verbrannt, damit dieser Gott, im Rauch aufsteigend, vor den Großen Buddha treten konnte, um Rechenschaft über die Vorfälle im Bereich seines Hauses abzulegen. Am zweiten Tag des neuen Jahres wurde ein neuer Gott in der Küche feierlich eingeführt.

Wir waren häufig Gäste bei einem Europäer, unserem Freund Dr. Müller, einem der bekanntesten Antiquitätenhändler des Ostens und Korrespondent des Berliner Tageblatts, der schon 23 Jahre in China lebte. Eine Mauer umschloß sein Haus und die Nebengebäude. Durch den Vorhof und eine Tür traten wir in den Hof, um den sich die Empfangsräume gruppierten. Dahinter kam ein Haupthof, der zu den eigentlichen Wohnräumen führte. Die Querräume und die senkrechten Flügel ergänzten sich paarweise in ihrem Grundriß, und nur in ihren inneren Einrichtungen waren sie nach dem Geschmack des Besitzers geändert. Mit stillen, lächelnden Gesichtern bewegten sich die bedienenden Boys. Fliederknospen und rankender Wein warfen ihren zitternden Schatten auf den Wasserspiegel von Lotostöpfen, in denen die Pflanzen das erste Bemühen zeigten, sich aus dem Winterschlaf zu strecken. Mit gesträubten Federn hockte ein alter Uhu in einer Ecke des Hauses, von Zeit zu Zeit blinzelnd einen mongolischen Windhund betrachtend, unter dessen dünner Haut das Blut in der Sonne pulsierte; Steinfiguren und kachelbunte Dachreiter hoben sich sonnenbeschienen aus dem Hintergrund der vergitterten Papierfenster hervor.

Im zweiten Hof stand ein kleiner Tempel, dessen Entstehungsgeschichte Einblick in die primitive Empfindsamkeit des einfachen Chinesen gab. Eines Tages hatte sich, durch den Taubenstall angezogen, ein Marder in die Wohnung verirrt. Das Tier wurde gehetzt und verfing sich in den Holzgittern der papierverklebten Fenster. Der zweite Boy ergriff einen Stock, um das Tier zu erschlagen. Bei den Schlägen, die er führte, brach jedoch eine Holzleiste entzwei, und das schon verwundete Tier konnte entkommen. Einige Tage später kam der Boy klagend zu dem Besitzer des Hauses, unserem Gastgeber, und sagte: „Herr, ich bin von dem Marder besessen, seine Seele ist in mich gefahren, weil ich ihn geschlagen habe. Tag und Nacht quält er mich." Vergeblich versuchte man, ihm dies auszureden. Der Mann wurde schließlich melancholisch, elend und krank. Man rief den Hausrat zusammen und überlegte, wie dem Boy zu helfen sei. Der arme Besessene meinte, wenn man dem Mardergeist einen Tempel bauen und ihm jährlich opfern würde, würde er sich versöhnen lassen. So geschah es. Feierlich wurde das Haus des Mardergeistes eingeweiht, ein Tempel, den der Europäer im Hof hatte errichten lassen. Eine Apfelsine und ein Apfel wurden auf Opferschalen dargebracht, dazu verbrannte man Weihrauchkerzen mit frommen Sprüchen. Der Boy aber war von diesem Tage an geheilt. Er erholte sich, lief frisch und munter herum. Jedes Jahr fand am Tage des Marders ein Opferfest statt, an dem sich alle beteiligten, die mit dem Haus irgendwie verbunden waren.

Wenn wir einige Stunden Zeit hatten, zog es uns in dieses Haus, wo trotz des weißen Mannes China in seiner ganzen Schönheit lebte. Wir aßen chinesische Speisen mit Stäbchen, tranken englischen Whisky dazu, und die Straße von Peking zog auf den Hof ein. Sie kündigte sich mit Musik an, und wir bestellten nach Belieben beim Boy, was wir sehen wollten.

Ein Kindertheater. Vier Jungen waren vom Lande in die Stadt gezogen, um über die Winterzeit Geld zu verdienen, bis die Feldarbeit sie wieder zur heimatlichen Scholle zurückrief. In einer Holzkiste trugen sie ihre Kostüme und Kulissen mit sich. Sie stellten das Theater auf, zogen sich um, und das Spiel begann: ein

Tanz auf Stelzen, dann Tatsachen. Diese Tatsachen führten sie in symbolischer Rhythmik vor, begleitet von einem blechernen Gong, den ein Knabe bediente. Ein Kahn mit einem Mädchen auf einem Teich, eine Begrüßung, ein Löwe. Die Kostüme waren primitiv, erfüllten aber vollständig ihren Zweck. Die Jungen hatten aus Stoff- und Papierfransen das Kleid des Löwen genäht, den Kopf mit rollenden Augen und klapperndem Maul aus Pappe gemacht. Zwei Knaben stellten ihn dar, und ihre Phantasie drückte sich durch das realistisch-drastische Benehmen dieses Vierfüßlers aus: Löwen brauchten nach ihrem Empfinden keine Schule der Erziehung durchzumachen. Die Gebärden der Kinder waren während des Spiels ernst wie die von Priestern, bis sie merkten, daß wir Gefallen daran fanden, dann brach die kindliche Jugend durch. Die erhabene Geste verlor sich, und der knabenhafte Übermut blieb, der versuchte, den Kameraden in seiner Rolle zum Straucheln zu bringen.

Tiertheater mit Affen und Hunden zeigten ihre Künste. Einen halben Tag beanspruchten die Vorbereitungen für die Schattenspiele. Eine Bühne wurde aufgebaut, die Sonne so auffangend,

Das Kleid des Löwen aus Stoff und Papierfransen.

daß sie für die Zuschauer die Silhouetten der aus Eselshaut geschnittenen Figuren in scharfen Umrissen zeichnete.

Des Abends riefen die Boys von Dr. Müller blinde Musikanten zu uns in den Garten. Diese Lichttoten zogen in Gruppen zu sechs Mann durch die Straßen, auf die Aufforderung wartend, in einem der Häuser spielen zu dürfen. Alle Künstler der Straße waren mit wenigen Cents für ihre Darbietungen zufrieden. Ungebunden streiften sie wie die Zugvögel umher, und jeder einzelne fühlte sich als Besitzer des ganzen Landes. Sie waren stille Philosophen, Kinder des Volkes, grundverschieden von der verwahrlosten Soldateska, die kaum besser war als die Räuberbanden.

Ein armer blinder Mann zog mit seiner blinden Enkelin aus Peking hinaus. Ein kleiner, sehender Knabe führte die beiden. Sie wanderten fünf Tage zu den Minggräbern. Dort trafen wir die drei. Der Mann spielte auf einem Saiteninstrument, dem Banjo ähnlich im Ton. Die beiden Kinder sangen dazu. Ein großer Park umgab uns mit alten, knorrigen Bäumen, deren Äste vorsintflutlichen Tieren glichen. Der Frühling lag in der Luft, die Vögel zwitscherten von den bunten Dächern der Grabtempel des Kaisers. Wir baten die Musikanten um ein Lied. Sie spielten und sangen, zuerst klagend, dann fröhlich beglückt. Der alte Mann sagte: „Jedes Jahr, wenn der Frühling kommt, wandere ich aus Peking heraus durch die grünende Natur, um die Minggräber zu besuchen. Weil ihr mich um ein Lied gebeten habt, so spielte ich euch zuerst den Gesang, der gesungen wurde, als man vor 280 Jahren den großen Kaiser hier zu Grabe trug. Ihm zu Ehren tat ich es, weil er uns in seinem Schatten weilen läßt. Als zweites spielte ich ein Lied von den Farben der Blumen und dem Gesang der Vögel, weil jetzt Frühling ist." Während er sprach, schien der Alte mit seinen geblendeten Augen weiter zu sehen als wir. Lange noch blieb in uns der Eindruck, den der Mann auf uns gemacht hatte, und mit Gewalt mußten wir uns davon los reißen, als wir durch die langen Reihen der steinernen Grabfiguren schritten, die den Weg zum Grabe des Kaisers säumten.

Das Grab selbst war verschlossen und zugemauert. Es ruhte unter einem Hügel, der künstlich aufgeschüttet worden war. Man sprach von ungeheuren Schätzen, die in dem Gewölbe, das die

Größe einer Halle haben soll, mit dem Sarg vergraben worden waren, doch kein Lebender hat sie jemals erblickt. Wir sahen nur den einfachen, in seiner Schlichtheit wirkungsvollen Bau, der vor dem Grabeingang, ähnlich einem großen Schutzturm, errichtet worden war. In ihm und rundherum befanden sich große und kleine Tempel, in denen Priester zu dem Geist des großen Mingkaisers beteten. Noch im Bann des Gesehenen und Gehörten schritten wir wieder zur Geisterallee zurück, die vor den Toren der Sandsteppe Wache hielt. Paarweise lagen und standen dort die Steintiere, aus einem Stück gehauen, in Überlebensgroße, schöne und scheußliche Häupter tragend. Durch diese Allee hatte man den Kaiser von Peking zu Grabe getragen.

Paarweise standen und lagen die Steintiere.

Im Westen Pekings lagen Gebirge, in deren Schluchten und Täler fromme Priester ihre Klöster errichtet hatten. Auf Eseln und in der Sänfte gelangten wir zu ihnen. Wir bestiegen die geduldigen Grautiere, die Kamera wurde in eine Sänfte gelegt, die zwei Chinesen trugen; auf schmalen Pfaden stiegen wir von Gipfel zu Gipfel über die Höhenzüge. Die Klöster lagen versteckt in den Tälern oder hatten sich stolz auf den Rücken hoher Berge angesiedelt. Traumhafter Schlaf ruhte über ihnen. Einige alte grauhaarige Mönche hüteten sie. Tiefes Schweigen herrschte in den Höfen und Kapellen und wurde nur unterbrochen, wenn der Gong zur Gebetsstunde rief. Durch die dicken Vorhänge der Tempeltüren klang der klagende Gesang der Priester zu uns, sehnsüchtige Melodien, die sich mit dem Liebesgesang der Nachtigallen aus den Bambuswäldern vereinigten.

Wir schritten von Tempel zu Tempel. Wir sahen den ewiglächelnden Buddha in tausendfacher Gestalt; mit ihm wachten der Kriegsgott, der Friedensgott und die Symbole allen irdischen Lebens. Auf den Dächern girrten Tauben. Die Laute der lebenden Wahrheit drangen zu der Mumie des Kaisermönchs, der, in seidene Gewänder gehüllt auf seinem Thron sitzend, mit dem irdischen Leib seinen Geist überdauert hatte. Seine Haut war weich, die Augen geschlossen wie im Schlaf. Die Züge waren mit dunklem Goldlack überzogen, und man konnte im Dämmerlicht des Tempels glauben, eine meisterhafte Bronzestatue vor sich zu haben, aber ein matter Farbenschein und die Falten des Angesichts spiegelten das Leben wider. Die erhabene Größe des Todes lebte in diesem Raum, und wir wagten nur im Flüsterton zu sprechen. Uns wurde kalt, trotz des warmen Frühlingstages. Wir atmeten auf, als wir den Tempel verließen, und fühlten uns doch wieder hingezogen zu dem unendlich Schönen, das wir eben gesehen hatten.

Friede umgab die Klöster, aber zu ihren Füßen in den Kohlebergwerken litt die gequälte Menschheit. Die Ärmsten der Armen arbeiteten für 25 Cents zehn Stunden am Tag. Auf schrägen Gängen, in denen sie nur gebückt stehen konnten, krochen sie bis zu 150 Meter Tiefe in die Erde. Bis zu den Knien im Wasser stehend, hackten sie die Kohle vom Berg los und legten sie in flache Strohkörbe; alsdann spannten sie sich vor die gefüllte Strohschale und zogen diese ans Tageslicht. Eine kleine offene Öllampe, die sie am Kopf befestigt hatten, beleuchtete ihr Arbeitsfeld. Es führte auch ein Luftschacht in die Erde. Man schickte die frische Luft mittels Propeller aber erst dann in den Luftschacht, wenn unten die Gase die Atmosphäre so erfüllten, daß die Öllämpchen nicht mehr recht brennen wollten. Zum Abtransport der Kohle von der Halde dienten Kamelkarawanen. Die Transporttiere knieten nieder, um sich die Last in Säcken aufladen zu lassen. Waren die

Sie hockten sich nieder und rauchten ein Pfeifchen.

Treiber mit dem Aufladen fertig, so hockten sie sich erst einmal nieder und rauchten zur Erholung ein Pfeifchen. Unser nächstes Ziel war Japan. Von Peking aus hatten wir Chaussee nach *Tientsin* und bis ans Meer. Wir bekamen eine Passage auf einem japanischen Dampfer. Die einzigen Zwischenfälle auf unserem Weg ergaben sich durch Polizeiposten, die sich ein Gewerbe daraus machten, Geld von Automobilen zu erheben, um ihr Gehalt, das sie sowieso nicht bekamen, aufzubessern. Da wir im Besitz von Papieren waren, die uns eine ungehinderte Durchfahrt zusicherten, sahen wir nicht ein, warum wir von diesen „Maßnahmen" betroffen werden sollten. Wenn wir also durch eine Schranke angehalten und nicht sofort durchgelassen wurden, so übten wir Faustrecht. Obwohl die Gegenseite bewaffnet war, genügte es, zwei oder drei Mann mit der Faust aus dem Felde zu schlagen, um die übrigen zu veranlassen, uns den Weg freizugeben aus Angst, das gleiche Schicksal zu erleiden. Falls alle davonliefen, mußten wir uns selbst helfen. Bei schwachgebauten Barrieren winkte ich, um Aufenthalt zu vermeiden, Söderström zu, und er nahm dann in voller Fahrt mit dem großen Wagen das Hindernis, eine Bresche schlagend, durch die ich mit dem kleinen Wagen folgen konnte.

XVI.

Der Taifun • Eine Nacht im japanischen Teehaus • Schwefelquellen • Der heilige Berg

Auf dem Dampfer wurden unsere Wagen an Deck gestellt. Die Seereise verlief ruhig bis zur letzten Nacht, als uns kurz vor den japanischen Inseln ein Taifun überraschte. Am Nachmittag hatten sich Wolken zusammengeballt, aus denen Blitze ins Wasser schlugen. Der Sturmwind gesellte sich dem wilden Spiele bei. Die Matrosen holten uns vom Abendessen fort, damit wir ihnen beim Anseilen der Autos behilflich sein konnten. So gut es ging, knüpften wir Seile von den Rädern der Fahrzeuge zu den Masten und überdeckten die Wagen mit Segeltuch. Der Wind heulte, die ersten Wellen spülten über Bord. Bis auf die Haut durchnäßt, kamen wir von dieser Arbeit zurück. Das Meer schickte Welle auf Welle im Sprühregen gegen die Fenster, der Dampfer rollte und stampfte, bis ins Mark erzitternd, wenn die Schrauben durch die Wellen emporgehoben wurden und widerstandslos in der Luft schwebten.

Die Räume waren wie ausgestorben. Nicht nur die Passagiere, sondern auch die bedienenden Boys waren der Seekrankheit zum Opfer gefallen. Alles hatte sich in die Kajüten und Kojen zurückgezogen. Verlassen, ohne Aufsicht lagen die Gesellschaftsräume, und mit zunehmendem Sturm wurde jeder Wellenschlag gegen das Schiff von dem Klirren des Geschirrs und der Gläser begleitet. Polternd flog im Speisesaal alles durcheinander: Stühle, Tische, Blumentöpfe und Vasen. Chaos, wohin man blickte, und nirgends ein Boy zu sehen! Ich hatte erst versucht, mich zur Ruhe zu begeben, aber der bedauernswerte Zustand meiner Kabinengenossin bewog mich, die Nacht nicht in ihrer Nähe zu verbringen. Aus der Bibliothek holte ich mir eine Detektivgeschichte und setzte mich in das auf dem obersten Deck gelegene Rauchzimmer. Von Zeit zu Zeit unternahm ich einen Patrouillengang zu unseren Autos, deren Konturen, von Wasser triefend, beim Schein der Blitze aus den sich überschlagenden Wellen auftauchten. Pechschwarze Nacht, rollender Donner! Viel höher als unser Schiff blinkten von

Norden her die weißen Schaumköpfe dernahenden Wellen. Sie brausten heran, rissen das Schiff in die Höhe, um es im gleichen Augenblick in das folgende Wellental stürzen zu lassen, als Zielscheibe für eine zweite Welle, die heranjagte.

Ich war gerade beim Lesen, als eine neue Welle gegen das Schiff schlug. Der Stuhl, auf dem ich saß, flog unter mir weg, und ich hatte kaum noch Zeit, mich am Fenstergriff festzuklammern, ehe Tische, Stühle und alles, was nicht angeschraubt war, in wilder Jagd an mir vorbeirollte, gemischt mit entzweigeschlagenen Fensterscheiben. Marmorplatten fielen in Scherben zu Boden. Das Schiff lag schräg, so schräg, daß ich nicht stehen konnte, ohne mich irgendwo festzuhalten. Ein zweiter und dritter Schlag folgte dem ersten, bereits abgeschwächt, aber doch noch kräftig genug, um das Schiff immer noch einen Ruck tiefer zu drücken. Dann erst trat Stille ein. Langsam, ganz langsam richtete sich der Dampfer wieder hoch, durch die Trümmer fand ich den Ausgang zum Korridor. Aus den Kabinen kamen leichenblasse Menschen. Der Höhepunkt des Sturms lag aber bereits hinter uns. Mit abnehmendem Wellengang sahen wir beim Morgengrauen die Küste vor uns liegen, und unter dem Schutz des Landes liefen wir in die ruhige Bucht des Hafens von *Moji*[*] ein. 18 Stunden später erst waren wir in *Kobe*. Dort verging ein voller Tag mit der Erledigung der Formalitäten und Papiere, deren wir zur Fahrt durch Japan bedurften.

In Kobe engagierten wir einen Japaner, der uns bis *Tokio* begleiten sollte, weil außerhalb der Stadtgebiete für uns jede Verständigungsmöglichkeit aufhörte. Nachdem wir so viele schlechte Erfahrungen hinter uns hatten, trafen wir in diesem Lande endlich wieder gute Straßen. Auf den chaussierten Wegen schwand alle Sorge vor tückischen Zufällen straßenloser Gegenden. Die Selbstverständlichkeit der Einwohner, Ruhe und Ordnung zu halten, wirkte beruhigend auf unsere seit Monaten auf aktive Verteidigung eingestellten Sinne. Keine Revolution, keine Banditen oder Rachelustigen machten das Leben zu einem quälenden Kampf. Frei von diesem Druck empfanden wir doppelt die

* *Moji* – heute ein Teil der Stadt Kitakyuschu, die eigentlich aus fünf verschiedenen Städten besteht und sich entlang der Nordspitze der Insel Kyuschu erstreckt.

Last, die so lange auf uns gelegen hatte. Trotzdem haben wir uns nicht eigentlich wohl gefühlt in diesem Lande. Die Wesensfremdheit zwischen den Einwohnern und uns war zu groß. Die Behörden umgaben sich mit einer Wand von Ablehnung den Fremden gegenüber. Wir fühlten uns geduldet, weil wir unser Geld im Lande ließen. Es gab aber auch andere, einfachere Japaner, Leute des Landes; diese waren still und freundlich und betrachteten uns mit lächelnder Neugier in den geschlitzten Augen. Bei ihnen fühlten wir uns wohler.

Am ersten Tage übernachteten wir in einem kleinen japanischen Teehaus, der einzigen Unterkunftsmöglichkeit in der betreffenden kleinen Stadt. Wir parkten unsere Wagen in einem alten Schuppen, und unsere Handtaschen unter dem Arm, gingen wir zum „Hotel" zurück. Im Begriff, über die Schwelle des Hauses zu schreiten, hielt man uns an, da wir noch Schuhe anhatten, mit denen man ein japanisches Haus nicht betreten darf. Wir setzten uns also auf die erste und einzige Stufe, die gleichzeitig der Fußboden des Gebäudes war, und begannen, die Schnürsenkel unserer Stiefel zu lösen. Immer mehr Japaner sammelten sich um uns, denn wie immer, wenn sich irgendwo ein Auflauf bildet, finden sich mehr und mehr Menschen zusammen. Bald wurden wir von groß und klein umdrängt. Ich hatte bereits meine Schuhe ausgezogen, als ich bemerkte, daß Söderström gar keine Fortschritte mit dem Ausziehen machte. Als ich ihn daraufhin ansprach, sagte er: „Du hast gut reden, die halbe Stadt sieht zu, und wenn ich meine Schuhe ausziehe, wird man die vielen Löcher sehen, die ich in den Strümpfen habe." Ganz so schlimm war es nun gerade nicht, aber sein großer Zeh vom rechten Fuß guckte doch vor, als wir auf Strümpfen durch die zurückgeschobenen Papierwände in das Haus traten.

Goldgelbe Strohmatten, tischglatt geflochten, waren über den Fußboden gespannt. Größere und kleinere Räume wurden durch beliebig verschiebbare Wände gebildet. So sahen wir auch unsere Zimmer erstehen. Dienerinnen eilten herbei und legten seidene Kissen auf den Boden. Man stellte Holzkohlenfeuer in die neu erstandenen Räume, die in schwarzen Lackschalen auf Sand glühten. Eine schwarze Porzellanvase mit drei roten Chrysanthemen wurde vor die mit Tuschzeichnungen verzierten Pergamentwände gesetzt. Nachdem dies alles geschehen, trat die Besitzerin des Hauses, der Mädchen und der Dienerinnen ein, um sich nach unseren weiteren Wünschen zu erkundigen. Unser Begleiter übersetzte: ein Bad, Abendbrot, Schlafen. Die Frau klatschte in die Hände. Die Dienerinnen, die sich bei ihrem Erscheinen zurückgezogen hatten, traten wieder ein. Sie erteilte ihre Anordnungen und verabschiedete sich dann von uns. Söderström war der erste, der zum Bade gerufen wurde. Eines der Mädchen holte ihn ab, und bald erschien er wieder, frisch gewaschen, in einem schönen seidenen Kimono. Etwas verlegen erzählte er, daß er sich geniert hätte, denn die Mädchen hätten ihn nicht allein baden lassen wollen. Ich neckte ihn lachend und folgte dann meiner Führerin zur Badestube.

Das japanische Bad besteht aus zwei Handlungen: Man seift sich zuvor außerhalb der Badewanne ein, und erst wenn man geseift und abgespült ist, steigt man in die Wanne, die aus Holz gearbeitet und gleichzeitig Ofen bzw. Heizkessel ist. Meine Gefühle waren sehr gemischter Natur, als ich die Entdeckung machte, daß die Aufforderung an Söderström, als erster ins Bad zu gehen, keine reine Formsache war; nein, er war der Herr und ich nur eine Frau, die an zweiter Stelle rangierte und nach ihm das gleiche (!) Bad benutzen durfte. Dieses für mich frisch zu bereiten, wäre keiner der mit dieser Arbeit betrauten Dienerinnen eingefallen. So nahm ich die Dinge, wie sie waren, und ließ mich nicht durch abgespülte Seife, die obenauf schwamm, beirren. Das Wasser dampfte, und vorsichtig versuchte ich hineinzusteigen, als die Schiebetür beiseite geschoben wurde und ein dicker, zufrieden aussehender Mann eintrat. Sekundenschnell ergriff ich ein Handtuch, um mich dahinter zu verstecken. Mit der Hand bedeutete ich dem neuen Gast, mich allein zu lassen. Er aber murmelte nur etwas Unverständliches in japanischer Sprache und schien mich in keiner Weise ernst zu nehmen. Wir redeten mit zwei verschiedenen Zungen und mit zwei verschiedenen Auffassungen. Ich gestikulierte heftig mit dem einen freien Arm, während ich mit dem anderen mein Handtuch festhalten mußte; der gute Alte war nur widerwillig zum Rückzug zu bewegen. Wenn es ihm auch schwerfiel, so merkte er aber schließlich doch, daß ich kein gemeinsames Bad haben wollte. Kopfschüttelnd und achselzuckend zog er sich zurück; wahrscheinlich dachte er bei sich: „Verrückte Zeiten mit der modernen Jugend, die sich gegen gute alte Sitten auflehnt!"

Bei meiner Rückkehr war das Lachen auf Söderströms Seite. Noch voller Freude über die „Erlebnisse", hockten wir uns zum Abendessen nieder. Ein niedriges schwarzes Lacktischchen, auf dem in blaubemalten Porzellanschüsselchen zierlich die Speisen angerichtet waren, wurde vor jeden hingestellt. Zwei Geishas kamen, um uns zu unterhalten und uns zum Essen zu animieren. Sie knieten vor den Tischchen und richteten die Speisen zurecht, indem sie die Leckerbissen je nach Geschmack in würzige Soßen oder wohlriechenden Saft tauchten. Es erweckte ihre Heiterkeit, wie wir uns bewegten, wie wir aßen, aber wenn sie über uns scherzten und kicherten, blieben sie doch so kindlich dabei, daß wir ihnen nicht böse sein konnten.

Nach dem Essen gaben wir unserem Wunsch Ausdruck, zur Ruhe zu gehen. Die beiden klatschten in die Hände. Wieder kamen die Dienerinnen. Kopfnickend nahmen sie den Auftrag in Empfang. Wie kleine emsige Hausgeister holten sie aus einem versteckten Schrank die Schlafmatten, die, auf dem Boden ausgerollt, das Bett darstellten. Knicksend sagten die Mädchen gute Nacht; ihre Bewegungen waren nach dem Rang abgestuft. Bei japanischen Frauen werden der Rang durch Geburt, die Stellung im sozialen Leben und im Haushalt nicht nur durch die Bewegungen, sondern auch durch Kleidung und Haartracht ausgedrückt.

Das japanische Haus wirkte still und war doch erfüllt von vielerlei Geräuschen. Die Unterhaltung wurde mit gedämpfter Stimme geführt, und nur ein helles Lachen oder ein Kinderweinen drang plötzlich aus dem leisen Murmeln, das um die Papierwände spielte, zu uns. Am späten Abend klang das Vogelgezwitscher der kleinen Geishas klar durch die Wände. Sie sangen, tanzten, spielten und ließen Kreisel fliegen. Eine erotiklose Grazie belebte diese Geschöpfe.

Die papierenen Wände, die nichts weiter sein wollten, als verzierende Abgrenzung der einzelnen Räume untereinander während der Nacht, wurden am Morgen auseinandergeschoben. In das dunkle schlafende Haus brach das Sonnenlicht. Das Zimmer, in dem ich mich zum Schlaf niedergelegt hatte, war am Morgen verschwunden, und vor meinen Augen wurde die ganze Breite der Wand ausgefüllt von einem Fluß, der am Haus vorüberzog. Am gegenüberliegenden Ufer führten Bauern mit breiten Strohhüten ihre Waren auf Eselsrücken zum Markt. Drei Schritte vor mir lag Söderström auf seiner Matte.

Fünf Tage fuhren wir durch Japan bis Tokio. Dorf reihte sich an Dorf. Kinder spielten auf der Straße. Sie fielen uns auf, so zahlreich waren sie. Kleine Mädchen im Alter von fünf Jahren liefen herum, auf dem Rücken einen jüngeren Bruder festgebunden. Das Reich der Kinder war die Straße, auf der sie, gedankenlos weiterspielend, den Verkehr aufhielten.

Die Natur war lieblich mit ihren bewaldeten Berghöhen und grünen Feldern. Verspätet blühende Obstbäume glichen prächtigen Buketts. Höher in den Bergen fanden wir Maulbeerkulturen der Seidenraupenzucht. Am Fuße des Fujisan, des „Unsichtbaren", da er in Wolken gehüllt war, fuhren wir durch die schattige Allee achtzigjähriger Tannen, die zum Sommersitz des Mikado führten. Umgeben von Blumen ruhte mitten im See das Schloß.

Vor uns lag noch der Paß, den wir zu überqueren hatten, bevor wir in die Ebene von Tokio–Yokohama kamen. Hintereinander kletterten die Autos in Serpentinen bergan. Söderström mußte einem entgegenkommenden Wagen in der Kurve ausweichen. Er war auf der Außenseite. Durch das Gewicht des schweren Adlerlastwagens brach das Erdreich unter ihm weg, der Wagen schlug mit den Trittbrettern auf, und die Maschine hing frei über dem 1500 Meter tiefen Abgrund. Zum Glück war das Auto, das die Ursache des Unfalls war, stehengeblieben und seine Insassen eilten zu Hilfe. Wir seilten den „Großen" hinten an und versuchten, den Vorderrädern durch unterlegen von Steinen wieder Halt zu geben. Das war eine gefahrvolle Arbeit, bei der wir mit großer Vorsicht vorgehen mußten, um nicht selbst abzustürzen. Erst nach zwei Stunden wagten wir den Versuch, mit zwei anderen Automobilen, die sich an den Strick gespannt hatten, den Lastwagen hinaufzuziehen.

Am folgenden Tag fuhren wir in *Tokio* ein und fanden im Haus des deutschen Botschafters, Dr. Solf, ein Heim, wie wir es uns nicht besser wünschen konnten. Damit hatten wir das Ende unserer Leiden in der Alten Welt erreicht.

Von Tokio aus unternahmen wir einen mehrtägigen Ausflug zu den vulkanischen Schwefelquellen und daran anschließend zum heiligen Berg des Landes, dem Fujisan. Der Aufstieg zu den Schwefelkratern wurde durch die heißen Dämpfe erschwert, die über dem Weg lagerten. An Stellen, wo reine Luft war, hielten wir an, um Herz und Lunge auszuruhen und neue Kräfte zu sammeln. In unheimlichen Kraterlöchern brodelten die aus der Erde hervorquellenden Schwefelwasser. Der Erdboden im Umkreis war brüchig, und nur unter Lebensgefahr gelangten wir dicht genug heran, um gute photographische Aufnahmen machen zu können.

Ganz anders als diese vulkanischen Ausbrüche aus dem Innern der Erde wirkte der Fujisan in seiner majestätischen Ruhe. Wie aus einem Stück gegossen, stieg er aus der grünen Tiefebene hervor, auf halber Höhe einen Wolkengürtel tragend, der das Tal in Schatten legte. Er thronte mit seinen schneegekrönten Gipfeln hoch über den Wolken im strahlenden Sonnenschein; weiße, wallende Nebelschleier zogen an ihm vorüber. Diesen großartigen Eindruck nahmen wir aus Japan mit, als der Dampfer in See stach. Hinter uns verblaßte die bis an den Strand grün bewachsene Küste der Insel.

Der Fujisan in seiner majestatischen Größe.

XVII.

Überfahrt zur Neuen Welt • Honolulu • Abschied von Lord und dem „großen Wagen" • Von Panama bis Peru

Der „Überseer" trug uns der Neuen Welt entgegen. In *Honolulu* legten wir an. Die fast ausnahmslos in Sonne gebadete Insel hatte sich heute in Nebelschleier gehüllt, die im Laufe der kurzen acht Stunden, die wir dort weilten, in Regenschauern niederschlugen. Wir nahmen unser Auto von Bord, um diesen Badeort der Vereinigten Staaten ausgiebig betrachten zu können. Die großen Hotels und die Sommervillen der reichen Besitzer hatten sich um einen Park mit grünen Rasenplätzen und tropischer Vegetation angesiedelt. Tiere aller Gattungen tauchten aus dem Gebüsch auf, teils frei in der Wildnis lebend, teils in Käfigen eingesperrt. Ein Elefant schöpfte sich nasse Erde aus einem Teich und legte sie sich zum Kühlen auf sein graufaltiges Haupt. Dieser Elefant war ein Freund des Menschen und durfte daher ohne Fesseln umherwandern; in seinen Augen lag kein Staunen, wenn er auf die Automobile blickte, die auf den sich kreuzenden Asphaltstraßen im Park vorüberglitten.

Honolulu liegt auf einer vulkanischen Insel. Ein kurzes Vorland trennt das Gebirge vom Meer. Einsam, vom Hauptmassiv losgelöst, liegt ein runder Hügel: der ausgebrannte Krater des Diamantvulkans*. Alles umfassend winden sich die Teerstraßen bergauf und bergab, von dem nimmermüden Unternehmungsgeist der Vereinigten Staaten zeugend.

Wir fuhren über die Paßstraße und von der kahlen Höhe durch den eisigen Wind zu den Tälern hinunter, in denen die Palmen rauschten und die Wellen, sich brechend, über den sandigen Strand rollten. Junge braunhäutige Hawaiiburschen jauchzten vor Lust, wenn sie auf ihren Surfbrettern mit der Gischt des rollenden

* *Diamantvulkan* – Diamond Head; der Vulkan ist Wahrzeichen und Hausberg Honolulus.

Meeres dahinschossen. Hawaiilieder wurden uns vom Kai nachgesungen, als der Dampfer wieder in See ging.

Augenblicksaufnahmen gleich zogen Länder und Städte an uns vorüber. In *San Francisco* wechselten wir den Dampfer in Richtung Panama.

In *Los Angeles* hielten wir einen Tag an. Hier gaben wir unseren großen Wagen beim Zollamt in Verwahrung, und einer traurigen Notwendigkeit folgend, lieferten wir unseren treuen Lord bei einer Hundebewahranstalt ab. In dem kleinen Wagen, mit dem wir Südamerika zu durchqueren gedachten und in dem nun auch Gepäck aus dem großen Wagen untergebracht werden mußte, hatten wir keinen Platz mehr für ihn. Wir mußten unsere Ohren zuhalten, als sein klagendes Geheul aus dem Käfig, in den er eingesperrt worden war, uns nachklang.

Acajutla. Wir mußten zwei Tage im Hafen liegen, weil die Ladearbeiter Feiertag hatten. Nicht besser erging es dem schwedischen Dampfer „Frost". Wir bedurften keines langen Überlegens, sondern mieteten uns ein Ruderboot, das uns zu dem schwedischen Dampfer hinüberbrachte. Kapitän Möller, ein echter Seebär, rundlich und mit treuen Augen, kam uns mit dem wiegenden Gang des Seemanns entgegen, nachdem wir das Fallreep hinaufgeklettert waren. Wir traten bei ihm ein: Söderström, ein ihm unbekannter Schwede, ich, ein Etwas in Kakhihosen, von dem er zuerst nicht wußte, ob es ein Junge oder ein Mädchen sei. Er nahm uns mit einer Herzlichkeit auf, die uns die Heimat vortäuschte. Der Steward holte sogleich Aquavit und schwedische Vorspeisen. Wir wurden so nett bewirtet, daß wir darüber alle Zeit vergaßen.

Nur zu schnell verflossen die zwei herrlichen Tage, und wir mußten wieder auf unser Schiff zurück, das uns dem Süden entgegenführte.

Nicaragua – heißes Tropenland. Am Landungssteg standen amerikanische Soldaten, ein Widerschein der inneren Unruhen, unter denen das Land litt. Je näher wir Panama kamen, um so mehr litt ich an einer Zahnentzündung, von der ich in *Balboa* durch operativen Eingriff geheilt wurde.

Für die Schönheit des Panamakanals hatte ich in Anbetracht meiner Schmerzen kaum ein Auge. Die riesenhaften Schleusen, die Maschinerien, mit denen sie betrieben werden, sind ein gigantisches Werk menschlicher Berechnung und Zähigkeit zur Überwindung von Naturschwierigkeiten. Eine östliche und eine westliche dreifache Schleusenserie hebt und senkt die Dampfer auf das Wasserniveau des Panamafestlandes. Neben der Fahrtrinne waren große Waldungen umgelegt und zu Seen und Sümpfen umgestaltet worden, um natürliche Wasserreservoirs zu gewinnen. Streckenweise zogen die Dampfer eng begrenzt durch Urwaldstreifen und Bananensiedlungen der Eingeborenen dahin, kaum Platz findend, einander auszuweichen. An diesem Tage wurde auf den Passagierdampfern der Lunch auf Deck serviert, damit den Passagieren kein Augenblick des Schauens verlorenging.

In *Cristobal* verließen wir den Dampfer und hatten zwei Tage auf den von New York kommenden Anschluß nach Callao zu warten.

Die „Santa Elisa" zog unser Auto an Bord. Der hochgewachsene Kapitän Adler, seine norwegische Abstammung nicht verleugnend, begrüßte uns. Es war besonders nett, daß Söderström hier einen nordischen Landsmann fand. Als wir durch den Kanal wieder zurück nach dem Pazifik dampften, gab es für uns noch eine große Begrüßungsfeier durch den schwedischen Dampfer „Amerikaland", der in Balboa vor Anker lag. Beim Anlegen der „Santa Elisa" am Kai waren die schwedischen Offiziere schon da, um uns abzuholen. Leider fühlte ich mich gesundheitlich nicht in der Lage mitzumachen. Hier lernten wir auch Kapitän Elliot kennen, den wir auf unserer nächsten Durchfahrt wieder treffen sollten. Dann überließ ich die Männer sich selbst, und Söderström zog mit seinen Landsleuten zum fröhlichen Trunke nach Panama ab.

Bei der Überquerung des Äquators wurde in aller Förmlichkeit die Taufe vollzogen. 46 Täuflinge unterlagen dem Richterspruch Neptuns. Sie wurden mit Mehlbrei, Eiswasser und Elektrisierapparaten gründlich vorbearbeitet, bevor die „Meerpolizisten" sie hinterrücks in den Badetank kippten.

Peruanisches Land tauchte auf. Wir verspürten eine empfindliche Abkühlung, deren Ursache der unweit der Küste vorbeiziehende Humboldtstrom war.

In *Salaverry* kamen wir zum ersten Mal mit den Anden in Berührung, die von hier aus, in steiler Höhe beginnend, ihren Zug bis zum Feuerland nehmen. Dunkle Ahnungen beschlichen uns, als wir die steilen Konturen und das durstige Grau der Hänge erblickten.

Noch ein Tag, und wir waren in *Callao*, der Hafenstadt Limas. Die Ausladung unseres Autos ging schnell vonstatten, und schon am Nachmittag fuhren wir auf der breiten, 25 Kilometer langen Automobilstraße, die die beiden Städte verbindet, nach Lima.

XVIII.

Guano-Vögel • Seehunde • Die ersten Sandwüsten • Lamas • Der deutsche Dampfer „Poseidon"

In *Lima* verstrich zunächst eine Woche. In dieser Zeit machten wir uns mit den neuen Bedingungen vertraut, die Südamerika uns stellte. Die Überwindung der Kordilleren wies Schwierigkeiten auf, von denen wir bisher verschont geblieben waren. Wege anzutreffen, war nach den eingezogenen Erkundigungen aussichtslos. Wir vervollständigten unsere Ausrüstung durch einen Handflaschenzug und einen Wasserbehälter. Unsere Pässe und Wagenpapiere wurden für Bolivien, Argentinien und Chile neu ausgestellt.

In den freien Stunden unternahmen wir Ausflüge in die Umgebung Limas. Der denkwürdigste unter ihnen war eine Motorbootfahrt zu den Guano- und Seehund-Inseln. Diese Inseln lagen vor Callao im Meer. Schon von weitem sahen wir, wie schwarze Wolken die Felsen umkreisten. Je näher wir herankamen, um so dichter umgaben die Vögel auch unser Boot, bis wir schließlich durch ganze Schwärme fuhren, die wie ein großes Tuch in Bootshöhe über das Wasser strichen. Die Tiere kannten keine Angst, da sie durch das Gesetz geschützt werden. Schwere Strafe lag auf der Tötung eines Guano-Vogels. Beim Näherkommen nahmen wir den intensiven Geruch dieses natürlichen Düngers wahr, und es verstrich eine geraume Zeit, bis wir uns so weit daran gewöhnt hatten, daß wir das Taschentuch von der Nase entfernen konnten.

Wir legten an einer der Inseln an, auf der die Vogelaufseher ihr Heim hatten. An einer schaukelnden Strickleiter, die man uns von oben zuwarf, kletterten wir aufwärts, bis wir etwa 15 Meter über dem Meer eine Plattform erreichten, von der aus wir den festen Boden des Felsens gewannen. Es war gerade die Brutzeit der Tiere. Millionen Vögel hatten auf dem Felsboden ihre Nester gebaut, und die Weibchen saßen brütend auf den Eiern, während das Männchen kollernd zwischen seinen drei bis fünf Frauen stolzierte und streng darauf aufpaßte, daß sie ihren Pflichten nachkamen. Wir beobachteten sehr genau, wie jeder Hahn seine eigenen Hennen hatte, und wehe einer Henne, wenn sie ihr Nest verließ. Mit Schnabelhieben trieb das Männchen sie auf die Eier zurück.

Wir konnten mitten unter die Tiere gehen, ängstliche wichen vielleicht für Augenblicke vor uns zurück, aber sobald wir vorübergegangen waren, kehrten sie zum Nest zurück. Sie ließen sich auch nicht stören, als wir unsere Photographien und Filmaufnahmen machten. Nach der Brutzeit, sobald die Jungen flügge sind, werden von Arbeitern alle Vogelnester, die von den Tieren aus ihrem Mist und aus toten Seepflanzen gebaut wurden, abgehackt, in Schiffe verladen und als wertvoller Dünger in Europa verkauft. Diese Inseln sind ein großes industrielles Unternehmen, dessen Arbeiter und Maschinen die Vögel sind. Zu jeder Brutzeit bauen die Tiere ihre Nester neu auf, die die Menschen nachher ohne Mühe ernten.

Ebenso ungestört, aber von Natur aus wesentlich scheuer waren die Seelöwen, die auf den Nachbarinseln wohnten. Bei unserem Nahen rutschten sie wie große Fettklumpen ins Meer,

Scheuer waren die Seelöwen.

im Spiel der Wellen mit langgezogenen Hälsen auftauchend und uns betrachtend. Nur die ganz alten Seelöwenväter ließen sich in ihrem Sonnenbad nicht stören und blieben auf dem Felsen. Seelöwenbabys gesellten sich dann schutzsuchend zu ihnen, denn für sie war der eilige Sprung vom steilen Felsen ins Meer zu hoch; die schmalen Pfade zur See vor unseren Augen zu benutzen, getrauten sie sich nicht. Ihr heiseres Hundebellen klang uns noch in den Ohren, als wir schon wieder Kurs zum Festland genommen hatten.

Am 11. Juli starteten wir wieder von Lima. Mit Blumen geschmückt rollte unser Auto aus der Stadt hinaus. Hauptmann Galvez, ein peruanischer Offizier, war uns von der Armee zur Begleitung mitgegeben. Erstens, um uns zu helfen und Hilfe requirieren zu können. Zweitens sollte er topographische Aufnahmen machen, denn Karten – geschweige denn Wege über die Kordilleren – existierten nicht. Die schönen schwarzen Teerstraßen der Hauptstadt und ihrer Umgebung mußten wir bald verlassen, und mit einem wehmütigen Entschluß lenkte ich den Wagen über die Stelle, von der aus wir wieder auf Sand wegen und Naturstraßen unser Fortkommen suchen mußten. Vorläufig brauchten wir zwar noch nicht ängstlich zu sein, denn die nächsten Tage bis Lomas führten durch Gegenden, wo auch andere Autos ihren Weg nahmen. Es blieb uns also meist nur übrig, die Spuren unserer Vorgänger zu beachten.

Eine Stunde nach Lima lag vor uns auf dem Bergrücken der sandigen Hügellandschaft die Ruine des Sonnentempels*. Verfallen, vom Staub zugeschüttet, leuchteten die grauen Lehmruinen rot im Reflex der untergehenden Sonne. Die Nacht brach herein. Bergauf und bergab führte der Weg im Scheinwerferlicht. Um uns herum war Wüste und Menschenleere. Plötzlich neigte sich der Weg in steilem Gefälle einem Tal zu, das uns zu beiden

* *Ruine des Sonnentempels* – die Ruinen von *Pachacamac*; die rot bemalte Tempelpyramide aus der Inkazeit diente der Verehrung des Sonnengottes, aber auch schon vor dieser Zeit war Pachacamac ein religiöses Zentrum mit überregionaler Bedeutung.

Seiten mit seinem Grün umgab. Wasser rauschte, die zerrissenen Blätter von Bananenpalmen tauchten lichtgrün aus dem Dunkel der Eukalyptusbäume auf. Feuchte Wärme entströmte dem Erdboden und ließ uns die Tropen empfinden.

Mala, ein kleines Dorf, war unser erstes Nachtziel. Wir gaben es auf, eine etwa sechzig Kilometer weiter liegende Hacienda aufzusuchen, die uns ursprünglich Quartier gewähren sollte. Unser Auto kam wieder einmal in alter Gewohnheit in den Polizeihof, während wir selbst in einem Gasthaus Unterkunft suchten. Hauptmann Galvez, besorgt, daß ich, durch die Hotels der Alten Welt verwöhnt, mit dem Quartier nicht zufrieden sei, rief mich mit dem Ausdruck ernster Bedenken in seinen peruanischen schwarzen Augen zur Besichtigung des Schlafraumes. Eine weiß getünchte Scheune, durch eine Wand geteilt, war das Schlafzimmer. Die Betten und ein Waschständer auf dem Zementboden wurden durch das flackernde Licht einer Kerze erhellt. Ein großes blaufarbenes Holztor schloß uns von der Straße ab. Lachend konnte ich meinen sorgenvollen Begleiter beruhigen und ihm sagen, daß wir es während der Hälfte unserer Fahrt bestimmt nicht so gut gehabt hätten. Ganz glaubte er mir in diesem Augenblick nicht, aber die kommenden Tage sollten ihn überzeugen, daß es weit schlechtere Quartiere gab.

Am frühen Morgen begann unser Aufbruch. Als ich das Tor unseres Zimmers öffnete, war es gerade Tag geworden. Auf der Straße herrschte noch der Frieden des frühen Morgens. Der Bäckerjunge zog mit einem Korb frischer Brötchen von Haus zu Haus. Ich nahm schnell die Gelegenheit wahr, uns für das Frühstück und den Tag zu versorgen. Ebenso willkommen war mir ein alter Mann zu Pferde, der zu beiden Seiten des Sattels zwei Kannen frisch gemolkener Milch hatte. Ein lächelndes „guten Morgen" leitete unser Gespräch ein, in dem ich ihm trotz meiner noch mangelhaften Kenntnisse des Spanischen von unserer Fahrt mit dem Automobil erzählte.

Bei Tage fiel uns noch mehr auf, daß der große Küstenstrich fern vom Meer bis an die Kette der Kordilleren eine Wüste war, nur unterbrochen durch Oasen und – seit den letzten Jahren – durch vereinzelte künstliche Bewässerungsgebiete, um die sich

Ansiedlungen gebildet hatten. Um die Mittagszeit durchfuhren wir die *Pampa Imperial*, eines der künstlich fruchtbar gemachten Wüstengebiete. In staubigem Grün erstreckten sich Felder mit Baumwollstauden vor uns. Trotz der großen Ausdehnung der Pflanzung, die der Ableitung eines Bergflusses ihr Dasein verdankte, lag ein toter Schein über der Gegend. Was würde ihr Schicksal sein, wenn das Wasser einmal versiegte? Tote Wüste, „Pampa", wie es die Peruaner nannten.

Das größte Dorf unter den Siedlungen beherbergte eine Abteilung Soldaten. Wir waren von der Regierung avisiert. Bei der Ankunft begrüßte uns ein Offizier und überreichte einen Strauß frischer Rosen, die wir am Auto befestigten. Seiner freundlichen Einladung zum Frühstück konnten wir nicht Folge leisten, da wir schon auf einer Hacienda angemeldet waren.

Zum ersten Male lernten wir die Gastfreiheit der Südamerikaner kennen. Kein Fragen „woher" und „wohin", nur die Aufforderung: „Bleib so lange Du willst!" Unser Ziel lag jedoch fest. Wir wollten am zweiten Tag in der kleinen Stadt *Chincha Alta* sein. Von dort fuhren wir nach dem am Meer gelegenen *Pisco*. Der Oberst der dortigen Militärabteilung empfing uns und gab uns über den weiteren Weg Auskunft. Die ersten Schwierigkeiten tauchten auf: eine Sandwüste, die wir durchqueren mußten, um das höher gelegene Ica zu erreichen. Die Wasserfrage wurde akut. Wir hatten von nun an mit siebzig bis hundert Kilometer Entfernungen zu rechnen, ohne Süßwasserquellen anzutreffen. Deshalb füllten wir unsere Wasserbehälter mit der wertvollen Flüssigkeit, um den Kampf mit den Durststrecken zu bestehen.

Schon hinter der Stadt verliefen die Spuren der Wagen in dem losen Sand eines trockenen Meeresstrandes. Zu unserem Glück gab es keine Unebenheiten in der Fläche, und wir konnten versuchen, mit höchster Geschwindigkeit durchzukommen. Dies ging gut, bis wir an eine Steigung mit leichter Dünenbildung kamen und unser guter Motor ermüdet die Hinterräder ins Rutschen kommen ließ und das Rennen aufgab. Stückweise schoben wir uns dann vorwärts und erreichten einen kleinen Hügel mit festerem Boden, von wo aus wir wieder mit erneutem Schwung die schleudernde Fahrt im losen Sand aufnehmen konnten. Alle

Kräfte waren nötig, um die Vorderräder in gerader Richtung zu halten, denn der lockere Boden versuchte immer wieder, uns aus der Bahn zu werfen. Verlor man die Herrschaft über die Räder, so stellten sie sich quer und wirkten bremsend; wir standen dann wie angewurzelt. Söderström und ich kamen überein, daß wir von jetzt ab durch Südamerika abwechselnd fahren würden, um unsere Kräfte zu schonen.

Nach dreistündiger Fahrt gab ich zum ersten Mal das Steuer ab, Söderström die Führung überlassend. Galvez saß währenddessen mit allem Gepäck im Fond des Wagens und wurde wie in einem steuerlosen Schiff auf hoher See hin und her geschleudert. Doch auch die Sandstrecke besserte sich in ein stark welliges Gebiet, wo wir uns auf festerem Boden zwischen kleinen Hügeln durchwanden, wegen der Unübersichtlichkeit in langsamerer Fahrt. Geringe Bodenfeuchtigkeit hatte einigen Palmen und Kakteen eine Existenzmöglichkeit geschaffen.

Bevor wir uns in den Bereich der Hügel wagten, machten wir unsere Pistolen fertig, da eine Woche zuvor drei Autos in diesem für Räuber idealen Gebiet überfallen worden waren. Ungestört gelangten wir hindurch und steuerten wieder im Sande auf Ica zu. Der zweite Gang mußte hauptsächlich die Arbeit leisten; wir waren froh, daß wir Wasser mithatten, um unseren Kühler versorgen zu können.

In dunkler Wolke zog uns ein Sandsturm entgegen. Als er uns erfaßte, verdunkelte sich der Himmel zum Grau der Gewitterwolken. Die Sonne war verschwunden. Kaum zehn Meter weit war die Spur unserer Strecke kenntlich. Eine kleine Lokalbahnstrecke diente uns jetzt als Wegweiser. Es verging lange Zeit, bis wir nach dem Kilometerzähler die Nähe von *Ica* vermuteten.

Wir überwanden zwei Höhenzüge, und bei wieder klarer gewordener Luft sichteten wir ein Auto, aus dem bei unserem Näherkommen ein Mann, eine Frau und zwei Kinder stiegen. Sie kamen uns entgegen, und voll Freude begrüßten wir in ihnen ein deutsches Ehepaar, das in Ica lebte und uns entgegengefahren war, um uns außerhalb der Stadt zu begrüßen und uns aufzufordern, die Nacht bei ihnen zu verbringen.

Landsleute im Innern Perus und eine gastliche Aufnahme!

Schöne Erinnerungen unserer Reise! Als wir zu dem Haus unseres Wirtes, Herrn Rüdiger, kamen, stand das Essen schon dampfend auf dem Tisch, und nach flüchtigem Waschen aßen wir zu Abend und tranken nach langer Zeit wieder einmal rheinischen Wein, einen echten Tropfen aus der Heimat.

Bisher hatten wir es wider alles Erwarten gut angetroffen: glattes Fortkommen und überreichliche Verpflegung bei den gastfreundlichen Bewohnern des Landes. Fast fürchteten wir den Tag, an dem sich dies ändern würde. Doch zunächst sollte unsere Sorge grundlos sein.

Von Ica aus wandten wir uns dem Tale von *Nazca* zu. Das Hotel, das wir antrafen, war abschreckend. Hauptmann Galvez, der gern für uns eine bessere Unterkunft beschafft hätte, erkundigte sich, ob in der Nähe keine Hacienda wäre. Die Auskunft ergab, daß auf unserem weiteren Weg, etwa vier Kilometer entfernt, ein Italiener eine große Weinrebenzucht und Kelterei hatte. Auf gut Glück suchten wir diesen Italiener auf, um ein Zimmer zu erbitten. Einem trockenen Flußlauf folgend, bogen wir inmitten von Dornsträuchern ab und befanden uns im Hofe einer von Gebäuden umgrenzten Hacienda. Don Antonio Fraccia, der 73jährige Besitzer, stand mit seiner Frau vor der Tür seines Hauses. Als ich das Auto anhielt, kamen beide auf uns zu. Da der Tag zur Neige ging, sagte Don Fraccia, noch ehe wir uns hatten vorstellen und die Bitte um Nachtquartier vortragen können: „Sie müssen nur einen Augenblick warten, bis Ihre Zimmer zurechtgemacht sind, aber eine Tasse Tee sollen Sie sofort bekommen, denn Sie werden durstig sein." Besser konnten wir es uns nicht wünschen. Der herzlichen Einladung folgend, blieben wir noch über Sonntag auf der Hacienda, und mit der neuen Woche gingen wir neuen Erlebnissen entgegen.

Die gastfreie Hacienda blieb im Staub hinter uns zurück und mit ihr das grüne Tal von Nazca. Wieder Wüste und Berge, durch die wir uns in Schlangenwindungen hindurcharbeiten mußten. Sandwehen lagerten in den Furchen des Weges und warfen hohe Staubwolken nach beiden Seiten, wenn wir in voller Fahrt daherkamen. Das Auto stieß und sprang wie betrunken in den ausgefurchten Spuren der sandigen Steppe.

Südlichen Kurs einschlagend, sahen wir nach vierstündiger Fahrt das Meer weit und blau vor uns liegen. Wir mußten aber zunächst halbmondförmige, berghohe Wehen gelben Flugsandes umfahren, um zum Strand zu kommen. In steter Fahrt ging es vorwärts, und selbst der tiefste Sand konnte uns nicht aufhalten. Eine schmale, mit Steinen befestigte Dorfstraße nahm uns auf. Wir gelangten zur Plaza von *Lomas*, einer kleinen Hafenstadt, und zum Haus des Don Antonio Fraccia, das er uns bei unserer Abfahrt von Nazca als Nachtquartier zur Verfügung gestellt hatte. Das Gebäude, aus festem Stein errichtet, sauber und gepflegt, stach gegen die Hütten der anderen Dorfbewohner ab. Wir beglückwünschten uns und nahmen Besitz von dem, was uns so herzlich angeboten worden war.

Nachdem wir unseren Wagen für den nächsten Tag in Ordnung gebracht hatten, unternahmen Söderström und ich einen kleinen Streifzug durch Lomas. Das Dorf war nur aus der Notwendigkeit heraus, eine Verschiffungsmöglichkeit für das Inland zu besitzen, gegründet worden. Es lag auf einer kleinen, felsigen Halbinsel. An der Wetterseite schlug das Meer rauschend gegen die Felsen, weiße Gischtzungen ausstreckend, während die Nordseite eine geschützte Bucht bildete, in der die Schiffe vor Anker gingen. Die Felseninsel war hügelig und sandbedeckt wie das Hinterland, welches sich, langsam ansteigend, bis zum Fuße der Felsenkette der Kordilleren ausbreitete.

Wir erklommen einen Hügel, um bessere Sicht zu gewinnen. Unter uns lag das ganze Dorf, welches nur von einigen Schiffsagenten und Arbeitern bewohnt war, die die notwendigen Arbeiten zur Verfrachtung der Güter verrichteten. Vom Meer aus bis zur Plaza waren braune Baumwollballen aufgestapelt, blinkende weiße Flecken zeigend, wo die Umhüllung gerissen war. Doch überall fehlte dem Auge das Grün. Nicht ein Strauch gedieh hier. Süßwasser mußte erst eine halbe Tagesreise weit auf Maultieren von einer Bergquelle geholt werden. Der Liter kostete acht Pfennig. Wie aus Ironie umspülte der Ozean mit seinen Salzfluten die durstende Niederlassung.

In der Ferne kam von Chile ein Schiff. Mit dem Fernglas sah Söderström als erster die deutsche Flagge am Heck. Ein Jubeltanz begleitete unsere Entdeckung; an diesem Abend würden wir wieder auf deutschem Boden sein, Landsleute aus der Heimat treffen! Eilig begaben wir uns ins Dorf, um mit dem Agenten zu sprechen, daß wir mit dem ersten Boot an Bord mitgenommen würden. Alles ging glatt, und als mit Sonnenuntergang der Dampfer „Poseidon" Anker warf, fuhren wir mit der Hafenpolizei zum Schiff. Eine Dämmerung gibt es in den Tropen nicht; es war Nacht, bis wir zur Schiffstreppe kamen. Dort angelten wir affenartig nach der Kette, die uns auf die Treppe helfen sollte, während die Wellen mit unserem Boot Ball spielten. Deutsche Mannschaft, Jungens in weißen Jacken, blauäugig und blond. Der erste Offizier begrüßte uns, der Kapitän mußte erst die Behörde empfangen. Die Matrosen unterhielten sich untereinander über uns, denn sie wußten nicht, daß wir sie verstanden, da sie uns wegen unserer Tropenkleidung für Peruaner hielten.

Wir bekamen Hamburger Bier und später zum Abendbrot Gulasch mit Kartoffeln. Die richtige deutsche Kost schmeckte ausgezeichnet nach allen Genüssen, die unsere Mägen in der Zwischenzeit aufgenommen hatten. Der Abend war schön. Ein Grammophon spielte deutsche Lieder und Tänze. Ich konnte es mir schließlich nicht versagen, mit dem Kapitän ein Tänzchen zu wagen. Spät am Abend kam das Boot, um uns wieder an Land zu holen. Wir winkten „Lebewohl", doch wir sahen uns wieder, freilich aus weiter Ferne, als wir am nächsten Morgen, über die Hügel kletternd, unsere Fahrt fortsetzten. Unter uns in der Bucht lag der Dampfer. Ich sprang auf das Dach unseres Wagens und gab das Flaggenzeichen zum Schiff. Man erkannte uns und antwortete mit der Sirene. Dann senkte sich dreimal die Flagge am Mast zum Gruß. Feuchten Auges ließen wir das Stück Heimat hinter uns zurück und fuhren weiter. Um Mittag erreichten wir *Yauca*, eine Hacienda, bei der wir Erkundigungen über die Weiterfahrt einzuziehen hofften. Wir waren am Ende jeden Autoverkehrs angelangt.

Chala war die nächste Etappe.

XIX.

Dreißig Mann an der Leine • Auf Leben und Tod • Kühlerdefekt • Qualen der Sandwüste • Straßenbau-Camp

Wir erhielten die betrübliche Auskunft, daß wir von nun an günstigstenfalles nur noch mit Maultierpfaden rechnen dürften. Vor uns lag ein Sandberg, den wir schon aus eigener Kraft nicht mehr überwinden konnten. Wir gingen auf den Vorschlag des Besitzers der Hacienda ein, bei ihm die Nacht zu verbringen und am nächsten Tag mit ihm die schwierigsten Stellen zu Pferd abzureiten. Der Ritt zeigte die Notwendigkeit für uns, für den Beginn und das Ende einer acht Kilometer langen Strecke Hilfe herbeizuschaffen. Außerdem kauften wir auf Anraten unseres Wirtes Kuhhäute, die uns über böse Sandlöcher helfen sollten. Da an der gleichen Stelle die Regierung mit dem Straßenbau begonnen hatte, war es uns leicht, Arbeiter zu erhalten.

Mit Sonnenaufgang standen wir vor dem Berg, dessen schräge, lose Sandrücken wir hinauf mußten. Die frühe Morgenstunde war behufs Schonung des Motors gewählt, da die Mittagshitze ihn sofort zum Kochen gebracht hätte. Der Versuch, mit eigener Kraft vorwärts zu kommen, scheiterte in den ersten Anfängen. Wir ließen daraufhin zunächst zwei Drittel der Luft aus unseren Reifen. Wir wußten aus Erfahrung, daß sich mit fast platten Reifen eine größere Reibungsfläche am Boden ergab. Ein Seil wurde an dem Wagen befestigt, und dreißig Mann begannen zu ziehen. Der Motor zog an, und mit zweimaliger Pause waren wir oben. Begleitet von zehn Mann, die um den Wagen herumhingen, und von einigen Reitern zu Pferd und auf Maultieren, legten wir dann eine kurze Strecke auf einem festen Hochplateau zurück, bis wir an die zweite schwere Stelle kamen: den Abstieg zum Meer. Wir entschieden durch „Knobeln", wer von uns beiden den Wagen steuern sollte. Das Los entschied für Söderström, während es mir zufiel, diese Fahrt auf Leben und Tod im Film festzuhalten. Als wir uns trennten, nahmen wir Abschied voneinander; nur das Schicksal kannte den Ausgang. Söderström setzte sich an das Steuer des

Standard, ich drehte die Kurbel. Langsam kippte der Wagen mit seiner Nase über den Abhang und sauste dann mit blockierten Rädern wie ein Schlitten im Sande hinunter. Mit angehaltenem Atem verfolgte ich den – man kann wirklich sagen – „Flug des Adlers". Am Fuße des Abhangs war niedriges Dünengelände. Da hinein sauste Söderström mit dem Wagen in voller Fahrt. Der erste Hügel wirkte wie ein Sprungbrett, der Wagen flog mindestens sechs Meter durch die Luft, bevor er wieder Boden fassen konnte und zum Stehen kam. Galvez, der neben mir stand, rief ein ums andere Mal: „Jetzt ist er kaputt, jetzt ist er kaputt!" Ob er damit Söderström oder den Wagen meinte, weiß ich nicht.

So schnell uns unsere Füße tragen konnten, liefen und rutschten wir den Abhang hinunter zu dem Wagen und seinem Fahrer. Söderström saß blaß und eingezwängt am Steuer, unfähig, sich selber zu befreien, denn alles Gepäck im Wagen war bei der tollen Fahrt und bei seinem Luftsprung ins Stürzen gekommen und brachte ihn in arge Bedrängnis. Stückweise mußten wir das Gepäck von ihm wegnehmen, bevor wir eine Besichtigung des Wagens Vornahmen. Zum Glück hatte weder Söderström noch der Wagen einen Schaden davongetragen. Froh knüpften wir ihn wieder an das Seil, und die Indios halfen uns bei der schweren Weiterfahrt durch die Sanddünen bis zum feuchten Strand.

Es blieb ein schmaler Zwischenraum zwischen Dünen und Meer, uneben vom Wasser ausgewaschen, um ein Flußtal zu erreichen, in dem wir wieder zur Höhe hinauf konnten. Die Küste Perus ist mit wenigen Ausnahmen Felsengebirge oder unpassierbare Düne. Durch Einsetzen der Flut überschwemmte das Meer schon nach hundert Metern unseren einzigen Ausweg. Wir fuhren durch die Wellen, die immer häufiger klatschend die Räder fingen und das Wasser über den Wagen spritzten. Schon glaubten wir, gut durchzukommen, als wir eine Sturzwelle nahen sahen, der wir nicht ausweichen konnten. Sie traf unseren Wagen auf halber Höhe, uns alle mit Wasser überspülend. Der Motor zog durch, unsere Bosch-Anlage ließ uns nicht im Stich, doch ein knackendes Geräusch ließ uns Unheil ahnen. Augenblicklich stellten wir die Maschine ab und fuhren, die Gefahr des Steckenbleibens nicht achtend, mit dem Schwung, den wir besaßen, aus dem Wasser in den Sand zur Seite. Noch heute mir unerklärlich, hatte sich beim Aufschlag der Welle ein Ventilatorflügel verbogen und war in den Kühler geschlagen. Aus einem Loch in den Lamellen lief das Wasser aus. Wir mußten reparieren. Zunächst galt es jedoch, aus unserer jetzigen Position herauszukommen, denn wenn die Flut weiter stieg, gerieten wir in Gefahr. Wir setzten vorerst den Ventilator außer Tätigkeit. Mit Hilfe der Arbeiter zogen wir den Wagen los und fuhren in kurzen Abständen bis zum Flußtal und von dort hinauf auf die Berge, wo wir wieder ein Hochplateau erreichten. Während für Söderström und mich die traurige Arbeit begann, den Kühler abzumontieren und wieder dicht zu löten, ritt ein Arbeiter zur Hacienda zurück, um neues Wasser zu holen. Unser Wasservorrat war auf einen solchen Zwischenfall nicht eingerichtet. Die nächste Möglichkeit, ihn zu ergänzen, lag vierzig Kilometer vor uns. Nach Stunden kam der Reiter zurück, gerade zur selben Zeit, da auch wir unsere Arbeit erfolgreich beendet hatten. Wir konnten weiterfahren.

Die Fahrt der nächsten Tage lief in Zickzacklinien vom Meer weg und wieder an die Küste zurück, immer den Höhen der Kordillerenausläufer folgend, denn einen Strand, auf dem wir hätten fahren können, gab es nicht. Tiefe Schluchten, die frühere Flüsse ausgegraben hatten, mußten überwunden werden. Zu den Tälern hinunter glitten und rutschten wir im losen Steingeröll. Ziehend und schiebend arbeiteten wir uns ruckweise wieder hinauf. Wie eine Fliege an der Wand klebend, kletterten wir an den Berghängen herum, während die hinteren Räder durch die Schräge der Wand nach außen rutschten und den Wagen querstellten. Ständig begleitete uns die Gefahr des Absturzes.

Nach unserer Kühlerreparatur hatten sich Don Canbagal und seine Leute wieder von uns getrennt. Tage des einsamen Kampfes folgten. In den Sandstrecken legten wir die Kuhhäute unter die Hinter- und Vorderräder, um sprungweise Boden zu gewinnen. Gelang es uns, von dieser künstlichen Unterlage aus den Wagen in Schwung zu bekommen, so war es Vereinbarung zwischen uns, daß derjenige, der am Steuer saß, solange weiterfuhr, bis er entweder festeren Boden hatte, um stehenbleiben zu können – ohne Sorge für den weiteren Start –, oder bis er steckenblieb. Die beiden anderen mußten dann die Kuhhäute auf die Schultern nehmen und manchmal vier bis fünf Kilometer hinterhertraben.

Steinwüsten boten neue Schwierigkeiten. Mit Picke und Dynamit bahnten wir uns einen Weg oder versuchten, durch große Umwege die aufgetürmten Felsmassen zu umgehen. Die Steine, scharf wie Messer, schnitten in unsere guten Reifen und ganze Stücke Gummi wurden wie mit dem Rasiermesser herausgeschält. Reifenpannen begannen, die wir auf unserer bisherigen Fahrt kaum gekannt. Kamen wir des Abends ans Ziel, mußten wir die Reifen abmontieren und mit Schrecken die Verheerungen feststellen, die Felsen und messerscharfes Geröll angerichtet hatten. wir schnitten aus unseren Kuhhäuten Stücke zurecht und benutzten sie als Einlagen für die durchgeschlagenen Decken.

Toter Sand, felsige Gebirgsstrecken vor und hinter uns, eingepreßt zwischen den Kordilleren und dem Stillen Ozean!

Unsere Nachtquartiere wurden primitiv. In *Atiquipa*, einem kleinen Bergdorf, fiel ich in der Nacht einem Heer von Flöhen zum Opfer, die mich geradezu tätowierten. Ein gleiches Schicksal hatte Galvez, während der glücklichere Söderström im Auto geschlafen hatte. Die Aufnahme bei unseren Wirten war deswegen nicht weniger herzlich gewesen.

Seit sechs Monaten war auf unserer Route von Lima nach Arequipa eine Straße in Bau begriffen. In Abständen waren die Arbeiten begonnen worden, doch einstweilen ohne jeden praktischen Nutzungswert. In *Atico* erreichten wir ein Straßenbau-Camp des Ingenieurs Tamayo. Er lud uns ein, mit ihm zu teilen, was er selbst besaß: eine Wellblechhütte und Dynamitkisten, auf denen wir unsere Bettstatt bereiteten. Wir blieben zwei Tage, um nicht am Sonntag fahren zu müssen, denn erfahrungsgemäß brachte uns das kein Glück. Andererseits war die Fahrt nach Caravelí, die uns wieder ins Gebirge führte, nicht in einem Tag zu machen, und eine Zwischenstation gab es nicht.

Mit dem Blick auf das vor uns rauschende Meer saßen Söderström, Galvez und ich beisammen und berieten die Maßnahmen für die weitere Fahrt. Aus Atico sollten Leute vorausgeschickt werden, um uns am Montag auf der Strecke zu treffen, da wir mit eigener Kraft die Höhen nicht mehr würden bezwingen können.

Wir arbeiteten unseren Schlachtplan aus, und am Sonntag gingen die Leute voraus. Wir fuhren am Montag nach.

Gleich hinter Atico mußten wir, einem trockenen Flußbett folgend, versuchen, Höhe zu gewinnen. Zwei Gebirgsketten schlossen uns ein – ein Querzug der Kordilleren, felsig und unbezwingbar. Steine, die das Wasser vom Gebirge heruntergespült hatte, versperrten den Weg. Schon zu Beginn dieses Tages unternahmen wir kleine Sprengungen und liefen meistens neben dem Wagen her und voraus, um Steine, die ihm durch ihre Größe gefährlich werden konnten, aus dem Weg zu räumen. Dennoch, trotz aller Vorsicht, setzte das Unglück bald ein. Erst knallten zwei Hinterreifen mit schweren Einschnitten durch Mantel und Schlauch weg. Die Steine der Berge waren kantig und scharf wie Rasierklingen. Wir legten Reserve auf. Doch es schien, als hätten sich alle Götter der Inkas gegen uns verschworen, denn kaum hatten wir unseren Weg wieder aufgenommen und versuchten die Überquerung einer steinigen Pampahöhe, als durch die Kraft der Räder ein Stein unter die Ölwanne geschleudert wurde. Der Schlag unter dem Wagen auf das Metall ging uns durch alle Glieder. Augenblicklich hielten wir an. Als wir uns umdrehten, sahen wir hinter dem Wagen die unheilverkündende Spur seines Herzblutes: ein großer dunkler Ölfleck! Wir sprangen aus

Ein Stein zerschlug die Ölwanne.

dem Wagen und hinunter unter den Motor! Aus einem fünf Zentimeter langen, breiten Schnitt floß das Öl. Soviel wir konnten, fingen wir in einer unserer Trinkwasserkannen auf, die wir zu diesem Zweck entleeren mußten. Guter Rat war teuer! Unter allen Umständen mußten wir versuchen, den Schaden zu reparieren. Zum Glück war es die Ölwanne, die betroffen war, und nicht – wie wir erst fürchteten – ein Gußteil des Gehäuses. Es blieb uns noch die Hoffnung, daß auf dem Eisenblech der Wanne ein Löten möglich war. Mit Wagenhebern und Steinen bauten wir unser Auto hoch, montierten die Wanne aus, machten den Lötkolben heiß und unternahmen einen Versuch, ob das Lötzinn halten würde. Als wir nicht sofort Erfolg hatten, begann die Hoffnung zu schwinden; doch im letzten Augenblick verschmolz ein Tropfen Zinn mit dem Blech. Wir probierten nach dem Erkalten mit einem Messer, das Zinn abzukratzen – es saß fest wie angegossen! Mit frischem Mut begannen wir eine langwierige Reparatur. Die schadhafte Stelle wurde vorerst in weitem Umkreis mit einem Meißel sauber abgekratzt und gereinigt. Sodann schnitten wir aus einem Benzintank kleine Blechplatten zurecht, die wir auf den Riß löteten. Nach fünf Stunden war alles wieder einmontiert. Aber wir hatten die Hoffnung durchzukommen verloren. Wir besaßen keine Ölreserven mehr, Wasser und Benzin waren nur unzureichend vorhanden.

Als die Nacht hereinbrach, standen wir inmitten von Steinen, umschlossen von Bergen, die den durchsichtigen, violetten Mantel der Kordillerenzüge um ihre Schultern trugen, über uns das Glitzern und Flimmern des südlichen Sternenhimmels. Wir beschlossen am nächsten Tag umzudrehen, um einen kleinen Küstenhafen zu erreichen. Von dort konnten wir in eintägiger Dampferfahrt, den ganzen Umweg in die Berge vermeidend, nach Camaná gelangen.

Doch das Gebirge gab uns nicht ohne Schaden frei. Kurz vor Atico mußten wir eine steile Böschung aus dem Flußbett heraus emporklettern, die wir tags zuvor hinuntergerutscht waren. Aus dem Dorfe kamen die Leute, um uns beim Hinaufziehen des Wagens behilflich zu sein. Auf halbem Wege blockierte er sich zwischen den Steinen, und nach einem metallenen Knacken versagten die Hinterräder den Dienst. Die Achswellen waren gebrochen, und erst nachdem noch zwanzig Mann vom Dorf geholt worden waren, gelang es uns, den Wagen abzuschleppen. Noch am gleichen Tag gingen wir auch an diese Reparatur.

Die Straßenbauingenieure waren auf die Nachricht hin, daß wir wieder im Dorf wären, sofort zu uns geeilt. Nun halfen sie mit, den Wagen wieder fahrbereit zu machen, denn wir sollten nachher zum Camp zurückkommen, um bei ihnen die Ankunft des kleinen Küstendampfers abzuwarten, der uns nach Camaná bringen sollte. 24 Stunden nahm die Reparaturarbeit in Anspruch. Unterdessen sorgte ich für die Verpflegung der arbeitenden Männer. Auf einer Kiste sitzend, rührte ich Pfannkuchenteig und stand zwischendurch auf, um Schrauben in Benzin zu waschen oder einzuölen oder andere Hilfe zu leisten. Gewaschen hatten wir uns seit vier Tagen nicht mehr. Unser Quartier, das gleichzeitig Werkstätte war, bestand aus einem leerstehenden Arbeitsraum, den uns die Landpolizei zugewiesen hatte.

Bereitwillig stellten mir die Bauern ihre Küchen zur Verfügung, die aus einem in der Hofecke aus Lehm errichteten Herd bestanden. In dem einen Haus kochte ich Suppe, im anderen bereitete ich den Tee, im dritten briet ich die Pfannkuchen. Meine kleinen Einkäufe besorgte ich zwischendurch selbst und erregte

Wir mußten eine steile Böschung emporklettern.

dabei immer allgemeine Aufmerksamkeit bei der Frauenwelt. Sei es in Kleinasien oder China, sei es der Journalist in den Vereinigten Staaten oder die Bäuerin im Innern Perus – immer bildeten Alter und Ehe den Kernpunkt der Fragen. Aber nett waren die Indianerfrauen Perus, bei allem Wissensdurst und aller Verständnislosigkeit für meinen ledigen Stand, und wenn ich von ihnen wegging, sagten sie: „Laß es dir gut gehen, nettes Mädchen! Vergiß uns nicht."

Mit zwei neuen Achswellen versehen, fuhren wir hinaus zum Camp. Doch diesmal lehnten wir es ab, den Ingenieur aus seiner Hütte zu vertreiben, sondern packten lieber unsere Sachen aus dem Auto und schlugen unsere Betten im Wagen auf.

Vier Tage des Wartens verstrichen bis zur Ankunft des fahrplanmäßigen Küstendampfers „Olga". Wir lebten dahin ohne Beschäftigung, aßen und schliefen nur. Die Zeit versuchten wir uns durch Fischen mit Dynamit zu vertreiben, was leider mehr imposant aussah, als erfolgreich war. Wohl schlug das Wasser bei der Explosion in gerader Säule empor, doch nur wenige Fische schwammen an der Oberfläche und wurden von einem Mann schwimmend geborgen. Dynamit war überhaupt ein Punkt, um den sich unser Leben drehte. Stühle und provisorisch hergestellte Betten bestanden aus gefüllten Kisten dieses gefährlichen Explosivstoffes. Weil Holz überhaupt nicht vorhanden war, mit Ausnahme einiger importierter Planken und Balken, mußten die Dynamitkisten, noch ehe sie entleert waren, zu allen möglichen Zwecken dienen.

Am Tage, da der Dampfer ankommen sollte, fuhren wir zu dem vier Kilometer entfernten kleinen Küstenhafen und verbrachten zunächst die Zeit des Wartens mit pessimistischen Feststellungen über die Verlademöglichkeiten vom Land in einen Leichter. Ein primitiver Landungskai mit einer zerbrochenen Handwinde war alles, was wir vorfanden. Diese Einrichtung befand sich in einer kleinen felsigen Bucht, die aber ihren Auslauf zu einem drei Meter breiten Sandstrand besaß. Die ersten Versuche, den Leichter nahe genug an den Kai heranzubekommen, scheiterten. Auf unseren Vorschlag, den Leichter mit der Flut an Land zu bringen, damit wir bei Ebbe die Verladung vornehmen könnten, wollten die Eigentümer des Bootes nicht eingehen. Schließlich wurde der Entschluß gefaßt, erst den Kapitän des Dampfers abzuwarten, bevor Verladungsmaßnahmen getroffen würden. So saßen wir den ganzen Tag. Als die Aussicht auf Fortkommen mit dem Tageslicht schwand, gingen wir zur Abendmahlzeit nach dem Camp zurück, unseren Wagen an der Küste zurücklassend.

Die Nacht war von phantastischer Schönheit. Der Vollmond beleuchtete silberhell die Felsenlandschaft und warf unsere schwarzen Schatten auf die grauschimmernden Steine. Das Meer lag tiefblau in der Bucht vor den Wellblechhütten der Ansiedlungen. Der Wind hob und senkte die Wogen, die am Strande sich brechend die Steine schäumend überfluteten und dann sprühend mit weißer Schleppe wieder zurückfielen. Wenn wir jetzt hier statt auf Dynamit auf der Terrasse eines großen Hotels sitzen würden und nicht im schmutzigen Arbeitsanzug, sondern in Smoking und Gesellschaftskleid an gedeckter Tafel, dann würden wir sagen: „Wie schön ist doch das Meer und der Mond!" und „Kellner, eine Flasche Heidsieck Monopole!" So aber betrachteten wir unsere schwarzgeränderten Nägel und spuckten in den Sand. Galvez wurde melancholisch, der Ingenieur dachte an seine Braut, die er in fünf Monaten heiraten würde, und Söderström sang schwedische Lieder. Dann kamen störend die Suppe und eine Petroleumlampe. Nach dem Essen gingen Söderström und ich wieder zum Hafen und zu unserem Wagen zurück. Wir warteten von Sonnenaufgang bis -untergang, aber kein Dampfer kam. Auch die Lust, ins Camp zurückzuspazieren, war uns vergangen. Die Stunden schlichen dahin, nur durch die Mahlzeiten unterbrochen, für die wir uns recht und schlecht Fische mit Dynamit aus der See holten und mit dem wenigen Wasser zubereiteten, welches uns in einem Holzfaß aus dem Camp geschickt worden war.

Hauptmann Galvez hatte sich von uns getrennt, um die Nachrichten über den Dampfer in Atico abzuwarten.

XX.

Aus Carl-Axel Söderströms Tagebuch

31. Juli 1928
Um 13 Uhr traf uns die Hiobsbotschaft. Ein Mann, der mit Trinkwasser, Holz und Zucker aus Atico kam, brachte uns die schlechte Nachricht, daß der Dampfer in der vergangenen Nacht vorbeigefahren war, ohne im sogenannten Hafen anzulegen. Der nächste gehe erst in drei Wochen, und es sei zweifelhaft, ob der Dampfer dann anlege. Was sollen wir machen?! Nach kurzer Beratung beschlossen wir, nochmals den Versuch zu wagen, die Kordilleren mit dem Wagen zu bezwingen. Wir packten unsere Sachen zusammen und zogen nach dem Camp des Ingenieurs Tamayo zurück, von dem wir uns für die Weiterfahrt vier Kisten Benzin zu je sechzig Liter, zehn Liter Öl, fünfzig Kilogramm Dynamit und reichlichen Vorrat an Zündschnur und Explosionspatronen ausliehen. Mit dieser vervollständigten Ausrüstung fuhren wir nach Atico.

Dort hatten wir das große Glück, einen Amerikaner zu treffen, der schon acht Jahre im Land lebte. Er wußte genau, wie man die lokale Bevölkerung behandeln muß, um etwas bei ihr zu erreichen. Zwei Priester waren auf der Durchreise in der kleinen Niederlassung und veranstalteten an diesem Tag ein Kirchenfest. An sie wandte sich mit Erfolg unser neuer Freund. Nach der Prozession hielten sie eine Rede an die Bauern und ermahnten sie, daß es Christenpflicht sei, uns den halben Weg bis Caravelí zu helfen. 22 Mann wurden ausgewählt und unter das Kommando von Don Calixto Velarde gestellt. Dazu kamen sieben Esel für unser Gepäck, für Wasser und Proviant, da wir jede unnötige Belastung des Autos vermeiden wollten. Am selben Abend ritt Galvez nach Caravelí, um dort die Mannschaft auszusuchen, die uns entgegenkommen sollte.

1. August
Maschine gereinigt, Proviant gekauft und alle Vorbereitungen für den nächsten Tag getroffen.

2. August
Der Start war auf sechs Uhr festgesetzt. Um diese Zeit hatte sich schon das ganze Dorf mit Kindern und Tieren um uns versammelt, aber es dauerte noch eine Stunde, bis die Männer, die uns begleiten sollten, marschbereit waren. Um 7:10 Uhr setzte sich die Karawane in Bewegung: 1 Wegführer, 2 Polizisten zur Bewachung, 22 Mann, 2 Reitpferde, 2 Reitmaultiere, 11 Reitesel, 7 Packesel. Wie eine kleine Armee auf dem Kriegspfad zogen wir aus dem Dorf, begleitet von Frauen und Kindern, die uns die besten Wünsche mit auf den Weg gaben.

Die ersten zwanzig Kilometer bis zu dem Platz, an dem wir das ersten Mal umgekehrt waren, überwanden wir langsam und ohne zu große Schwierigkeiten. Wir trafen dort um zwölf Uhr ein und machten eine halbstündige Mittagspause, ohne zu essen. Von da ab mußten wir die Strecke stückweise für das Durchkommen des Wagens vorbereiten. Wir folgten einem ausgetrockneten Flußbett. Alle liefen dem Wagen voraus und räumten die großen Steine aus dem Weg. Zweimal mußten wir, als ihre Kräfte versagten, Dynamit zu Hilfe nehmen, mehrere Male Steine unter die Räder des Wagens bauen, um ihn zu stützen und vor dem Umstürzen zu bewahren. Kreuz und quer ging die Fahrt durch das Flußtal, bis die Dunkelheit einbrach. Wir hatten dreißig Kilometer zurückgelegt, als wir das Nachtlager aufschlugen. Die Gepäck- und Proviantkolonne traf erst mehrere Stunden nach uns ein.

Wir hatten einen guten Tag gehabt: Nur zwei Reifendefekte und zwei zerbrochene Fensterscheiben.

Unser Abendbrot bestand aus getrocknetem Schaffleisch, Brot und Tee – Tee literweise!

3. August
Morgens 5:15 Uhr weckte ich die Langschläfer mit einem donnernden Dynamitschuß. Minuten später brannten überall die Lagerfeuer, über denen jede Gruppe ihren Tee kochte. Während Clärenore unser Frühstück bereitete, sorgte ich für Motor und Bagage.

6:55 Uhr schleppten wir uns weiter in dem endlosen Steintal. Die Arbeitswilligkeit unserer Leute war um 90 Prozent gesunken, und es war sehr schwer, sie bei der Arbeit zu halten.

Um Viertel nach acht war die Revolution in vollem Gange, und trotz der Polizisten konnten wir die Leute nicht weitertreiben. Sie luden das Gepäck von den Eseln und kehrten mit allen Tieren um. Im letzten Augenblick entdeckten wir, daß sie einen Kanister Wasser, das letzte, das wir hatten, mit sich nehmen wollten. Das verhüteten wir, Gott sei Dank. Der einzige, der uns nicht verließ, war unser Führer, der gute Don Calixto.

Statt auf diesem Platz liegenzubleiben und auf Hilfe von Caravelí zu warten, wollten wir lieber unser Gepäck wieder in den Adlerwagen packen und auf eigene Faust die Fahrt fortsetzen. Meterweise schleppten wir uns vorwärts unter den wahnsinnigsten Anstrengungen. Die Sonne brannte auf uns aus klarem Himmel. Immer häufiger mußten wir anhalten, um den kochenden Motor abkühlen zu lassen. Bei einem schmalen Übergang rutschte der Wagen trotz der Bremsen einen sechs Meter tiefen Abhang hinunter. Als er unten ankam, stand er nur auf zwei Rädern und schwankte hin und her. Zum Glück kippte er nicht um, und ich konnte zum Fenster hinausklettern. Erst nach einstündiger Arbeit stand er wieder auf seinen vier Rädern.

Zur Mittagszeit machten wir eine kleine Pause und teilten mit Don Calixto unser letztes Wasser.

Wir teilten mit Don Calixto unser letztes Wasser.

Von Hauptmann Galvez und seinen Leuten sahen und hörten wir nichts. Wegen der vielen Schluchten, die uns umgaben, fürchteten wir, daß wir aneinander vorbeigegangen waren. Deshalb gaben wir drei Alarmschüsse mit Dynamit ab, um die anderen auf uns aufmerksam zu machen. Eine Stunde später galoppierten uns die ersten Helfer entgegen. Sie waren sehr weit abseits gewesen, aber auf unsere Signalschüsse hin quer über die Berge zu uns geeilt. Sofort stürzten wir uns auf eine Wasserflasche, die ein Reiter am Sattel trug, um den ersten, brennenden Durst zu löschen. Bald kam auch Galvez mit dem Rest der Hilfstruppe. Wir konnten das Gepäck wieder aus dem Wagen nehmen und auf neu eingetroffene Esel laden. Auch unser Motor erhielt wieder genügend Wasser.

Ein steiler Berg lag vor uns, den wir zu überwinden hatten. Ein Maultierpfad war der einzige Weg, der in Frage kam. Wir befestigten unsere Zugleine am Wagen, und mit vierzig Mann und voller Motorkraft zogen wir ihn in Metersprüngen bergauf zum Gipfel. Die letzte halbe Stunde arbeiteten wir im Dunkeln, und ich verstehe auch heute noch nicht, daß wir vor einem Sturz in den Abgrund bewahrt blieben, denn ein Bremsschlauch war gerissen, und nur mit der schon verbrannten Handbremse war der Wagen nicht zu halten. Clärenore und zwei Mann krochen hinter dem Auto her und achteten nur darauf, bei Bedarf rechtzeitig die Hinterräder mit Steinen zu blockieren. Auf der Höhe angelangt, montierten wir einen Bremsschlauch ein.

Die Talfahrt nach *Caravelí* war kitzlig, gelang aber gut. Nach acht oder neun Kilometern mußten wir stehenbleiben, um den Pfad wiederzufinden. Da hörte ich in der Ferne Kirchenglocken läuten – nun würde unser Leid bald ein Ende haben! Ich folgte dem Klang der Glocken, und wenige Minuten später schon vernahm ich die ersten Jubelrufe der Bauern, die mir aus dem Dorf entgegenliefen. Durch das Spalier der Menge fuhr ich zum Kirchplatz, wo die Dorfbehörden mich empfingen. Kurz darauf kam Clärenore an der Spitze der Reiter im Galopp angesprengt. Sie war den ganzen Weg geritten, um den Wagen so viel wie möglich zu entlasten. Unter Kirchengeläut, Hurrarufen und Händeklatschen folgte uns die Bevölkerung zum Theater, wo der Wagen im Parkett eingestellt wurde. Beim Gouverneur erhielten wir ein schönes Abendessen.

Nun geht es sofort ins Bett.

Tagesleistung 39 Kilometer.

4. August

Wagen nachgesehen und Reifen repariert; einer der Mäntel hatte nicht weniger als acht große Löcher vom Steinschlag, die wir mit Lederlappen flicken mußten. Wir schnitten sie aus hartgetrockneter, roher Kuhhaut.

In den beiden letzten Tagen haben wir den Wagen auf eine Höhe von 4800 Fuß* hoch geschleppt. Gut gemacht! … Aber heute spüren wir es am ganzen Körper. Unsere Finger sind von der Hantierung mit den Steinen wund geschnitten.

5. August

Ruhetag. Wir haben uns entschlossen, bis zum 9. August mit dem Start zu warten, dann können wir nämlich Don Calixto als Führer wieder mitbekommen. Außerdem müssen wir von Atico einen vierfachen Schiffsflaschenzug mit einer siebzig Meter langen Leine holen lassen, um die vor uns liegenden Berge zu überwinden.

6. August

Um zehn Uhr zu Pferd auf Erkundung des besten Weges über das Gebirge. Es sah aus, als wenn ein Durchkommen unmöglich wäre. Wenn wir auf einer Höhe standen, lag unser Weg in unüberwindlich scheinenden Höhenzügen und Tälern vor uns. Am Horizont sahen wir schneebedeckte Vulkane. Wir schlugen unser Nachtlager mitten in der *Quebrada Seca* auf. Unsere Bettstatt, der Boden, war harter felsiger Stein. Erbärmliche Kälte setzte mit den frühen Morgenstunden ein.

* *4800 Fuß* – rund 1600 m; 1 Fuß entspricht rund 30 cm.

7. August
Um 13 Uhr wieder in Caravelf. Weil wir auf unserem Erkundungsritt bemerkt hatten, daß sich in jeder stärkeren Steigung Flugsand in einer dicken Schicht angesammelt hatte, wollten wir dem Wagen bei der Bergfahrt eine festere Unterlage geben und bestellten sechs Holzmatten, je vier Meter lang und zwei Meter breit, die aus zusammengebundenem Knüppelholz hergestellt werden sollten.

80 Kilometer geritten.

8. August
Match des Fußballklubs von Caravelí uns zu Ehren. Ich selbst war Schiedsrichter. Clärenore und ich wurden nach dem Kampf zu Ehrenmitgliedern des Klubs „Atletico Palazio“ ernannt.

Unterkunft und Verpflegung in Caravelí waren nicht leicht einzurichten gewesen. Clärenore hatte ein Zimmer im Lehmhaus des Gouverneurs erhalten. Hauptmann Galvez und ich teilen uns einen kleinen Raum, den uns der Dorfpriester zur Verfügung gestellt hat. In unserem Zimmer befinden sich nur ein Tisch und zwei eiserne Feldbetten. An den Wänden hängen bunte Drucke der europäischen Königshäuser, Familienbilder und Porträts: Unser König Gustav von Schweden mit Königin Victoria, im Krönungsgewand; Kaiser Wilhelm und Kaiserin Auguste Victoria mit dem ungefähr achtjährigen Kronprinzen; König Georg von England allein in seinem Krönungsmantel. Die Bewohner kannten die Persönlichkeiten alle mit Namen und fragten mich: „Wie geht es deinem König? Bitte, grüße ihn von uns, wenn du nach Hause kommst!“ Denselben Auftrag erhielt Clärenore an Kaiser Wilhelm. An dem einsamen Bergdorf in den Kordilleren sind die Geschehnisse der großen Welt unbeachtet vorübergegangen.

9. August
Der Start war auf sechs Uhr früh festgesetzt, aber um diese Zeit war noch nicht ein einziger Mann zur Stelle. Um die Sache in Schwung zu bringen, fuhren Don Calixto und ich um 7:30 Uhr von Caravelí mit dem Auto los. Clärenore und Hauptmann Galvez sollten mit dem Gepäck und der Hilfsmannschaft so schnell

wie möglich nachkommen. Die ersten zehn Kilometer waren feste Pampa, aber dann mußten wir einem Flußbett folgen, das bald mit Steinen gefüllt war, bald aus losem Sand bestand. 45 Mann sollten uns bis auf halben Weg nach Ocoña helfen, aber von ihnen war nichts zu sehen. Erst um zwei Uhr nachmittags kam Clärenore mit fünf Mann, und nach einer Stunde trafen noch weitere acht Mann ein.

Langsam geht die Fahrt vorwärts. Wir müssen wieder häufiger Dynamit zu Hilfe nehmen. Unser Lager schlagen wir zwei Kilometer südlich von *Gramadal* auf.

Dreißig schwere Kilometer Tagesleistung!

Wir liegen an einem kleinen Wasserloch, das von einem unterirdischen Bach gespeist wird. Die Proviantkolonne ist noch nicht eingetroffen. Zum Glück haben wir aber Tee und Zucker in unserem Wagen. Hungrig gehen wir schlafen.

10. August

Früh am Morgen traf Hauptmann Galvez mit Proviant und neuen Hilfstruppen ein. Wir bereiteten eilig ein Frühstück aus kaltem Fleisch, Brot und Tee.

Start 7:40 Uhr.

Das gleiche Elend wie gestern. Über Sand und Steine schleppten wir uns bis zur Quebrada Seca. Am Eingang der Schlucht war ein Steilhang zu überwinden; wir zogen den Wagen mit dem Flaschenzug hoch.

Um 10:15 Uhr spannten wir zwei Stiere vor den Wagen, mit voller Motorkraft und mit allen Leuten in der Leine zogen wir unseren Wagen das steile Tal bergauf.

Um 17 Uhr kamen wir an die erste der beiden schwersten Steigungen; sie war zwischen fünfzig und sechzig Meter lang und etwa 45° steil. Steinmassen umgaben uns. Mit letzter Kraft überwanden wir den Berg. Todmüde warf sich jeder auf den Boden, um Schlaf zu finden. Zu essen gab es heute nichts. Unsere Truppe besteht jetzt aus Don Calixto Velarde, zwei Polizisten, 21 Mann, vier Eseltreibern, 25 Pferden, vier Eseln für Gepäck, vier Eseln für Wasser, zwei Zugtieren und uns dreien: Clärenore, Galvez und mir. Tagesleistung sechs Kilometer.

Wir spannten zwei Stiere vor den Wagen.

Nur die Packesel sind mit dem Gepäck auf die letzte Höhe heraufgekommen, die anderen Tiere beim kleinen Wasserloch geblieben. Die Wasserversorgung hat heute nicht funktioniert. Nur ein Transport traf heute mittag ein; das Wasser wurde sogleich ausgetrunken. Die für den Abend vorgesehene Versorgung mit Wasser und Proviant ist ausgefallen.

11. August
Wegen der eisigen Kälte haben wir über Nacht nicht geschlafen. Frühstück können wir nicht bereiten, da noch kein Proviant und kein Wasser eingetroffen sind. Eine Flasche mit starkem Schnaps haben wir zum Glück noch im Wagen. Jeder kann einen Schluck bekommen.

Start 6:15 Uhr. Über einige kleine Hügel kamen wir an die letzte und schwerste Steigung. Sie war etwa hundert Meter lang und bildete eine Steigung von 60°! Boden: tiefer, loser Sand. Wir mußten den Flaschenzug wieder anwenden und die Holzmatten unterlegen. Trotzdem gelang es den Arbeitern nicht, den Wagen zu bewegen, wenn die Maschine nicht mithalf.

Weil der in Caravelí eingekaufte Proviant auf dem Transport gestohlen worden war, sahen wir uns auf unsere „eiserne Ration" angewiesen, die wir nie aus dem Wagen genommen hatten. Sie bestand aus: einem Pfund Reis, fünf Pfund Erbsen, zehn Pfund getrocknetem Schaffleisch, zehn Pfund Kartoffeln. Was war das für all die Menschen! Die Leute legten die Arbeit nieder und wollten umkehren. In unserer Not beschlossen wir, alles zu opfern, was wir besaßen, um die Leute wieder willig zu machen und den schlimmsten Hunger zu stillen. Clärenore bereitete die Suppe, eine zeitraubende Arbeit, da ihr nur unsere kleine Küche zur Verfügung stand, in der sie immer nur für fünf Personen Essen herrichten konnte. Trotz der Würmer in den alten Erbsen, die in der Suppe schwammen, hat mir nie ein Gericht so gut geschmeckt wie dieses.

Ungefähr auf halber Höhe ging einer von unseren Flaschenzügen entzwei; zum Glück hielt die Leine so lange, bis Clärenore mit einigen Arbeitern hinzuspringen und die Räder blockieren konnte. Mit einfachem Flaschenzug mußten wir uns nun

Clärenore übernahm die Zubereitung der Suppe.

den Weg zum Gipfel erkämpfen und erreichten ihn am späten Nachmittag.

Nach den Aussagen aller Einheimischen war von hier aus der Weg nach Ocona ohne Schwierigkeiten zu bewältigen, eine glatte Talfahrt von vier Stunden. Wenn wir gleich starten würden, müßten wir noch am selben Abend am Ziel ankommen. Wir verabschiedeten uns von den Leuten, luden unsere Sachen wieder in den Adlerwagen, nahmen den letzten Rest unseres Wasservorrats in einem leeren Benzinkanister mit und fuhren zu dritt weiter.

Die Auskunft war falsch! Nach zwei Kilometern war das Tal durch einen großen Stein versperrt. Wir mußten ihn sprengen, kamen hindurch, jedoch nur, um nach wenigen hundert Metern wieder in einer engen Schlucht steckenzubleiben. Diesmal versuchten wir es mit Gewalt und preßten den Wagen in voller Fahrt zwischen den engen Bergwänden durch, unter Verlust zweier Kotflügel und eines Trittbrettes. Bald fuhren wir uns zum dritten Mal fest. Es ist nun so dunkel, daß wir nichts mehr unternehmen können. Ich schreibe im Licht des Scheinwerfers. Wir sind hungrig und haben nichts zu essen. Wir trinken das Wasser aus dem Benzinkanister. Entweder sind wir falsch gefahren oder die Auskunft über den Weg war erlogen. Was wird nun werden?

Tagesleistung vier Kilometer.

12. August

Mit unserem letzten Wasser füllten wir den Kühler auf, von dem Rest kochten wir starken Tee.

Wir machten eine Stelle ausfindig, um den Wagen auf eine höher gelegene Pampa zu ziehen, und schleppten zu diesem Zweck den entleerten Wagen dreihundert Meter zurück. Mit unserem Handflaschenzug wanden wir den Wagen langsam hoch. Tränen der Verzweiflung liefen uns über die Wangen. Unzählige Male mußten wir das Hinterteil des Wagens mit Steinen hochbauen, um die Steigung zu vermindern. Jedesmal schafften wir höchstens zwei Meter.

Der Durst quälte uns bis zur Unerträglichkeit, und schließlich fingen wir an, das Wasser aus dem Kühler zu trinken.

Tagesleistung 150 Meter! – Es sieht traurig aus.

13. August

Zwischen sieben und acht Uhr morgens schufteten wir wie die Irrsinnigen, um alles Gepäck wieder zum Wagen zu tragen, der jetzt glücklich oben auf der Pampa stand. Zu Beginn der Fahrt ging es ganz gut, aber nach zwei Kilometern trafen wir wieder auf losen Sand und schwere Steigungen. Nochmals packten wir alles Gepäck aus, schleppten und zogen uns weitere tausend Meter vorwärts.

Um elf Uhr gaben wir es auf. Der Motor lief fast ohne Wasser, und unsere Kräfte waren am Ende. Die Hilfe von Ocona war nicht gekommen, ohne Wasser und Essen war unsere Lage hoffnungslos. Wir schwankten wie Betrunkene nach der kleinsten Anstrengung. Wir beschlossen, daß Galvez versuchen sollte, nach Ocona zu gehen, um Hilfe zu holen, und wir beide wollten uns nach Gramadal zur Wasserstelle zurückschleppen. Wir füllten ihm den letzten Rest des Kühlwassers in die Hälfte eines Continentalschlauches, den er sich über die Schulter hängte.

Um elf Uhr verließ uns Galvez, und wir glaubten nicht, daß wir uns je wiedersehen würden. Unter Aufbietung aller Kräfte mußten wir unser Gepäck erst wieder zum Wagen tragen. Die Sonne brannte. Die Zunge klebte am Gaumen. Wir verschlossen unseren Adlerwagen, und um 13:45 Uhr verließen wir ihn. Nur Pässe und Geld nahmen wir mit. Es war uns furchtbar, den Wagen aufzugeben und ihn seinem Schicksal in der Bergwüste zu überlassen, aber wir durften nicht länger zögern, solange noch die Hoffnung bestand, rechtzeitig Wasser zu erreichen.

Wir begannen unseren Fußmarsch. Clärenore fing an schwach zu werden. Wir mußten eine Pause einlegen und versuchten, uns gegenseitig Mut zuzureden, aber es war nichts als ein Versuch. Dann schwanden auch mir die Kräfte. Wir weinten wie die Kinder. Unsere Schuhe waren von Steinen zerschnitten, jeder Schritt brannte wie Feuer. Streckenweise krochen wir auf allen vieren. Schaum trat uns vor den Mund, überall glaubten wir Wasser zu sehen – eine Täuschung unserer entzündeten Augen. Wir wußten nicht, ob wir noch auf dem richtigen Weg waren. Dann ging die Sonne unter, und die nächtliche Kühle gab uns Erfrischung. Wir versuchten es noch einmal. Um 19 Uhr stießen wir auf Wasser. Wir stürzten uns mit Händen und Gesicht hinein. Mit neuer Kraft erreichten wir zwei Stunden später Gramadal, fanden aber nichts zu essen! Weiter zu gehen vermochten wir nicht, und so legten wir uns auf Steinen unter freiem Himmel zum Schlafen.

14. August
Wir konnten vor Kälte nicht schlafen. Zitternd preßten wir uns aneinander, um Wärme zu finden. Vor Sonnenaufgang hielten wir es schon nicht mehr aus und gingen weiter. Später fanden wir einen alten Esel, den wir einfingen, weil wir glaubten, daß er wenigstens Clärenore tragen könnte. Leider mußten wir schon nach kurzer Zeit einsehen, daß das arme Tier aus Altersschwäche nicht mehr dazu in der Lage war. Um 11:30 Uhr erreichten wir eine Hacienda, wo wir seit vier Tagen die erste Nahrung erhielten, aber ich konnte nichts mehr vertragen. Ich wand mich vor Magenschmerzen und konnte die Nahrung nicht bei mir halten. Die Füße waren rohes Fleisch, an ihnen hingen die Strümpfe als blutdurchtränkte Lappen.

Wir waren ungefähr 50 Kilometer weit gelaufen.

So weit aus Söderströms Tagebuch.

XXI.

Kokatee • Hilfe aus Ocoña • Von der Flut ereilt • Schwarze Katzen • Unheil • Halt in Puno

Das wichtigste war, daß wir sofort Pferde bekamen, um nach Caravelí zu reiten und für Galvez Sorge zu tragen. Aber weder hier noch in Gramadal fanden wir Hilfe, alles war zum Jahrmarkt in die Berge gegangen. Mit Mühe gelang es mir, eine Schimmelstute zu erhalten, die von ihrem Saugfohlen begleitet wurde. Söderström und ich trennten uns. Er wollte auf der Hacienda warten, bis ich ihm ein Pferd von Caravelí schicken würde. Ich ritt voraus, um mit meinen Kenntnissen der spanischen Sprache für die Rettung von Hauptmann Galvez alle Hebel in Bewegung zu setzen.

Eine Stunde später befand ich mich am Ausgangspunkt unserer denkwürdigen sechs Tage. Telegramme wurden abgesandt und Hilfsaktionen besprochen. Leider bereitete die Pferdebeschaffung auch hier große Schwierigkeiten, und ehe es mir gelang, eines Tieres habhaft zu werden, kam Söderström zu Fuß an. Sein Zustand war schlecht; er hatte hohes Fieber, der Magen war vollkommen in Unordnung geraten, er mußte sofort zu Bett.

Währenddessen traf vom Gouverneur von Ocona telegraphisch Antwort ein, daß Galvez ebenfalls angekommen war. Somit wären wir der schlimmsten Sorgen enthoben gewesen, wenn nicht Söderströms Zustand sich stündlich verschlechtert hätte. Er begann zu phantasieren, das Fieber stieg auf 41°, und ich wagte nicht mehr, von seiner Seite zu weichen. Durch Vermittlung des Gouverneurs von Caravelí, der vor der Tür des Krankenzimmers meine Entschließungen entgegennahm, wurden neue Vorbereitungen zwischen Hauptmann Galvez und mir telegraphisch vereinbart. Aus Ocona sollten uns zwanzig Mann am übernächsten Tag zur Hilfe entgegenreiten; der nächste Tag war mit Rücksicht auf Söderstrom Ruhetag.

Die Nacht wachte ich neben Söderström, den das Fieber schüttelte. Trotz dicker Decken klapperte er vor Frost. Mit Lappen wischte ich ihm den kalten Schweiß von der Stirn. Er konnte nichts vertragen. Der kleinste Schluck Tee verursachte Erbrechen. In den Lehmwänden des Priesterhauses, in dem wir Unterkunft gefunden hatten, knisterte es, als ob Ratten über den Boden liefen, aber es waren Erdstöße, denn die Hunde heulten im Dorf.

Der Morgen graute, es war keine Besserung eingetreten. Da versuchte ich ein altes Indianermittel. Ich kochte Tee aus Kokablättern. Es wirkte Wunder: Nach einer halben Stunde, freilich noch sehr schwach, verspürte Söderström Hunger, und am Nachmittag verzehrte er ein gebratenes Hähnchen.

Daß es Hauptmann Galvez ähnlich ergangen war, erfuhr ich erst beim Zusammentreffen mit den Leuten aus Ocona, als diese mir einen Zettel von Galvez übergaben, auf dem er mitteilte, daß er zu krank wäre, um mitzukommen.

Unser Programm für den nächsten Tag konnten wir aufrechterhalten. Wir hatten zwei Pferde bekommen und einen Mann, der die Tiere wieder zurückbringen sollte. Freilich sah man Söderström die hinter ihm liegenden Leiden an, als er, alle Kraft zusammenraffend, die neuen Anstrengungen auf sich nahm.

Spätabends trafen wir beim Wagen ein und begaben uns sogleich zur Ruhe. Um die Mittagszeit des folgenden Tages trafen

Man sah Söderström die hinter ihm liegenden Leiden an.

die Leute von Ocona ein: Zwanzig Mann zu Pferd mit Pack- und Wassereseln. Aus frischen Proviantvorräten gab es für alle Suppe, bevor wir die Arbeit wieder aufnahmen.

In den Schluchten wurde der Wagen wieder ins Schlepptau genommen. Wir hätten den Weg unmöglich allein machen können, drei steile Schluchten und ein Berg erforderten alle vorhandenen Kräfte. Ein Tag, eine Nacht und noch ein Tag verstrichen, bis wir schließlich an den letzten gefahrvollen, aber endgültigen Abstieg kamen. 6 000 Fuß unter uns lag *Ocoña* im grünen Tal eines wasserreichen Flusses. Wir erreichten es nach überaus mühevollem und gefährlichem Hinabklettern über die Randfelsen, und Hauptmann Galvez, der inzwischen wiederhergestellt war, begrüßte uns wie verloren geglaubte Freunde. Wir wurden als Gäste im Hause des Ingenieurs Don Carpio aufgenommen.

Jetzt waren wir in den gesegneten Tälern der Apfelsinenzucht und genossen die gelbe Frucht, die pro Stück einen Pfennig kostete, in ungezählter Quantität. Das Nonplusultra an Menge und Qualität sollten wir in Camaná treffen. Hier besuchten wir die ausgedehnten Gärten, in denen die fruchtbeladenen Bäume zwischen der blühenden Baumwolle standen. Man rechnete mit einem

Sie bauten einen Weg für den Wagen.

Durchschnittsertrag von 8000 Apfelsinen pro Baum und Jahr, aber mitunter ergab ein einziger Stamm bis zu 12000 Früchte.

In Ocoña trennten uns nur noch sechzig Kilometer von Camaná und der Arbeitsstätte Don Carpios, dem auch die dortigen Arbeiten an der von der Regierung begonnen Chaussee unterstanden. Don Carpio versprach uns seine Hilfe für das einzige Hindernis, das uns noch bevorstand: ein Sandberg. Er begleitete uns von Ocoña, unterwegs schlossen sich seine Arbeiter an und halfen uns in kurzer Zeit über die Schwierigkeiten hinweg. Mehrmals bauten sie direkt einen Weg für den Wagen, wenn abgebrochene Sandbänke unser Fortkommen verhinderten, bis wir schließlich in flotter Fahrt einer Pampa folgen konnten, die sich zum Meer hinunterneigte. Carpio blieb mit sechs Mann bei uns.

Wir hatten einige Kilometer am Strand zu fahren, dann würden wir auf ein anderes Wegebaukommando stoßen, von dem aus ein Fahrweg bis Camaná führen sollte. Die Zeit für die Strandfahrt war sehr ungünstig, weil die Flut schon eingetreten war. Die Ebbe abzuwarten, hätte uns acht Stunden gekostet. So fuhren wir los. Es ging auch alles gut; obwohl wir häufig von der Flut bis über die Räder ergriffen wurden, kam der Motor nicht zum Stehen, und in unaufhaltsamer Fahrt erreichten wir das Camp. Don Carpio bat uns zu halten, doch dieser kurze Augenblick genügte, um die Hinterräder im nassen Sand einsinken zu lassen. Als die Flut uns eine Welle entgegenwarf und wir anfahren wollten, kamen wir nicht mehr los. Klatschend ergriff das Wasser den Wagen: Wir saßen fest. Unser Versuch, ihn mit Stricken freizubekommen, endete kläglich in neuen Wellen, die über uns herfielen. Immer noch lief der Motor, wenn auch für Augenblicke unregelmäßig, sobald Wasser hineinschlug. Während Söderström begann, alles Gepäck vom Wagen auf den Sand zu schmeißen, lief ich, so schnell mich meine Füße trugen, zu den nahen Zelten, laut rufend, damit die Leute im Camp auf unsere Notlage aufmerksam würden. Es dauerte auch nicht lange, bis die ersten meiner ansichtig wurden und mir entgegenliefen. Als ich wieder beim Wagen eintraf, sah ich gerade, wie Söderström Hauptmann Galvez einen unserer Kleiderkoffer zureichte, aus dem das Wasser in Strömen floß. Bis an die Knie mußten wir im Wasser arbeiten. Unsere Lage bei der steigenden Flut wurde von Minute zu Minute gefährlicher.

Aus einem alten Baumstamm machten wir uns einen Hebearm, und mit allen zu Hilfe geeilten Leuten und mit vereinten Kräften gelang es, den Hinterteil des Wagen hochzuheben und Kuhhäute unter die Räder zu legen. Der Motor hatte bis dahin treu ausgehalten, aber gerade als eine neue Welle über den ganzen Wagen schlug, blieb er stehen. Kein Ankurbeln half. Da versuchten wir das letzte, was uns einfiel, und gossen Benzin in den Verteiler, in der Hoffnung, daß dort die Störung läge. Mit vor Anstrengung dunkelrotem Gesicht und verzweifelten Augen drehte Söderström die Handkurbel. Ich wagte nicht mehr zu atmen. Da sprang unser Motor noch einmal an, zuerst zögernd, dann stark und kräftig, als wollte er sagen: „Ich schaffe es doch noch! Alle Mann an die Seile!" Zischend schossen neue Wellen über die Haube, mit voller Kraft griff die Maschine ein. Wir bewegten uns, wir waren frei und gerettet! Zwar blieben wir im Sand stecken, aber die Gefahr für den Wagen war vorüber.

Unsere Gedanken galten nun unserem Gepäck, das vom Salzwasser getränkt war. Sollten nicht alle unsere Sachen verderben, mußten wir sie sogleich auspacken. Die Arbeiter halfen und trugen das Gepäck zu dem Camp, als mir plötzlich zentnerschwer aufs Herz fiel, daß wir tags zuvor alle photographischen Negative gerade in die Tasche gepackt hatten, aus der ich das Wasser hatte fließen sehen, als Söderström sie Galvez reichte. „Galvez", schrie ich, „sagen Sie um Gotteswillen Söderström, er soll kommen! Seine Negative ...!" Dann riß ich einem Arbeiter die Tasche aus der Hand und stürzte in das nächste Zelt, um die Photographien auszupacken. „Clärenore, Clärenore!" rief es von draußen, und auf meine Antwort stürmte Söderström herein. „Meine Negative ...?" rief er voll Angst. „In die Sonne, in die Sonne mit den Bildern!" Alle Ponchos, die wir greifen konnten, breiteten wir auf dem Sande aus. Die Leute bildeten mit anderen Ponchos einen Schutz gegen den Wind. Mit zitternden Händen holten wir Bild nach Bild heraus. Wir hatten Glück gehabt. Wohl waren die Kartonhüllen der Bücher, in denen wir sie aufbewahrten, vom Wasser aufgeweicht, aber die fest zusammengepreßten Schutzhüllen hatten dicht gehalten. Unsere Negative waren mit wenigen Ausnahmen unversehrt. Doch der Schreck saß uns noch eine ganze Weile in den Gliedern, und als wir Stunden später in *Camaná* angekommen waren, drehte sich unser Reden und Denken nur um das, was wir so nahe daran gewesen waren zu verlieren: den Wagen, die Bilder. Unsere Kleider, die fast alle ruiniert waren, kümmerten uns nicht weiter.

Ein böses Mißgeschick stand uns bevor, als wir von Camaná unsere Fahrt fortsetzten. Wir befanden uns jetzt wieder auf einem autobefahrenen Weg, der in die *Quebrada Banduria* führte. Obwohl wir am frühen Morgen starteten, brannte die Sonne heiß auf uns herab, und ein nur schwacher Rückenwind ließ den Motor – ungekühlt durch jede Ventilation – bald den Siedepunkt erreichen. Wir mußten in der steilen Schlucht häufig stehenbleiben, um Wasser nachzufüllen. Doch trotz einer schwarzen Katze, die uns beim Verlassen des Dorfes über den Weg gelaufen war, schien alles gut zu gehen. Hundert Meter trennten uns nur noch von der hochgelegenen Pampa, als das Metall knackte. Der Motor zog nicht mehr an. Die Achswelle eines Hinterrades war gebrochen. Reserve besaßen wir nicht mehr. Es blieb nichts übrig, als in Arequipa, von dem wir nur 150 Kilometer entfernt waren, die Eisenbahnwerkstätte aufzusuchen, um Ersatz zu beschaffen. Wir wollten jedoch den Wagen nicht während dieser Zeit auf dem Weg stehenlassen; deshalb gingen Galvez und ich zwölf Kilometer nach Camaná zurück, um einen Lastwagen zu besorgen, der das Auto zurückschleppen sollte. Bis zum Nachmittag hatten wir unseren armen Wagen unter Dach und Fach und machten uns sogleich an den Ausbau der Achswelle, die als Muster für eine neue nach Arequipa mitgenommen werden mußte. Söderström und Galvez verließen noch in der gleichen Nacht Camaná mit einem Lastwagen nach *Sotillo*, einer kleinen Bahnstation, von der aus Arequipa in zwei Stunden erreichbar war.

Ich blieb zurück und beschäftigte mich die kommende Woche hindurch mit der Instandsetzung der ausbesserungsbedürftigen Inneneinrichtung unseres Wagens und mit dem Flicken der Reifen. Besonders die letztere Arbeit war äußerst mühselig, da ich aus alten Reifen Einlagen zurechtschneiden mußte, um die großen Löcher auszubessern und die Reifen widerstandsfähiger zu machen.

Währenddessen suchten meine Reisegefährten in Arequipa die Eisenbahnwerkstätte auf, um dort neue Achswellen anfertigen zu lassen. Nach achttägiger Abwesenheit kehrten sie zurück. Am folgenden Tag bauten wir die fehlende Achswelle ein und machten den Wagen fahrbereit. Weil wir durch andere Autoführer erfahren hatten, daß es ratsam sei, in der Nacht zu beginnen, um die Höhen vor Sonnenaufgang zu überwinden, entschlossen wir uns, noch am gleichen Abend unsere Fahrt fortzusetzen. Doch wie beim ersten Mal, so verfolgte uns auch jetzt unser Unglück. Abermals kreuzte eine schwarze Katze unseren Weg, kein Ausspucken half...

Wir kamen durch die kühle Nachtluft viel schneller vorwärts, aber an der gleichen Stelle, wo wir schon einmal einen Defekt hatten, krachte es wieder. Diesmal waren es nicht die Achswellen, vielmehr schienen die bösen Töne aus dem Getriebe zu kommen. Wir begannen zu arbeiten, mußten aber bald feststellen, daß das Knacken vom Differential kam. Da an einen Ausbau in der Nacht nicht zu denken war, gingen wir zur Ruhe, um bei Tageslicht dem Schaden auf die Spur zu kommen. Entschlossen, nicht noch einmal umzukehren, um die für uns verhängnisvolle Wegstelle zum drittenmal passieren zu müssen, bauten wir am nächsten Tag den Wagen auf Benzinkisten und Reifen hoch. In mehreren Stunden Arbeit hatten wir die Hinterachse abmontiert und das Differential ausgebaut. Wir stellten fest, daß vom Antriebskegelrad zwei Zähne ausgebrochen waren. Die Hoffnung, ein neues Kegelrad in Arequipa zu bekommen, war gering. Dennoch wollten wir den Versuch machen, bevor wir uns entschlossen, untätig auf Ersatz aus Deutschland zu warten.

Aus Camaná bestellten wir einen Indio, der während unserer Abwesenheit bei dem Wagen Wache halten sollte. Zu dritt fuhren wir nach *Arequipa*. Unsere Befürchtungen trafen ein. Weder konnten wir ein passendes Antriebskegelrad aus einem anderen Wagen finden, noch gab es eine Maschine zur Herstellung eines neuen. Nach vielem Beraten erklärte sich der Leiter der Eisenbahnwerkstätte, Mr. Jenkins, bereit, den Versuch zu machen, unserem Kegelrad zwei neue Zähne einzusetzen. Als wir ihn das nächste Mal besuchten, um uns vom Fortgang der Arbeiten zu überzeugen, teilte er uns mit, daß beim Härten des Metalls ein Versehen passiert sei, unser Kegelrad sei völlig gesprungen! Man wollte nun versuchen, ein neues Kegelrad mit der Hand anzufertigen. Zehn Tage verstrichen mit dieser Arbeit, und unser täglicher Besuch in der Fabrik stimmte uns nicht zuversichtlicher, denn wir sahen voraus, daß dieses neue Stück einer starken Beanspruchung nicht würde standhalten können, weil der verfügbare Stahl sich in der Qualität nicht annähernd mit dem unsrigen messen konnte.

Ich telegraphierte an die Adler-Werke, man möge Ersatz nach Buenos Aires schicken. Wir hofften, uns bis dorthin durchzuschleppen.

Unser Weg verlief jetzt von unserem Standort aus in der Spur der Lastwagen bis zur Eisenbahnstation und von dort auf den Schwellen der Eisenbahn bis nach Puno. Die Genehmigung, den Schienenweg zu benutzen, hatte ich von der Eisenbahnverwaltung erhalten. Unter den jetzigen Umständen hielt ich es jedoch für ratsamer, den Wagen lieber auf die Bahn zu setzen, um das provisorische Kegelrad vor den Stößen auf dem Bahnkörper zu bewahren. Bevor wir Arequipa verließen, hatte ich demzufolge einen Waggon bestellt, der uns an der Bahnstation erwarten sollte, um uns bis Puno zu bringen. Wir fuhren zu unserem Wagen zurück, skeptisch das Kegelrad betrachtend, in dem unsere nächste Zukunft lag. Unseren Wagen als einen Kranken betrachtend, bestellten wir noch einen Kraftwagen von Camaná, der uns über den Berg helfen sollte, damit wir unser Auto bei den Steigungen nicht anzustrengen brauchten.

In den Tagen unserer Abwesenheit hatte die Natur sich verwandelt. Die gelben Wüstenberge, in denen das Auto gestanden, waren zu saftig grünen Weideplätzen geworden. Anstatt der alles versengenden Sonne lagen nasse, tautropfende Wolken in den Hügeltälern. Kalter Nebel umgab uns, und große Wasserlachen hatten sich am Wege gebildet, ihn mit einer lehmigen Schleimhaut überziehend, in denen die Räder des Wagens ausrutschten. Die durstlosen Kaktuspflanzen, bis vor wenigen Tagen die einzig sichtbaren Lebewesen dieser kahlen Hügellandschaft, verschwanden unter dem üppig aufschießenden Gras. Die Bauern trieben ihr Vieh auf die über Nacht erschlossenen Weideplätze. Uns persönlich berührte diese Veränderung nicht angenehm. Wir verrichteten unsere Montagearbeiten in dichten Nebelwolken. Der Weg war durch die Nässe noch schlechter geworden. Hauptmann Galvez ging nach Camaná zurück, um einen Lastwagen zu besorgen.

Beim ersten Ausprobieren des neu eingebauten Differentials arbeitete es hörbar und ungleich. Aus Vorsicht forderten wir einen zweiten Lastwagen an. In der Nacht trafen beide Wagen mit Galvez ein; einer sollte ziehen, der andere schieben. Und so geschah es.

Wir nahmen unseren Adler in die Mitte, ruckend zog der vordere Wagen an, schiebend setzte der andere zur Unterstützung ein. Wir bewegten uns. Langsam ließen wir unseren Wagen mithelfen. Nach hundert Metern ging alles zu Bruch. Das Kegelrad war wieder kaputt! Wir stellten den Motor ab und ließen uns nur noch stoßen und ziehen. Nur zu klar sahen wir unser Schicksal vor uns liegen: Wochen des tatenlosen Wartens, bis aus Deutschland der Ersatz eintreffen würde. Wir beratschlagten, ob wir während dieser Zeit in den Bergen bleiben sollten, kamen jedoch zu dem Ergebnis, daß es besser war, uns von den beiden Lastwagen, die uns vereinbarungsgemäß unter allen Umständen bis an die Bahnstation nach Sotillo bringen sollten, dorthin schleppen zu lassen. Dort erwartete uns der Waggon, den ich vorher hatte bezahlen müssen, ganz gleich, ob wir ihn benutzen würden oder nicht.

Mit Hilfe von Lastwagen und Eisenbahn ließen wir uns bis *Puno* durchschleppen und warteten dort auf Ersatz.

XXII.

Garnison Puno • Unter Indianern • Spanische Silberminen • Das Kegelrad aus Deutschland

In einem Hotel nahmen wir Zimmer. Galvez kehrte nach Lima zurück. Unser armes Auto wurde in einen Schuppen geschleppt. Der Gastwirt und seine Frau waren gute und ehrliche Leute, hatten aber von Reinlichkeit keine Ahnung. Vom Kellner über den Gast bis zum Besitzer spuckte jeder nach Belieben auf den Boden, gleichgültig, ob es im Restaurant oder in den Stuben war. Die Schlafräume besaßen als Mobiliar: einen Tisch, einen Stuhl, einen Waschtisch und ein Bett. Die Wände aus Lehm waren mit brüchigen Tapeten verklebt und so baufällig, daß man Sorge haben mußte, bei einem harten Stoß plötzlich ins Nebenzimmer zu blicken. Fenster gab es nicht; die Tür erfüllte diesen Zweck. Sie war zur Hälfte mit kleinen Scheiben versehen. Der Wind pfiff ungehemmt durch schlechte Verkleidungen. Aus den Betten mußten wir selbst mit Insektenpulver und Benzin die Läuse vertreiben, die ein Vorgänger zurückgelassen hatte, denn zum indianischen Dienstpersonal besaßen wir kein Zutrauen. Wir schliefen in der ersten Etage. Vor den Zimmertüren war eine offene Holzterrasse, die zur Treppe in den Hof führte.

Das schönste war der Ausblick von unseren Zimmern auf den Titicacasee. Täglich gegen Abend ballten sich schwarze Gewitterwolken über dem See zusammen und entluden sich in zuckenden Blitzen mit gewaltigen Donnerschlägen. Empfindliche Temperaturschwankungen waren die Folge dieser Unwetter: am Tag Hochsommerhitze, in der Nacht Temperaturfall bis zum Gefrierpunkt. Warmer Tropenregen konnte sich in acht Stunden in Schnee verwandeln.

Die Ernährung war schlecht. Wir hatten Wohnung mit Pension genommen. Das Menü wurde mittags und abends serviert, ohne daß wir uns entschließen konnten, es zu probieren. In der Suppe schwammen tote Fliegen, aus den Kartoffeln zog man die Haare des Küchenmädchens, und ging man gar in die Küche, so konnte einem der chinesische Koch in seiner schmutzigen Kleidung den letzten

Rest von Appetit nehmen. Wir lebten von Eiern, dem einzigen Nahrungsmittel, von dem wir wußten, daß es sauber war. Als sich nach drei bis vier Tagen bei uns Magenschmerzen einstellten, besorgten wir uns Fleisch und Kartoffeln auf dem Markt und bereiteten uns das Essen auf dem Zimmer. Dies regelmäßig zu tun, dazu war unsere Stimmung zu gedrückt. Gleichgültig für das Leben, das sich um uns herum abspielte, kannten wir nur das Sehnen, die Sendung aus Deutschland möge endlich eintreffen. Stundenlang hockten wir im Zimmer, spielten Schach oder Whist und legten Patiencen.

Diese ungesunde Lebensweise hatte ihre Auswirkungen. Zuerst erkrankte Söderström. Ich rief einen Militärarzt herbei. Diagnose: „Sehr gefährlich, Lungenspitzenkatarrh! Auf dieser Höhe von 4000 Metern! Wenn er eine Lungenentzündung bekommt, wird er sterben!" Dies rüttelte mich aus meinem Phlegma auf. Der Arzt verschrieb Pulver und Medikamente, ich aber griff zu dem alten Hausmittel meiner Mutter bei Erkältungen: Ich bestellte acht Flaschen mit heißem Wasser, und mit Aspirin und heißer Zitronenlimonade mußte Söderström schwitzen. Eine 48stündige „Pferdekur" brach sein Fieber, und die Gefahr war überstanden.

Doch dann legte ich mich mit der gleichen Erkrankung zu Bett, und Söderström, kaum wieder hergestellt, mußte die gleiche Behandlung mir zuteil werden lassen. Die schlimmsten Augenblicke waren, wenn die Luft versagte und die Lungen nicht mehr genügend Sauerstoff fanden. Wie ein Fisch auf dem Land schnappten wir dann nach Luft, Mund und Nase füllten sich mit Blut. Aber auch das ging vorüber und unsere Körper fingen an, sich dem Höhenklima anzupassen.

Um in unser Leben etwas Abwechslung zu bringen, mieteten wir Maultiere und unternahmen Streifzüge in die Umgebung; Proviant, Schlafsäcke und Futter für die Tiere nahmen wir mit. Wie große Hügel reihten sich die Berge aneinander. Wir folgten auf Indianerwegen weitverzweigten Schluchten. Manchmal blieben wir tagelang draußen und schliefen, wo die Nacht uns überraschte. Längst vergessenen Spuren folgend, entdeckten wir in den Bergwänden alte spanische Metallminen. Mit Dynamit sprengten wir darüber gewachsene Grasnarben auseinander und sahen vor uns alte Schächte, in denen die Metalladern glitzerten. Diese Rille besaßen keinen anderen Wert, als uns die Zeit zu vertreiben. Auch wenn wir Indianerfeste besuchten, verfolgten wir den gleichen Zweck.

Diese Festlichkeiten spielten sich im Zusammenhang mit großen Jahrmärkten ab. Aus der ganzen Umgebung kamen die Indianer. Einige trieben ihre Lamas zum Markt, andere kamen in Booten über den Titicacasee gefahren und boten getrocknete Bohnen, Webereiarbeit usw. zum Verkauf. Die Boote waren aus getrocknetem Schilf geflochten und besaßen ein Segel aus gleichem Material. Holzboote sind dort oben zu teuer, weil weit und breit kein Baum wächst. So haben die Indianer diese Lösung gefunden, die ihnen auf billige Weise ein Fahrzeug gibt; freilich hält ein solches Boot nur sechs Monate, dann fängt das Schilf an zu faulen.

Die Lamas sind die Kamele Hoch-Perus. Sie dienen den Indianern als Lasttiere, zur Fleischversorgung und als Wolllieferanten für ihre Webarbeiten. Die Nahrung sucht das Tier sich selbst unter den messerscharfen Gräsern der Hochsteppe.

Auf dem Marktplatz des Dorfes setzten sich die Indianer mit Frauen und Kindern in langen Reihen nieder, und um sich herum breitete jeder seine Waren aus. Da tanzten bunte und einfarbige Gestalten mit verzerrten Masken auf dem Kopf, Teufel in schwarzen Trikots schlugen Purzelbäume. Spanische Kostüme des Mit-

Die Boote waren aus getrocknetem Schilf geflochten.

telalters leuchteten in hellen Farben, durch fratzenhafte Masken ironisiert. Jede Tänzergruppe hatte einen Anführer und zwei Musikanten, die auf Trommeln zum Tanz aufspielten. Den Abschluß des Tages bildete stets eine Prozession. Aus der Kirche wurde das Bild der Muttergottes durch die Straßen getragen, und hinter den Priestern und den Weihrauchfässer schwenkenden Chorknaben tanzten die heidnischen Masken, das Herz erfüllt von reinem Glauben. Jeder, der sich von seiner Arbeit freimachen konnte, schloß sich dem Zuge an, der in der Kirche mit einem Gottesdienst endete.

Übrigens hatte es das Schicksal doch gut mit uns gemeint, als es uns die Strapazen in den Kordilleren aufbürdete: Der Dampfer „Olga“, den wir von Atico aus benutzen wollten, der aber – wie erwähnt – den Hafen nicht angelaufen hatte, war wenige Stunden später gestrandet; mit Ausnahme von drei Matrosen waren die Besatzung und alle Passagiere umgekommen. Diese Nachricht fanden wir in einer alten Zeitung. Weil Puno so nahe an der bolivianischen Grenze lag, war es Garnisonstadt für Infanterie und eine Maschinengewehrabteilung. Die Offiziere bildeten unseren einzigen Verkehr. Sie gaben sich Mühe, unseren Aufenthalt durch Billard und Poker abwechslungsreicher zu gestalten. Es gab keine Festlichkeit im Kreise der Offiziere, zu der wir nicht eingeladen wurden.

So verstrich Tag um Tag. Wir schrieben den 22. November 1928. Seit drei Wochen waren wir jeden Dienstag morgens um sechs Uhr und jeden Sonnabend abends um zehn Uhr zur Anlegestelle des Dampfers von Bolivien am Titicacasee gegangen. Immer hofften wir, die Kiste zu sehen, die uns von Buenos Aires die Ersatzteile bringen sollte. Wir mochten noch so genau Stück für Stück besichtigen, *unsere* Kiste war nicht darunter. Wieder um eine Hoffnung ärmer, gingen wir dann nach Hause. Schließlich kam aber auch für uns der Tag, den wir in unserem Tagebuch mit drei „Hurras!“ verzeichnet haben: An einem Sonnabend um elf Uhr hob der Kran in einem Netz auch eine Kiste aus Frankfurt von den Adler-Werken! Mir zitterte die Hand, als ich die Quittung unterschrieb. Ein Indianer nahm die Kiste auf den Rücken, und wir zogen damit in unser Hotelzimmer. Wir packten sie aus, erwartungsvoll wie Kinder vor dem Weihnachtsgabentisch. Schließlich hatten wir das Stück in der Hand, das unserem Wagen wieder Leben geben sollte.

Spanische Kostüme des Mittelalters, ironisiert durch fratzenhafte Masken.

XXIII.

La Paz • Der Gletscher in den Tropen • Argentinische „Hauptstraßen" • Buenos Aires • Jahreswende

Wie ein böser Traum lagen die zwei Monate Wartezeit hinter uns. Wieder flatterten die Wimpel im Südwind, der uns entgegenblies, und Kilometer um Kilometer legten wir am Ufer des Titicacasees zurück. Die Straße war leidlich gut, und trotz der großen Höhe, die für unseren Motor 35 Prozent Kraftverlust bedeutete, kamen wir gut vorwärts. Felsen, die mächtige Gebirge bildeten, glichen alten Burgruinen infolge ihrer zackigen Gestalt und der Ameisenarbeit, die Jahrhunderte hindurch die Inkas und ihre Vorgänger betrieben hatten. Den Felsen in Terrassen abstufend, zwangen sie ihn durch Hinauftragen von Ackerland zur Fruchtbarkeit. Bis an den Gipfel hatten sie ihre Steinhütten in den Schutz der Felswände geklebt. Wenn die Felsen bis an den See vorstießen, mußten wir auf schmalen Serpentinenwegen darüber hinweg. Tief unter uns trieb auf den Wellen der gelbe Schaum des am Fels zerschlagenen Wassers.

Wir überschritten die Grenze bei *Desaguadero*. Peru gab uns frei, und nach Monaten schwerer Entbehrungen betraten wir wieder ein neues Land. Der bolivianische Zollbeamte lud uns zu einer Tasse Tee ein – sie war uns bei dem warmen Sommerwetter doppelt willkommen. Unsere Gedanken spielten mit La Paz, das wir so schnell wie möglich erreichen wollten.

Eine ausgedehnte Hochsteppe zog sich vom Ufer des Titicacasees gegen Osten. Neben der Eisenbahnlinie, welche die Verbindung von Argentinien über Bolivien nach Peru bildet, führte unser Weg. Berge, die durch die weite Entfernung wie Hügelketten wirkten, begrenzten das Hochplateau. Indios trieben ihre Esel vor sich her, auf unser Hupen gemächlich ausweichend. Die Fundamente eines Sonnentempels* erhoben sich neben dem Weg

* *Fundamente eines Sonnentempels* – die Ruinen von *Tiahuanaco* (oder *Thuanaco*); dieses größte Ruinenfeld Boliviens war eines der bedeutendsten religiösen Zentren vor der Inka-Zeit; die sorgfältig bearbeiteten Steinquader der umfangreichen Bauten wurden jedoch in großem Umfang als Baumaterial verwendet.

als Denkmäler alter Kultur, größtenteils roh ausgehauene Steinblöcke, welche die Wissenschaft vor dem Schicksal bewahrt hatte, bei dem praktischen Sinn der Eingeborenen zum Häuserbau verwertet zu werden. Erst als wir sechzig Kilometer vor La Paz, die Hochebene verlassend, von der Eisenbahn abbogen, veränderte sich das Bild. Wir mußten Pässe überwinden, und langsam bergauf kletternd, sausten wir in schneller Fahrt wieder hinunter.

Bei Anbruch des Abends lagen im Osten lange Ketten schneebedeckter Berge vor uns. Sie erstrahlten im roten Licht des Alpenglühens, und erfrischend kam von ihnen die kühle Luft des Gletscherwindes. Es wurde schnell dunkel. Im Mondlicht lag der ewige Schnee wie ein weißer Schleier über den Gipfeln. Vor uns wirkten die Schneeflächen deutlicher und heller. Wir vermuteten nach der Intensität des Lichtes La Paz in der Nähe; doch drei weitere Stunden zogen vorüber, ohne daß von der Stadt etwas zu erkennen war. Lichter, die durch die Scheiben eines einzeln stehenden Hauses in die Dunkelheit drangen, tauchten auf und verschwanden. Schließlich trafen wir auf einen Bahnhof, zu der Bahnlinie gehörend, von der wir uns getrennt hatten. Wir fragten einen Jungen, der an eine Laterne gelehnt seine Zigarette rauchte, wie weit es noch bis La Paz sei. „Eine Stunde", lautete die lakonische Antwort. Wir fuhren wieder an. Der Weg machte eine scharfe Biegung, und vor unseren erstaunten Augen lag unter uns die Stadt. Wir sahen die beleuchteten Straßenzüge und Plätze aus der Vogelperspektive. Jetzt, so nahe dem Ziel, nahmen wir uns Zeit, unsere Umgebung zu betrachten.

Ein Madonnenbild erhob sich neben uns zum Schutze der unter ihr wohnenden Menschheit. Mächtige Gebirge, deren weiße Häupter phosporeszierend im Lichtschein erstrahlten, umschlossen den Talkessel, in dessen Herzen die Stadt lag. Siebenhundert Meter mußten wir hinunter, uns den Windungen und Falten der Höhenzüge anpassend, bis wir auf beleuchtete Asphaltstraßen kamen. Fremd, wie wir waren, verstießen wir sogleich gegen die Verkehrsregeln, und nur dank einem liebenswürdigen Schutzmann wurden wir weiteren Schwierigkeiten enthoben. Als er erfuhr, daß wir mit dem Auto aus Deutschland kämen, bot er uns seine Begleitung an, damit uns bei der Fahrt durch die Stadt nichts passieren könnte.

Nach kurzer Rast in *La Paz* benutzten wir den gleichen Weg, um aus der Stadt hinauszukommen. Erst oben auf der Höhe schlugen wir eine andere Richtung ein und folgten wieder unserem südlichen Kurs. Das eintönige Bild der Hochsteppe begleitete uns; meilenweit kein Zeichen menschlicher Tätigkeit. Nur wenn wir Flußniederungen trafen, in denen sich meist ein Dorf gebildet hatte, sahen wir kleine Strecken grünen Ackerlandes und spärliche Weiden. Vor einer großen salzhaltigen, ausgetrockneten Sumpffläche lag einsam ein Dorf im Wüstensand. In der trockenen Jahreszeit war dieser Sumpf eine ideale Fahrbahn, spiegelglatt und steppenähnlich, zur Regenzeit jedoch grundlos und unpassierbar. Die Fata Morgana der Salzflächen tauchte vor uns auf und wanderte vor unseren Blicken her. Große Seen, Inseln und Schiffe spiegelten sich vor uns und zerrannen erst mit der dunklen Nacht in nichts.

Vor *Oruro* begrüßte uns die deutsche Kolonie. Die seit fünf Stunden auf uns wartenden Autos blinkten uns aus glotzenden Scheinwerferaugen Haltsignale entgegen. Meine Landsleute nahmen uns auf, und von ihnen geführt hielten wir Einzug in die Stadt. Ein Ruhetag folgte, den wir im Kreise unserer neuen Freunde verbrachten und an dem beschlossen wurde, daß wir noch einen Tag mit der Weiterfahrt warten sollten, damit uns einige Herren bis an die argentinische Grenze bringen könnten.

An dem freien Tag unternahmen wir einen Ausflug zu einem Gletscher in 5 000 Meter Höhe, der seine Eismassen in den Fluten eines kristallklaren Sees badete. Minenstraßen waren die einzigen ausgebauten Wege in Bolivien, und nur dank solchen Verbindungen war die interessante Fahrt möglich. Hier gab es Kupfer, Silber, Blei und Zinn. Die großen Unternehmer sahen sich genötigt, erst das Land durch Straßen aufzuschließen, die einem ständigen Lastwagenverkehr gewachsen waren, ehe sie an den Abtransport der Erze gehen konnten. So entstanden Bergstraßen, angeklebt an Gebirgswände, durch Felsen gesprengt, über Abgründen schwebend. Sie stiegen hinab in die Schluchten, stiegen neben Gießbachen hinauf bis zu den Quellen und kletterten darüber hinaus bis auf die Gipfel.

Der Gletscher, das Ziel unseres Ausfluges, lag im tropischen Land, doch ließ die Höhe dies vergessen. Es fiel uns schwer zu glauben, daß wir nach dreistündiger Fahrt über den Hang hinüber schon in den Palmenwäldern sein konnten, den Ausläufern des paraguayischen Urwaldes, in dem Papageien und Affen ihre Heimat hatten. Fußwanderungen wurden schwere Arbeit, denn uns fehlte auf dieser großen Höhe die Luft, um weiterzugehen. Der Pulsschlag klopfte in den Schläfen, obwohl wir mit Mund und Nase in vollen Zügen atmeten. Wir legten uns hin, um auszuruhen, bis der Organismus sich wieder erholt hatte.

Die Berge waren kahl und vegetationslos, das gleiche Bild, das uns seit Monaten umgab. Nur auf den Hochplateaus wuchsen kümmerliche Dornensträucher und flechtenartiges Gras. Der stachelige Kaktus fand noch am längsten Nahrung und reckte sich dort hoch, wo schon alles Leben verdurstet war. Doch die Spuren der Menschen auf der Suche nach Metall verschwanden nicht. Die angebohrten Wände, die Gruben auf flacherem Boden erzählten von dem unermüdlichen Hoffen und dem heißen Wunsch, die Schätze der Erde zu entdecken.

Unsere deutschen Freunde führten uns zwei Tage lang durch Steppen, Gebirge, sandige Flußtäler und über Salzseen, bis wir nur noch eine Tagesfahrt bis zur argentinischen Grenze haben sollten. Eine Bergkette, die vor uns lag, sei der letzte Gebirgspaß, den wir angeblich zu überwinden hatten. Ich sage „angeblich“ denn in Wirklichkeit hatten wir noch viele „Auf“ und „Abs“ zu bewältigen, bevor wir endgültig in die argentinische Ebene kamen.

Die vor uns liegende Höhe trat durch eine sehr steile Anfangssteigung hervor. Trotz unserer ersten Bedenken zog der kleine Adler sich mühelos hinauf, und wir überwanden den Paß. Durch vom Regen aufgeweichtes Lehmgebiet ging der Weg in ein Flußbett, in dem eine schmale Fahrspur bereits von Steinen gereinigt war. Wir glitten langsam zwischen hohen Bergwänden bergan, über uns den Himmel nur als schmales Band sehend. Windung um Windung folgten wir dem Flußlauf in der Hoffnung, daß uns die Berge freigeben würden, denn wir sehnten uns nach Weite und Ebene, nach Fruchtbarkeit und Grün. Wie Wegweiser erschienen uns die Kaktuspflanzen, die baumhoch ihren stacheligen Stamm wie einen Pfahl aufgepflanzt hatten, mit hellen Turbanen aus den weißen Haaren ihrer Blüten.

Kleine Kaktusfamilien ringelten sich wie Nester dicker Schlangen am Boden, und nur ganz spärlich tauchten dazwischen die ersten grünen Pflanzen auf, noch dornige, aber schon grüne Sträucher sprossen empor, wo die Erde vom Wasser befeuchtet wurde.

Dann verbreiterte sich das Flußtal, und wir kamen nach *Villazón*, der letzten bolivianischen Stadt vor *La Quiaca*, der Grenze. Das Flußtal war breit und schön geworden, grüne Wiesen zogen sich am Ufer entlang. Weidenbäume hängten ihre grünen Ruten ins Wasser, und wir folgten glücklich unserem grüngesäumten Weg. La Quiaca bereitete uns eine Enttäuschung, denn es brachte uns in das Berggebiet der typischen Plateaulandschaft mit Sand, Trockenheit und Dornen zurück. Aber wenigstens hatten wir wieder einen richtigen Weg und dachten auch, daß dies durch ganz Argentinien so bleiben würde, denn auf allen Landkarten waren Haupt- und Nebenwege unzweideutig eingezeichnet. – Schwerer Irrtum!

Bei *Tres Cruces*, nach hundert Kilometern, erfuhren wir, daß es nur ein Minenweg gewesen war, der bis hierher geführt hatte, und daß jetzt auf sechzig Kilometer jede Verbindung unterbrochen sei. Wir übernachteten in einem Heuschuppen, den uns der Stationschef einräumte, und beratschlagten. Die Eisenbahn konnten wir natürlich nehmen, aber es waren vor uns vier Automobile durchgekommen, wie wir hörten, und da wollten wir nicht nachgeben. So entschieden wir uns zum Fahren und baten den Stationschef, uns einen Führer zu besorgen.

Sandberge waren das erste Hindernis, doch wir überwanden sie mit Hilfe unserer Kuhhäute und von Sträuchern, die wir unterlegten. Auch half uns die Natur auf dem ganzen Weg, weil wir uns mehr auf abfallendem als auf ansteigendem Gelände befanden. Nach den Bergen erreichten wir wieder einen Flußlauf. Geduld und langsames Vorwärtskommen waren wir als das tägliche Brot unserer Fahrt schon gewöhnt; als wir daher die vielen Steine im Flußtal vor uns sahen, zögerten wir keinen Augenblick, abwechselnd auszusteigen und vor dem Wagen herlaufend die größten Steine aus dem Weg zu räumen. Auf Steininseln sprangen wir hinauf und stolperten hinunter. Doch die Tücke des Schicksals erreichte uns bei den vielen Übergängen des Flusses. Je südlicher wir kamen, um so weicher wurde der Grund, und schließlich brachen wir bei einer der vielen Flußüberquerungen ein. Eine dünne Sandschicht hatte uns getäuscht, und nun steckte unser armes Auto bis über die Hinterradnaben im Morast. Schwarze Moorerde klebte an unseren Händen, als wir die Räder aus dem Sumpfloch herauszuziehen suchten, in das wir tiefer und tiefer sanken. Nur flotte Arbeit konnte helfen. Wir entdeckten auf der nahen Eisenbahnlinie Streckenarbeiter, die wir zu Hilfe holten. Eine schwere Winde, die sie besaßen, erleichterte unsere Arbeit. Langsam hob sich unser Wagen. Wir bauten einen Steinweg unter die Räder und waren nach zwei Stunden aus allem Übel heraus.

Doch es währte nicht lange, und wieder sanken wir ein, viel schlimmer sogar als das erste Mal, und diesmal war alle Hilfe fern. Mit unserem kleinen Wagenheber mußten wir jetzt die schwere Arbeit beginnen und aus großen Steinen, die wir in den Boden drückten, einen Grund bilden. Stunden vergingen, ohne daß wir einen wirklichen Fortschritt merken konnten. Stein nach Stein verschwand im Morast. Wir waren müde, und nicht zuletzt zehrte die Enttäuschung darüber an uns, daß auch in Argentinien die Schwierigkeiten noch kein Ende fanden. Als wir nach vier Stunden, knietief selber im Wasser stehend, immer noch arbeiteten, glitzerten Tränen in unseren Augen. Wir mußten eine Pause einlegen, in der wir unser Lachen zurückgewinnen konnten und damit neuen Mut zur Weiterarbeit. Dazu verhalf uns auch eine Konservenbüchse mit sauren Heringen, was psychologisch ermunternd wirkte. Nach drei weiteren Stunden des Kampfes retteten wir siegreich auf einer „Kunstlage“ mit einem Meter Steinunterlage den Wagen auf trockenes Land.

Bei Dunkelheit erreichten wir eine kleine Bahnstation und fanden für die Nacht Aufnahme. Wir waren an diesem Tag 15 Kilometer gefahren und gegangen und wagten nicht, unseren Wagen in der Dunkelheit vorwärtszuführen, ohne vorher den Boden gründlich untersucht zu haben. Jede Wasserstelle prüften wir auf ihre Tragfähigkeit und bauten Steinspuren, wo uns das Ergebnis nicht befriedigte. Noch ein langer Tag trennte uns von den ersten annehmbaren Wegen. Mühselig war auch da unser Fortkommen. Mehr und mehr traten die Berge zurück, das Flußtal verbreiterte sich, und neue Täler kamen hinzu. Große Flecken grünen Landes begleiteten uns immer häufiger. Doch schließlich wurde der Fluß zu mächtig, wir konnten nicht länger in seinem Bett fahren und mußten ans Ufer. Ein Weg, der früher bestanden haben mochte, war noch in den letzten Resten erkennbar. Hier mußten wir hoch. Mit Picke und Spaten versuchten wir, die schlimmsten Lücken, die Regen und Unwetter in die Böschung gewaschen hatten, auszugleichen. Wir legten Steine hinein, und es gelang uns, mit Anlauf bis zur Hälfte zu kommen. Dann blieb uns nichts weiter übrig, als, unseren Flaschenzug anwendend, Zug um Zug gemeinsam mit dem Motor in kleinen Stücken den Hang zu meistern. Wir bauten Steine unter die Hinterräder, besorgt, der Wagen könnte abrutschen und auf den Steinen des Flußbettes entzweischlagen.

Auch eine andere Gefahr wurde uns warnend bekannt: Als Söderström einen Stein zur Stützung des Wagens verschob, kam ein wütend um sich schlagender Skorpion hervor. Wir waren der Ebene nähergekommen, aber mit ihr auch den Wäldern, in denen Schlangen, Skorpione und Vogelspinnen mit ihrem Giftbiß auf den Unvorsichtigen lauerten.

Eine Moraststrecke nach *Jujuy* stand uns bevor, aber ein paar kräftige Ochsen halfen uns darüber hinweg. Von dort hatten wir nun wirklich Wege bis Buenos Aires. Wenn diese auch nicht dem Begriff autofahrender Länder entsprachen, sondern eher europäischen Bauernwegen glichen, so war doch die günstige Bodenbeschaffenheit an sich schon ein gewaltiger Vorteil dem gegenüber, was wir gewohnt waren, und wir mühten uns mit Eifer und Erfolg, Rekordzeiten zu fahren.

Auch die Natur hatte sich vollkommen geändert. Subtropische Vegetation umgab uns. In feuchter Treibhauswärme strotzte alles von fettem Überfluß. Pralles Rindvieh lag faul und zufrieden unter schattenspendenden Bäumen, die Sonne lachte auf dem krausen Fell der jungen Fohlen, die an den vollen Eutern ihrer Mütter saugten, schöpferische Fruchtbarkeit lag in der Luft, und springendes junges Leben jauchzte ringsum.

Bevor wir von Jujuy über *Salta* und *Tucumán* in das Weideland der Provinz Buenos Aires kamen, mußten wir noch durch einen breiten Gürtel dornigen Buschwaldes. Es ist ein Krüppelwald der trockenen, heißen Gegend, der wenig fruchtbar, aber ein Dorado der Giftschlangen ist. Unzählige Grillen erfüllten die Natur mit ihrem Zirpen, das wie ein einziger heller Klang in der Luft lag. Je näher wir der Hauptstadt kamen, um so mehr wurde das Land bearbeitet. Teilweise standen Bäume, eine Allee bildend, neben dem Wege, der durch Drahtzäune vom Farmland getrennt war.

Aber noch immer waren wir nicht frei von Erlebnissen. Ich übersah einen Baumstumpf, der hinter einem Grasbüschel versteckt lag. Ein schwerer Schlag erschütterte den Wagen, und wir standen still. Söderström, der geschlafen hatte, schlug mit dem Kopf gegen die Vorderscheibe. Die Vorderachse hatte den Stoß abbekommen und ihn auf die rechte Vorderfeder übertragen. Dadurch waren die Nieten, die das Federgehänge am Chassis hielten, gebrochen, die Achse war verbogen, aber nicht so, daß wir bei der Weiterfahrt behindert waren. Doch die Nieten mußten durch Schrauben ersetzt werden; ein saures Stück Arbeit und so leicht vermeidbar! Die Sonne in heißer Mittagsglut trieb uns den Schweiß aus den Poren. Mit Tüchern und Matten versuchten wir uns etwas Schatten zu schaffen, denn das Metall der Wagenteile war in der Sonne so heiß geworden, daß wir uns die Hände verbrannten. In Bolivien hatten wir eine Flasche Rheinwein geschenkt bekommen. Diese entkorkten wir jetzt und nahmen einen Schluck zur Stärkung. Ich Unglücksrabe stieß versehentlich an die Flasche, sie fiel um und der Inhalt floß aus. Damit hatte der Zorn über mich selbst seinen Höhepunkt erreicht, und nur Söderströms Humor und gutes Zureden brachten mich wieder zum Lachen, noch ehe der Schaden ausgebessert war.

Ein schwerer Tornado überfiel uns. Undurchsichtige Staubwolken vor sich herwirbelnd, trieb er uns den Sand trotz geschlossener Fenster in die Augen. Bei den ersten Regentropfen fanden wir Schutz in *Malbrán* in der Provinz Santiago del Estero. Dann brach das Unwetter mit voller Kraft los. Blitz und Donner folgten aufeinander, und die Bäume bogen sich im Sturm. Wir waren froh, im Schutze eines festen Hauses zu sein. Zu unserer Betrübnis erfuhren wir aber, daß der Hauptweg nach Buenos Aires durch Überschwemmungen gesperrt war, daß wir also einen Umweg machen mußten.

So fand uns der nächste Tag auf Irrwegen in Feldern und Wäldern, und wäre nicht die frische Spur eines Buggy (Dogcart)* gewesen, der wir folgen konnten, so hätten wir uns sicher verirrt, denn wo früher ein Weg existiert haben mochte, wuchs jetzt mannshoch das Gras. Wie die Pfadfinder folgten wir einer leisen Spur, bis wir auf einen größeren Weg kamen. Doch nun drohte uns neues Unheil. Der Regensturm hatte an mehreren Stellen auf Kilometer im Umkreis alles in Morast verwandelt. Wir mußten Schneeketten anlegen und, unser Heil versuchend, mit Vollkraft in den Dreck jagen. Es gelang uns durchzukommen. Freilich flogen wir steuerlos hin und her, sprangen durch Löcher, aber die Ketten und der Schwung taten ein übriges, und uns blieb die mühselige Arbeit erspart, den Wagen auszugraben. Ja, das waren die „Straßen" Argentiniens, ein Verdienst der Natur, wenn sie gut waren, weil es den Autos dann nicht schwer fiel, sich eine Spur zu machen, aber ein Ding der Unmöglichkeit, wenn es regnete.

Der letzte Tag vor Buenos Aires sah uns früh um fünf Uhr am Start. 527 Kilometer vor uns und elf Tage ununterbrochener Fahrt hinter uns! Wir passierten *Rosario* und frühstückten in Eile. Um elf Uhr hielt ich an einem Postamt, um unsere Ankunft telegraphisch mitzuteilen. Als ich zum Wagen zurückkam, nahm mich Söderström bei der Hand und zeigte mir die linke Hinterrad-Bremstrommel. Sie klaffte im Zentrum um die Nabe herum in vier großen Rissen. Keinesfalls konnten wir bis Buenos Aires durchhalten. Mit verlangsamter Fahrt ging es bis zu einer größeren Stadt, in der wir eine Werkstatt für autogenes Schweißen fanden, die die Reparatur vornahm. Drei Stunden verstrichen bis zu der sehr fragwürdigen Wiederherstellung. Der Mechaniker hatte die Gewinde nicht beachtet. Als wir wieder aufmontierten, konnten wir das Scheibenrad nur mit vier Muttern anziehen, während die anderen sich auf halbem Wege festfraßen. Wir mußten versuchen, so durchzukommen.

Es wurde Nacht, und mit Eintritt der Dunkelheit trat bei uns ein solcher Ermüdungszustand ein, daß wir uns alle Viertelstunden am Steuer ablösen mußten und indianische Kokablätter zu kauen begannen, um uns durch den bitteren Kokainsaft wach zu halten.

* *Buggyr Dogcart* – leichter einspänniger, meist zweirädriger Wagen

11:30 Uhr abends. Ein großer Lichtkegel ließ uns vermuten, daß wir von *Buenos Aires* nicht mehr weit entfernt waren. Unser Hinterrad klopfte wie eine alte Blechschmiede. Da tauchten die Scheinwerfer eines Autos vor uns auf. Man signalisierte, wir hielten an. Trotz der fortgeschrittenen Nachtstunde wurden wir noch erwartet. Wir waren auf das Vorpostenautomobil gestoßen. Man winkte uns zu, und dem Führer folgend, kamen wir in einen Kreis von Automobilen und Menschen, die uns begrüßten. Wir wurden mehr aus dem Wagen herausgehoben, als daß wir selbst heraus konnten. Pressephotographen richteten ihre Linsen auf uns, Blitzlicht leuchtete auf, und am nächsten Tag sahen wir in den Zeitungen, wie wir ausgesehen hatten. Doch zunächst mußten wir für Fragen und Glückwünsche stillhalten. Wir fühlten uns durch die Herzlichkeit von Freunden und fremden Menschen geborgen. Mit einem Eiersandwich, der ersten Nahrung seit dem frühen Morgen, kehrte auch die Kraft zurück.

Für mich war Buenos Aires ein denkwürdiger Punkt, denn dort lebten meine Verwandten, Edmund und Elsa Wagenknecht. Sie waren mit herausgekommen, um uns, nachdem der offizielle Empfang vorüber war, in ihr ruhiges Heim zu entführen, ein Stück deutscher Heimat!

Während des Aufenthalts in Buenos Aires erhielt unser „kleiner Adler“ eine neue Hinterrad-Bremstrommel. Das Ende des Jahres 1928 nahte, eines Jahres, das wir in Sibirien unter Eis und Schnee begonnen hatten und im argentinischen Sommer beendeten.

Am Christbaum bogen sich die Kerzen unter der sommerlichen Hitze, als wir sie in der letzten Stunde des alten Jahres anzündeten. Unsere Gedanken schweiften in die Heimat auf die andere Seite des Atlantiks und kehrten zurück in den Kreis der guten Freunde, die uns umgaben. Nachmittags hatten wir ein Abschiedsfest veranstaltet, denn der erste Tag des neuen Jahres sollte uns wieder auf der Reise sehen. Die Kirchenglocken begannen zu läuten. „Adieu, 1928! Du bist vorüber! Wie viel Schweres haben wir in dir erlebt, wie oft um Leben und Wagen gekämpft, und doch hast du immer schützend über uns gestanden!“ Heiß drängte sich in der ersten Stunde des jungen Jahres der Wunsch auf, daß uns das Glück nicht verließe, bis die Aufgabe erfüllt war, die wir uns gesetzt hatten.

XXIV.

Argentinische Viehzucht einst und jetzt • Mendoza • Puente del Inca • Chile • Abfahrt nach Panama

1929! Der 1. Januar! Viele Freunde gaben uns das Geleit aus den Grenzen der Stadt, mit feuchten Augen winkten wir beim Abschied zurück. Dann gaben wir Gas, und in voller Fahrt ging es vorwärts; eine Kurve, und alles war verschwunden. Vor uns flatterten die Wimpel im Abendsonnenschein.

Die Provinz Buenos Aires ist flach wie eine Tischplatte. Meilenweit ist das Land zu übersehen. Die Bauernhöfe hoben sich wie kleine grüne Maulwurfshügel aus den sie umgebenden Bäumen hervor. Wasserpumpen reckten ihre Windflügel darüber hinaus. Wir wurden auf einer argentinischen Estancia erwartet. „La Margarita" war das Besitztum eines Deutschen, Herrn Mauthe, und seiner Frau. Sie nahmen uns auf, als wären wir ihre Kinder, die aus der fernen Heimat zu Besuch herübergekommen waren. Im Kreise der Ihrigen ritten und jagten wir, und wenn die Sonne es zu heiß werden ließ, lagen wir im Schwimmbad und plätscherten im Wasser.

Vor uns rollte sich ein Bild der argentinischen Landwirtschaft ab, wie sie war und wie sie ist. Unsere Gastgeber ließen uns zeigen, wie der Gaucho *früher* die ungezähmten dreijährigen Pferde mit dem Lasso einfing und zu Boden warf. Dem zitternden Tier wurde der Sattel aufgelegt, dann band man es an einen Pfahl und ließ es aufstehen, um den Sattelgurt fest genug anziehen zu können. Das Pferd, dem der ungewohnte Druck die Luft abschnürte, legte sich wieder hin, und es bedurfte der Peitsche, um es erneut zum Aufstehen zu bewegen. Mit den Beinen stemmte es sich gegen den Pfahl, zog Kopf und Hals weg in der Annahme, die Stricke würden zerreißen. Dann verband man ihm die Augen und legte das Gebiß an, zwischen zwei schon gezähmten Pferden ging es – noch immer mit verbundenen Augen – auf das freie Feld. In dem Augenblick, in dem man dem Pferd die Binde abnahm, sprang der Gaucho auf seinen Rücken und drückte die Sporen fest ein. Das erschreckte Tier sprang in wilden Sätzen davon, von dem Wunsch beseelt, den lästigen Reiter abzuwerfen. Diese wilde Jagd ging so lange, bis das Tier, ermüdet und in Schweiß gebadet, sich dem Willen des Reiters unterordnete. Es war besiegt.

So war es früher. *Jetzt* geht man immer mehr dazu über, die Tiere in milderen Formen zu erziehen. Man gewöhnt schon die Fohlen an den Umgang mit Menschen, indem man die Mutter mit dem Fohlen auf die Koppel gibt und sie so von klein auf an die Gefangenschaft gewöhnt. Der Gaucho von früher ist im Aussterben, und nur in ganz entlegenen Gegenden Argentiniens trifft man ihn noch an.

Das Rindvieh wuchs wild auf, ebenso gefährlich wie die Wildpferde. Mit dem Lasso wurden die Tiere eingefangen und erhielten das Zeichen ihres Besitzers eingebrannt. Jetzt ist man durch systematische Aufzucht von diesem Verfahren mehr und mehr abgekommen. Man baut für die Tiere Korrale mit verschiedenen Gängen. Da treibt man das Vieh hinein, und mühelos kann die Arbeit des Zeichenbrennens vorgenommen werden, ohne die Quälerei der Lassojagd. Freilich, „gebrannt" muß das Vieh auch heute noch werden, doch läßt man ihm in jeder Beziehung mehr menschliche Pflege zuteil werden. Einmal im Monat werden die Tiere gebadet. Zu diesem Zweck hat man aus Zement einen zehn Meter tiefen wassergefüllten Behälter gebaut, mit schrägem, absteigendem Zugang. Da treibt man die Tiere hinein, die rutschend ins Wasser plumpsen und bis zum Ausgang schwimmen müssen, wo sie auf Stufen hinaufklettern können. Das Wasser enthält stets Desinfektionsmittel zum Schutz gegen Hautkrankheiten.

Die neue Zeit vertrieb die alten Methoden und deren Romantik, aber sie arbeitet zum Nutzen von Mensch und Tier.

Wir wären gern noch länger geblieben, aber das entsprach nicht unseren Plänen. So verließen wir mit Bedauern das schöne Stück Land. Unser Weg zog sich durch das Flachland bis nach Mendoza. Feld-, Wiesen- und Weidekulturen wurden hinter *San Luis* durch dornige Strauchwälder abgelöst, die allein in dem steinigen Sandboden Nahrung finden. Dann kamen wir in die reichen Weinkulturen der Provinz Mendoza. Durch künstliche Bewässerung, unter Ausnutzung der vorhandenen Bergflüsse, hatte man das Land urbar gemacht. Überall, wo man hinschaute, strotzten die Reben in saftigem Grün. Laubbäume und Sträucher wuchsen am Wegrand. Die Sonne sandte ihre heißen Strahlen, das Wasser aus den Bergen ersetzte den seltenen Regen, und der leichte Erdboden ließ alle Pflanzen in üppiger Pracht ersprießen.

In *Mendoza* waren wir wieder am Fuß der Kordilleren, und dreißig Kilometer Fahrt brachten uns zurück in die Einöde der kahlen Gebirge, fern von jedem Grün. Wir benutzten einen schlechten Bergweg bis zum Tal des Río Cacheuta. Hier hörte jede Fahrtmöglichkeit auf, weil die steilen Felswände senkrecht zum Ruß abfielen. Die chilenisch-argentinische Eisenbahn hatte Raum für eine Schmalspurbahn in die Felsen gesprengt. Diese Bahn mußten wir benutzen, um etwa fünfzig Kilometer des Flußtals zu überwinden. Nachher verbreiterte sich das Tal, und wir fanden wieder Raum, um mit eigener Kraft vorwärts zu kommen. Aus früheren Zeiten bestand ein Postweg, der über das Gebirge nach Chile führte, während jetzt die Eisenbahn unter dem Paß durch den Tunnel geht. Wir folgten also den Spuren vergangener Zeiten. Bevor wir, das Tal des Río Cacheuta verlassend, an den eigentlichen Aufstieg kamen, passierten wir die argentinische Grenzkontrolle, denn die Grenze lief über die Gipfel des Höhenzuges, und im jenseitigen Tal lag Chile.

6 000 Fuß Steigung lagen noch vor uns, bis wir die Paßhöhe von 12 600 Fuß über dem Meeresspiegel erreicht hatten. Wir kamen langsam hinauf. In der dünnen Luft kochte der Motor. Der Weg war schlecht und führte durch losen Sand und durch Steingeröll. Kurz vor der Höhe war er durch eine vereiste Schneewehe versperrt, die wir erst mit der Picke beseitigen mußten. Die Schneeklumpen, die wir über den Abhang hinunterwarfen, sprangen wie Gummibälle in die Tiefe, und wir konnten das Ende ihres Falles mit den Augen nicht verfolgen. Das argentinische Zollhaus lag in der Größe einer Streichholzschachtel unter uns. Wir erreichten die Höhe, ein kleines Hochplateau, umgrenzt von niedrig scheinenden Bergspitzen. Im Mittelpunkt stand der „Christus der Kordilleren", „Puente del Inca", wie der Ort genannt

Im Mittelpunkt stand der Christus der Kordilleren.

wurde.* Worte vermögen den Eindruck nicht zu schildern, den diese überlebensgroße Gestalt auf einsamer Berghöhe auf uns machte. Diese Bildsäule war von den chilenischen und argentinischen Schwesternationen als Denkmal ewigen Friedens errichtet worden. Eine Bronzeplatte unter dem Christus versinnbildlichte die Einigkeit beider Völker in zwei Mädchengestalten, die sich umschlungen hielten. Argentinien links, Chile rechts, zeigte jedes Mädchen zum Tal seines Landes. Die Mitte des Denkmals war die Grenze zwischen beiden Ländern.

Hier oben wehte ein eisiger Wind; wir mußten unsere wärmsten Jacken und Mäntel überziehen. Hinter uns lag in voller Länge das Tal Argentiniens, aus dem wir gekommen waren, vor uns sahen wir Chile. Dunstschleier verhüllten uns die Aussicht ins Tiefland 9 000 Fuß unter uns. In engen Serpentinen fuhren wir zu Tal. Kein Schutzgitter, keine Warntafel schützte vor dem Absturz. Die Kurven waren so eng, daß wir zwei- oder dreimal zurücksetzen mußten, bevor wir herumkamen. Hätten die Bremsen versagt, wären wir verloren gewesen. Nach 260 Kurven waren wir bei der kleinen Bahn und der chilenischen Zollstation, die ausgangs des Tunnels zur Abfertigung der Züge gebaut worden war. Die Menschen, die dort lebten, erhielten alle Lebensmittel per Bahn. Im Winter, wenn der Zugverkehr wegen Schneefalls eingestellt werden muß, liegen die Bewohner oft wochenlang abgeschlossen von der übrigen Menschheit. Die Carabineros der Grenzwache erzählten, wie sie in ihrem tiefer als die Station gelegenen Wohnhaus über Nacht eingeschneit worden waren und vier Wochen nicht heraus konnten. Der Schnee lag bis über das Dach, und nur dadurch, daß das Eisenbahnpersonal einen Luftschacht zum Schornstein offenhielt, blieben sie am Leben. Nahrungsmittel hatten sie genügend im Haus, das Wasser lieferte der Schnee. So lebten sie vier Wochen in ständiger Nacht, bis die Wärme wieder kam und sie aus ihrem „Grabe" befreite.

* Clärenore Stinnes irrt sich hier: Die *Puente del Inca* ist eine fast 30 m breite Naturbrücke über eine Schlucht, die sich vor der von ihr beschriebenen Christusfigur (*Cristo Redentor*) befindet; diese steht auf dem Bermejo-Paß (3 382 m), der heute nur mehr von argentinischer Seite zu erreichen ist.

Die chilenische Presse erhielt Nachricht von unserer Grenzüberschreitung. In weiteren sechshundert Kurven gelangten wir in die Ebene. Vor *Santiago* kamen uns die Journalisten entgegen und ließen uns bis zu unserer Abfahrt nicht mehr aus den Augen. Erlöst von den Sorgen der südamerikanischen Steppe, genossen wir die herzliche Aufnahme, die Chile uns bereitete. Nicht ein Schatten der Trübung lag auf unserer Erinnerung, als der englische Dampfer „Essequibo" unseren Wagen und uns entführte.

Jede Sportleistung unparteiisch bewertend, zollten uns die Engländer ihre Anerkennung. Kapitän Roberts nahm uns unter seinen besonderen Schutz, und wir wurden gefüttert und gepflegt, damit wir mit neuen Kräften dem letzten Teil unserer Fahrt entgegentreten konnten. Der Ruf, in dem die Deutschen stehen, war mir vorausgeeilt, und als besondere Aufmerksamkeit gab es am Kapitänstisch mittags und abends *Sauerkraut* und westfälisches Schwarzbrot! Ich fand das so nett, daß ich aus Begeisterung in den zehn Tagen der Fahrt sicherlich mehr Sauerkraut gegessen habe, als sonst in drei Jahren zusammengenommen. Die rührende Sorge, die Kapitän Roberts auf Söderström und mich verwandte, ließ uns doppelte Portionen verzehren, und es war ein Glück für unsere schlanke Linie, daß wir in Panama wieder an die Arbeit kamen.

Eigentlich wollten wir nach Mexiko, mußten diesen Plan aber aufgeben, weil die Revolution ausgebrochen war und die Rebellen die Hafenstädte besetzt hatten.* Wenn wir auch unsertwegen dieses neue Abenteuer nicht gescheut hätten, so durften wir doch den Wagen nicht den Gefahren preisgeben, denn meuternde Truppen waren noch stets bereit, Kraftfahrzeuge zu beschlagnahmen, und in Mexiko würde es nicht anders sein. Wir änderten daher den Kurs und entschlossen uns, direkt nach den Vereinigten Staaten zu gehen, jedoch nicht ohne einen Einblick in das Land zu gewinnen, in dem wir uns jetzt befanden: Panama.

* Es handelt sich hier nicht um die eigentliche mexikanische Revolution, sondern um die *Cristiada*, einen bürgerkriegsähnlichen Aufstand im Westen Mexikos, der aus einem Konflikt zwischen der katholischen Kirche und dem damaligen mexikanischen Präsidenten Elias Calles (1924 bis 1928) entstanden war. Der prokirchliche Aufstand, getragen vor allem von der bäuerlichen Bevölkerung (*Cristeros*), konnte erst im Juni 1929 beigelegt werden.

XXV.

Bananen • Indianer • Krokodile • Der schwedische Dampfer „Tissnaren" • Wiedersehen mit Lord • Kanada

Nacht lag über Panama, als wir das kleine Ruderboot bestiegen, das uns zum Motorprahm brachte. Grün und rot leuchteten uns drei Meter über dem Wasser die Richtungslampen von der Steuerkoje des Holzbootes entgegen. Wir drehten bei und kletterten über die Brüstung an Bord. In dem sonst mit Holz überdachten Lagerraum, der uns als Wohnraum zugewiesen war, hatte man die Luken geöffnet. Zwei Petroleumlampen schaukelten im Takt der Wellen und warfen einen flackernden Schein in den Raum. An Stelle von dreißig Tonnen Ladung waren nun wir an Bord. Unser Wirt, Kapitän Elliot, hatte zu unserer Bequemlichkeit zwei Holzbänke, einen Tisch, Feldbetten, Hängematten, Proviantkisten, Eis und last not least Getränke an Bord genommen. Wir waren eine zehnköpfige Besatzung, weil sich außer der Bootsmannschaft und uns noch drei junge Schweden angeschlossen hatten. Im Maschinenraum standen die Lötlampen in voller Glut, um die Kugeln des Zweizylindermotors zu erhitzen. „Tack, Tack" antworteten einander die Explosionen, die Schraube schlug ins Wasser, und wir glitten hinaus in die See.

Im Raum wurde es gemütlich. Wir schlugen die Betten auf und spannten die Hängematten von Balken zu Balken. Über uns wölbte sich ein mondloser Sternenhimmel, der wie das Bild in der Laterna magica hin und her gezogen wurde durch das Schaukeln des Bootes, wenn wir durch die Luken blickten. Eine Nacht und den kommenden Vormittag hindurch fuhren wir an der unsichtbaren pazifischen Küste Panamas in östlicher Richtung entlang, und erst nachdem wir unser Mittagsmahl, bestehend aus Pellkartoffeln und Corned beef, vertilgt hatten, sichteten wir Festland. Eine sanft geschwungene Bucht lag im Schutze vorgeschobener Inseln, das Meer spülte in leisen Wellen an den sonnigen Sandstrand. Im Schatten hoher Kokospalmen stand das Wohnhaus von Kapitän Elliot. Es war ein Pfahlbau, um das Eindringen der

Bodenfeuchtigkeit in die aus Waldholz gezimmerten Räume zu verhindern. Die saubere Arbeit, die dicht gefugten Holzritzen, die Moskitonetze, die Möbel und die Badeeinrichtung verrieten den Europäer, während das Dach aus getrockneten Palmenblättern das Sinnbild der Tropen war.

In Rufweite lagen die Palmenhütten der zugehörigen Indianer, aber wir sahen sie nur vom Boot aus, weil wir nach einem kalten Duschbad unsere Fahrt fortsetzten. Erfrischende Kühle setzte mit dem Untergang der Sonne ein. Wir folgten der Küste bis zur Mündung des Chucunaque-Flusses* und fuhren dann stromaufwärts. Als die Frühnebel des tropischen Flusses regennaß auf das Boot schlugen und kühle Feuchtigkeit sich durch unsere Glieder zog, wurden wir munter. Die neue Umgebung fesselte den Blick. Dichter Urwald zu beiden Seiten! Wie eine grüne Welle stieg das Gewirr von Schlingpflanzen und Büschen bis zu den Kronen der Bäume empor, eine einzige große Hecke bildend, undurchdringlich selbst für den Blick. Nur am äußersten Flußrand hielten die Bäume sich freier, und ihre Stämme leuchteten weiß und rot aus dem Gewirr der schmarotzenden Schlingpflanzen. Orchideenblüten hingen an langen Blütenrispen von den Ästen und wetteiferten mit den bunten Farben großer und kleiner Papageien, die krächzend von Baum zu Baum flogen, aufgescheucht durch das Geräusch unseres Bootes. Lautlos strich der weiße Häher über das Wasser. Der Fluß war gelb und träge und trug uns verfaultes Zeug aus dem Urwald entgegen. Die Sonne lockte die ersten Krokodile hervor; an die menschlichen Verfolger nicht gewöhnt, streckten sie ihre Köpfe an die Oberfläche. Das Jagdfieber ergriff unsere Besatzung. Der erste Schuß zerriß die Luft. Klatschend, erschreckt, verschwanden die gestörten Raubtiere, einen gurgelnden Strudel im Wasser bildend, oder sie versuchten, in das Dickicht des Urwaldes zu entkommen.

El Real ist die Hauptstadt der Provinz Dairén in Panama. Unter Palmen, umgeben vom ewiggrünen Urwald, standen die Bam-

* *Chucunaque-Fluß* – es handelt sich eigentlich um die Mündung des *Río Tuira* (in den weit ins Land reichenden *Golfo de San Miguel*), in diesen wiederum mündet bei El Real der Río Chucunaque.

bushütten der Negerbevölkerung. Nur wenige wohlhabende Einwohner, wie etwa die Inhaber von Verkaufsläden, besaßen Holzhäuser. Unser Boot legte am steil abfallenden Flußufer an. Eine Planke wurde auf die Brüstung geschoben, und wir gingen an Land, um Umschau zu halten.

Als Frau galt mir das größte Interesse. Mein Auftreten in Hosen erweckte Mißtrauen über mein Geschlecht, aber jeder Zweifel wurde schnell durch eine Indianerin gelöst, die auf mich zukam, mir die Hand aufs Herz legte und in gebrochenem Spanisch fragte: „Bist du Mann oder Frau?" Ich war Frau und konnte es nicht länger verleugnen. Befriedigt über ihre schlaue Art der Erkundigung teilte die Indianerin das Ergebnis den anderen mit.

Inzwischen bereitete Kapitän Elliot unseren Ausflug zu den Chocó-Indianern* vor, die sechs Stunden flußaufwärts im Wald leben. Unser Boot blieb in El Real, um Bananen zu laden, während wir auf indianischen Canoes weiterzogen. Dies war notwendig, weil der Fluß zunehmend seichter wurde und wir mit unserem Schiff gar nicht so weit hinauf konnten. Ein kleiner Heckmotor hatte aus dem Einbaum eine ideale Verbindung vom Urzustand zur modernen Technik geschaffen. Der einzige Nachteil war, daß der Baum stark schaukelte und dann Wasser schöpfte. Aber weil dies nun einmal zu einer solchen Fahrt gehört, so ergriffen wir bereitwilligst die Kalebassen aus Kürbisfrüchten und schöpften das Wasser wieder hinaus. Je weiter wir den Fluß hinauf kamen, um so schwieriger gestaltete sich die Fahrt. Gestürzte Bäume versperrten den Weg, und Sandbänke, die die starke Strömung von einer Stelle zur andern schob, brachten uns oft der Gefahr des Auflaufens nahe. Ein Neger stand beobachtend am Bug des Canoes. Ertönte sein Warnpfiff, dann hob sein Kamerad am Heck schleunigst die Schraube aus dem Wasser, und hopsend und springend gelangte das Boot zwischen und auf die versteckten Baumstämme. Wir Insassen waren nur bemüht, in solchen Fäl-

* *Chocó* – zu den Kariben zählende indianische Bevölkerung im pazifischen Tiefland Panamas und Kolumbiens; heute gibt es noch etwa 8 000 Chocó im Regenwald des Darién; sie leben vor allem an den Flußläufen, ursprünglich betrieben sie Brandrodungsfeldbau, Fischfang und Jagd

len das Gleichgewicht zu halten, und waren jedesmal erfreut, wenn wir uns über dieses Hindernis hinausgestakt hatten und der Motor in tieferem Wasser wieder seinen Taktgesang aufnehmen konnte. Ein kühles Wasserbad wäre sicher wohltuend und erfrischend gewesen, aber die Krokodile, die bei unserem Kommen schwerfällig von den Sandbänken in den Fluß stiegen, töteten in uns jede Lust dazu.

Eine kleine Siedlung der Indianer lag am Fluß. Angeseilte Canoes verkündeten die Nähe ihrer Wohnung. Als wir ankamen, durch das Motorengeräusch avisiert, traten zwei Männer des Stammes aus dem Dickicht, um uns zu begrüßen. Sie waren von zierlicher Gestalt, und ich wäre geneigt gewesen, sie nach Stimme und Bewegung als Frauen anzusprechen, wenn nicht der rote Schurz und der nackte Oberkörper das Gegenteil bewiesen hätten. Daran gewöhnt, oft Weiße hier zu sehen, die bei ihnen Bananen aufkauften, forderten sie uns sogleich auf, sie zu ihrer Wohnung zu begleiten, die versteckt hinter großen Sträuchern im Schatten der Urwälder lag. Es war eine Zwei-Etagen-Hütte, die – rund wie ein Mühlenstein – mindestens zehn Meter Durchmesser besaß. Die einen Meter hohe Bodenetage war der Aufenthaltsort für Hunde, Hühner, Schweine und sonstiges Hausgetier, nur getrennt durch nebeneinander gelegte, gespaltene Bambusstangen. Darüber war die Wohnetage für die Familie und ihre Angehörigen. Der Indianer liebt es, seine Familie zusammenzuhalten. Es war nichts Seltenes, wenn drei Generationen die Hütte innehatten, die Trennung der einzelnen Räume durch das Ausbreiten der Matten markierend. Die Gründung einer Familie erfolgte nach dem patriarchalischen System, das schon von den Zeiten unserer Vorväter bekannt ist. Wenn ein junger Mann Wohlgefallen an einem Mädchen fand, so versuchte er, sie öfter zu treffen und ihr, wenn möglich, bei der Arbeit zu helfen. Glaubte er Entgegenkommen zu finden, so ging er zu dem Vater und hielt um die Hand der Tochter an. Er mußte dann nachweisen können, daß er in der Lage war, seine Frau zu ernähren; außerdem erwartete der Vater von ihm eine Gegenleistung, sei es in Geld, in Tieren oder in Gestalt einer bestimmten Anzahl von Arbeitstagen im Jahr, an denen er dem Schwiegervater auf dessen

Feldern helfen mußte. Hieß der Vater den neuen Schwiegersohn gut, so riet er der Tochter, ihn zu heiraten. Fast immer leistete das Kind dem Wunsche der Eltern Folge, wenn nicht, wurde es nicht gegen seinen Willen zur Heirat gezwungen.

Die Hochzeit fand im Hause der Eltern oder bei Verwandten statt. Ein etwas besseres Abendessen diente dem Zweck, die beiden den Verwandten und Bekannten als neugegründete Familie vorzustellen und sie im Kreise der Gemeinde als Eheleute zu legitimieren. Uneheliche Kinder und Treubruch waren sehr seltene Erscheinungen. Sollte dennoch eine Frau die ungeschriebenen Moralgesetze des Stammes verletzen, so wurde sie ausgestoßen, und kein Mann berührte sie mehr. Diese harte und abschreckende Strafe, die das Dirnendasein nicht erlaubte, bewirkte, daß sich die Frauen sehr in acht nahmen, nicht gegen den Sittenkodex zu verstoßen.

Die Erziehung der Kinder erfolgte in jeder Beziehung durch das Beispiel der Älteren. Schöpfung, Leben und Arbeit spielten sich in der Gemeinschaft des Familienkreises ab. Die Kinder waren von Natur aus gehorsam und gewohnt, sich zu fügen. Knaben und Mädchen unterstanden der Mutter. Wurde der Junge arbeitsfähig, ging er in die Hand des Vaters über. Die Kinder wuchsen unter einem dynastischen System auf: Bei allen Entschlüssen wurde der Älteste des Hauses – sei es Mann oder Frau – um seinen Rat befragt, aus dem Weisheit und Erfahrung des Alters sprach.

Die Gastfreundschaft war weit verbreitet. Es war Sitte, daß eine Familie, wenn sie Lust verspürte, ihre Freunde zu besuchen, ihr Haus verließ und mit sämtlichem lebenden und toten Inventar auf ihren Canoes viele Tagesreisen flußauf- und -abwärts zog, um bei den Freunden mit allem Hab und Gut einzutreffen. Die Leute wohnten dann einige Wochen dort, besuchten den nächsten Freund und so fort, bis sie schließlich des Reisens müde wieder heimkehrten.

Sie sind religiös wie alle Völker, die in unmittelbarer Nähe der Natur leben, und kennen viele Götter, gute und böse. Die Darstellung derselben variiert nach dem Individuum, da die Personifizierung eines Gottes der persönlichen Auffassung des einzelnen entspricht.

Auf mich wirkten diese Söhne und Töchter der Wälder unendlich sanft. Ein samtener Glanz lag über der bronzefarbenen Haut. Ihr Blick war zutraulich und offen. Wir baten, Aufnahmen machen zu dürfen, um in unserer fernen Heimat den weißen Schwestern und Brüdern ihr Bild zeigen zu können, damit auch diese sie kennenlernten. Sie willigten ein, wollten aber dafür von uns vier Pfund Glasperlen haben. Wir versprachen, sie ihnen zu schicken; das genügte ihnen jedoch nicht. Sie wollten die Perlen sogleich haben. Entschuldigend meinten sie, es wäre schon einmal ein Weißer dagewesen, der ihnen Perlen versprochen, nachher aber sein Wort nicht gehalten hätte. Es gelang uns jedoch, noch einmal ihr Vertrauen zu gewinnen. Sie schmückten sich und holten ihre besten Perlenschnüre hervor. Der Weiße, der sein Versprechen nicht gehalten hatte, sollte sich wirklich schämen. Der Indianer dieser Gegend ist von Natur aus gutgläubig. Er wurde aber vielfach getäuscht und mußte so sein Vertrauen zur weißen Rasse verlieren, das den Grundstein des Friedens bildet.

Wir gingen zu unseren Canoes zurück, um stromabwärts nach El Real zurückzukehren.

Wie ich schon erzählte, waren wir in zwei Booten verteilt. Das kleine und schnellere Boot blieb zurück, weil die jugendlichen Insassen sich erst noch einen warmen Kaffee zu Gemüte führen wollten. Wir begannen unseren Zickzackweg mit den Stromschnellen und um die Baumstämme. Mit Einbruch der Dunkelheit verstummten die Stimmen des Urwaldes, und nur noch das Knattern unseres kleinen Motors hing zwischen den undurchdringlichen schwarzen Hecken des Waldufers. Ein Neger am Bug leuchtete mit einer Taschenlaterne den Fluß in der Fahrtrichtung ab. Schweigend gaben wir andern uns dem Frieden der Natur hin und erfrischten uns an dem kühlen Wind, den die Nacht mit sich brachte.

Zwei Stunden vergingen, und noch war von unseren Gefährten nichts zu hören und zu sehen. Wir entschlossen uns, beizudrehen und auf sie zu warten. Die Zeit verstrich, ohne daß wir ein Lebenszeichen erhielten. Lautlos glitt der Schatten eines Indianercanoes an uns vorüber. Wir riefen es an und erkundigten uns nach den anderen. Die Antwort lautete: „Vielleicht gesehen, sehr weit zurück." Die Sorge wurde in uns wach, wir drehten um, sehr gegen den Willen unseres Bootsführers, und fuhren wieder stromaufwärts, um unsere Kameraden zu suchen. Wenn ihnen ein Unglück passiert war, das schmale Fahrzeug vielleicht gerammt, so bedeuteten die vielen Krokodile im Fluß den sicheren Tod! Wie zur Bestätigung unserer Furcht trieb in zwei Metern Entfernung ein solches Tier an uns vorüber, den Kopf über Wasser; ein Paar seelenlos glotzende Augen starrte uns an, und wie die Zähne einer Säge glitt der Rücken durch die nacht dunkle Flut. Eine bange halbe Stunde verstrich, ohne daß wir das Geringste von unseren Gefährten entdecken konnten. Vergeblich riefen wir und schossen in die Luft, aber es wurde uns keine Antwort. Die Minuten verstrichen und zogen sich für unsere suchenden Sinne in zehnfache Länge, bis wir endlich einen Laut zu vernehmen glaubten. Wir hielten an, da tauchte auch schon, mit der Strömung gleitend, ein Boot auf. Wir riefen es an, und voller Freude hörten wir die Antwort unserer Leute; ein Motordefekt hatte sie kurz nach ihrer Abfahrt gezwungen, sich zum Vorwärtskommen nur der Holzpaddel zu bedienen. Doch jetzt, wo wir wieder beisammen waren, gab es keine Gefahr mehr. Wir hängten das Boot an das unsrige an, und ohne weitere Störung legten wir die letzten drei Stunden zurück. An Bord der „Lancha"* wartete man bereits mit dem Abendbrot auf uns.

Erst am Nachmittag des folgenden Tages sollte die „Lancha" ihre Bananenfracht bekommen. Deshalb benutzten wir den Vormittag, um Krokodile zu jagen. Von den Eingeborenen hatten wir gehört, daß eine Stunde flußabwärts eine große Schlammbank der Treffpunkt der Reptile sei. Da die Mehrzahl unserer Besatzung sich dem Verladen der Bananen widmen mußte, fuhren Kapitän Elliot, Söderström und ich allein in einem Canoe zur Jagd. Bevor wir noch in Sichtweite der fraglichen Sandbank kamen, ließen wir unseren Führer den Motor abstellen und glitten lautlos, nur vom Ruder gesteuert, stromabwärts. Grau lag der Schlamm über dem Wasser, weit aus dem angrenzenden Wald vorspringend. Gleichfarbig grau lagen die Krokodile in der Sonne, und wären wir

* *Lancha* (span.) – Boot, Barkasse.

nicht auf der Suche nach ihnen gewesen, so wären sie uns überhaupt nicht aufgefallen. Ihre Leblosigkeit erweckte den täuschenden Eindruck von angeschwemmten Baumstämmen. Doch dann schossen wir. Als der Knall die Luft zerriß, wurden sie lebendig; rutschend und laufen stürzten sie dem Wasser zu und tauchten unter. Rings um unser kleines Boot schwammen bald Hunderte dieser Ungeheuer. Luftblasen stiegen aus dem Wasser auf, dann und wann erschien ein Kopf an der Oberfläche. Wir durften nur auf die weiter entfernt treibenden Tiere schießen, denn die dicht am Boot schwimmenden hätten uns leicht zum Kentern bringen können, wenn wir sie durch Anschießen erschreckt hätten.

Auf Bananen traten wir den Rückweg an. Das Holzboot war bis auf den letzten Fleck damit angefüllt. Von Bequemlichkeit wie bei der Hinfahrt konnte nicht mehr die Rede sein. Wir legten unsere Schlafsäcke zwischen die Bananenstöcke und suchten uns so hineinzupressen, daß wir nicht Gefahr liefen, im Schlaf über Bord zu rutschen. Dreckig, aber um ein Erlebnis reicher, kehrten wir nach Panama zurück, von wo aus uns der schwedische Dampfer „Tissnaren" nach Los Angeles mitnahm.

Wir hatten viele Schwierigkeiten gehabt, bis wir eine Passage nach den Vereinigten Staaten bekamen. Die amerikanischen und deutschen Dampferlinien wollten unser Auto nicht mit an Bord nehmen, obwohl wir selbst das Risiko für den Transport zu übernehmen bereit waren. Unerwartet kam der Schwede auf der Fahrt von der Heimat nach Australien vorbei. Wir fuhren ihm im Kanal entgegen, fragten, ob er uns mit dem Auto aufnehmen würde. „Aber warum denn nicht?" fragte Kapitän Lilliestierna von der Kommandobrücke herunter. „Seien Sie nur mit allem, was Sie haben, in drei Stunden am Kai!" Unnütz zu erwähnen, daß wir da waren!

Nun kamen zehn Tage Seereise, in denen wir unseren Wagen einer gründlichen Reinigung unterzogen und im übrigen sorgenlos ein gutes Leben genossen.

In *Los Angeles* trafen wir unangemeldet und unerwartet ein. Am Abend der Ankunft fuhren wir noch um ein Uhr in das Hundehospital, wo wir unseren lieben Lord abholten. Wir haben alle geweint, als er uns wiedererkannte und uns, sich an Söderström und mich pressend, heulend seine Geschichte von den einsamen Tagen erzählte, in denen er auf uns gewartet hatte.

Unerkannt und unauffällig, aufgrund unserer Ankunft mit dem Frachtdampfer, entschlüpften wir den stets aufmerksamen Reportern. Wieder mit Lord vereint, fuhren wir auf dem Pacific-Highway nach Kanada. Wir genossen die herrlichen Straßen und ließen die Natur im Fluge an uns vorüberziehen.

Vancouver in Kanada hatten wir uns zum nördlichsten Ziel gesetzt. Im Stadthafen lagen die Überseedampfer, und außerhalb der Stadt auf den Feldern erwachte das Korn mit grünen Spitzen aus dem Winterschlaf. Aber eine Viertelstunde Kletterfahrt in die Berge versetzte uns vom Frühling zurück in den Winter und in das Reich des „weißen Sportes". Hier oben machten wir in einem Hotel für einige Tage Rast. Uns zu Füßen, tief unten in der Ebene lag Vancouver, in der Ferne am Horizont wölbte sich der Pazifische Ozean.

Als unser Abfahrtstag herankam, setzte über Nacht Schneetreiben ein, und unser „Kleiner" stand am frühen Morgen bis fast ans Dach eingeschneit. Wir schaufelten ihn frei, mußten aber mit der Talfahrt auf das Eintreffen des Schneepfluges warten, der die sonst unpassierbare Straße reinfegte. Unsere Anwesenheit war durch einen Zufall doch noch bekanntgeworden: Eine Skiläuferin hatte sich verletzt, und wir hatten sie mit dem Wagen ins Hospital gebracht. Am nächsten Tag standen große Berichte in der Zeitung, und die Presse stürzte über uns her, als wir wieder in Los Angeles eintrafen. Wir mußten den Reportern zunächst unsere Reiseroute durch die Vereinigten Staaten bekanntgeben. Unser Weg sollte folgendermaßen verlaufen: von Los Angeles über El Paso, Oklahoma City, Kansas City, Milwaukee, Chicago, St. Louis, Detroit, Boston, New York nach Washington. Es sollte also eine Fahrt kreuz und quer durch das Land werden, bei der wir nicht nur die 36 größten Städte besuchen, sondern auch in die Einsamkeiten des Canyon Lake und der Indianerreservate vordringen wollten. Schwierigkeiten gab es für uns nicht mehr. Nach Asien und Südamerika rollten wir jetzt sorglos auf den guten Straßen, die Wagen spielend auf mehrere hundert Kilometer Tagesleistung bringend.

Canyon Lake, Arizona.

XXVI.

Wie ich die Staaten sah

Amerika wird oft noch wegen seines Ursprungs als Europa zugehörig betrachtet, während es aus seiner Entwicklung heraus eigenartig, europafremd und hundert Prozent amerikanisch ist. Um einen Einblick in dieses neue, große Land zu gewinnen, beschäftigte ich mich zuerst mit seiner Vorgeschichte:

Im 17. Jahrhundert war die „Mayflower" nach Plymouth gekommen. Sie war das Pionierschiff der systematischen Einwanderung in diesen großen, neuen Erdteil. Die Unternehmungslustigen, die Abenteurer, die Menschen, die Mut und Tatkraft besaßen, lösten sich von ihrer europäischen Heimatscholle, um sich in der Neuen Welt eine Zukunft zu schaffen. Die Auswanderer verschiedener Nationen hielten sich volks- und sprachenmäßig zusammen, und den Grund und Boden, von dem sie Besitz ergriffen, stellten sie schutzsuchend unter die Oberhoheit ihres Geburtslandes. So entstand im Nordosten die englische Kolonie „Neu-England", angrenzend „Holland" im jetzigen Staate New York mit der Stadt „Neu-Amsterdam"* am Hudson, im Südosten bildeten sich französische Kolonien, während von Mexiko die Spanier vordrangen und Land für Spanien erstritten. Rege beteiligten sich auch die Skandinavier an diesen neuen Niederlassungen. Der Einfluß der Deutschen auf diese Ländereien beschränkte sich in den ersten Jahrhunderten meist auf einzelne kriegerische Elemente, die aber nicht mit dem Wunsch, bodenständig zu werden, herübergekommen waren. Der Streit, der Kampf gegen die eingeborenen Indianer war das Bindemittel dieser bunt zusammengewürfelten Nationensplitter.

Alle diejenigen, die des eng gewordenen Europa überdrüssig waren, hatten ihre ganze Habe zusammengepackt. Segelschiff auf

* *Neu-Amsterdam* – ursprünglicher Name der Stadt *New York*, gegründet Anfang des 17. Jahrhunderts als Hauptstadt der niederländischen Kolonie Neu-Niederland, die etwa die heutigen Staaten New York und New Jersey umfaßte.

Segelschiff brachte die Pioniere über den Atlantik zum neuen Land. Der östliche Küstenstrich war bald besiedelt, und die neu Ankommenden strebten, die Eingeborenen verdrängend, nach Westen, um sich im Innern des Landes auszubreiten. Die Indianer gaben ihre Jagdgründe nicht kampflos auf, sie mußten aber schließlich der Übermacht weichen, jedoch viele Weiße bezahlten mit ihrem Leben die Eroberung des Landes. Dieses um das gleiche Ziel vergossene Blut schuf ein Gemeinsamkeitsgefühl aller Kämpfenden und machte sie unabhängig vom Mutterland. Bestärkend wirkte die Abhängigkeit der Siedler untereinander, die sich als Nachbarn zwangsläufig verständigen mußten, um eine größere Widerstandskraft aufzubauen, sowohl gegen die Indianer als auch gegen die Natur des unerforschten Landes. Der Sieg über den roten Mann, den der Einwanderer mit der Waffe in der Hand ohne fremde Hilfe errang, mußte in ihm das Gefühl erwecken, nun der einzige und alleinige Besitzer des errungenen Grund und Bodens zu sein. Als dann die Mutterländer, diese Neueroberungen als ihre Dominien betrachtend, Abgaben forderten, empörten sich die Männer, die aus eigener Kraft ihr Land geschaffen hatten. Sie lehnten die Forderungen ihrer Regierungen ab, die ihnen im Kampfe gegen die Eingeborenen nicht geholfen hatten, und schlossen sich alle unter General Washington zusammen, Europa ihre Unabhängigkeit erklärend.

Das Gefühl der Opposition gegen unberechtigte Ansprüche hatte die besten Kämpfer und Pioniere zu einer Nation der „freien Bürger Amerikas" zusammengeschweißt.

Noch ruhte aber der Kampf im Lande nicht. Die Unterwerfung der Indianer ging langsam vor sich. Es wurden Arbeitskräfte gesucht, weil die Pioniere inzwischen Farmbesitzer geworden waren und mehr Land besaßen, als sie und ihre Familien bearbeiten konnten. Aus den wandernden Händlern waren Kaufleute geworden. Als diese die große Nachfrage nach Arbeitskräften erfaßt hatten, begannen sie mit dem Import von Arbeitskräften. Sie exportierten aus Afrika Neger, um sie in Nordamerika als „Arbeitstiere" zu verkaufen. Diese praktische Lösung der Arbeiterfrage wurde von allen Siedlern ausgenutzt, bis die erste Not überwunden war. Dann fing man an weiter zu blicken, und es erhoben sich Zweifel über die Zweckmäßigkeit dieses Vorgehens. Einerseits vermehrten sich die importierten Neger rasch, ihr Einzelwert fiel, aber die Masse stieg und wurde eine Gefahr. Andererseits ließen die Ausschreitungen gegen die ungeschützten Schwarzen den Humanitätsgedanken entstehen. Es erwuchs eine starke Partei, die für den Schwarzen als gleichberechtigten Menschen und amerikanischen Bürger eintrat. An ihre Spitze stellte sich Abraham Lincoln, und unter ihm zogen die Länder des Nordens, in denen die Sklavenarbeit nicht so nutzbringend war, in den Kampf gegen den Süden, der am alten Prinzip festhalten wollte. Die Nordstaaten errangen den Sieg, und die Südstaaten fügten sich mit der Zeit der durch Waffengewalt herbeigeführten Entscheidung.

Europa hatte, nachdem sich Amerika von ihm losgesagt hatte, das Interesse an ihm verloren. Es sah auf dieses neue Land herab und beurteilte es nach seinen eigenen kolonialen Erfahrungen. Es übersah, daß in den Kolonien das Volk immer der Eingeborene blieb. In den Staaten aber war das „Volk" aus den besten Kräften, die Europa besessen hatte, erstanden, und diese Kräfte arbeiteten fieberhaft am Aufschwung ihres selbstgeschaffenen Landes. Der Stolz auf ihre eigene Schöpfung hielt diese junge Nation zusammen, die tatkräftig und kampfgewohnt ihre Lebensberechtigung erwies. Die Ablehnung, die ihr von der Alten Welt zuteil wurde, gab ihr die Ruhe, sich ungestört zu entwickeln. Die Vereinigten Staaten wären ohne diese Verweigerung des Interesses von der anderen Seite in die europäische Politik verwickelt geblieben und wären unter diesem Einfluß ein Stück Europa geworden. So aber verbündeten sich alle Energien durch äußeren Einfluß ungehemmt, und in steiler Linie ging es zum Erfolg empor. Europa wurde aufmerksam, aber es verneinte vor sich selbst noch die Wahrheit und versuchte herabzusetzen, wo sich eine Schwäche fand.

Europa griff die Jugend des Landes an, das keine Geschichte aufzuweisen hatte. Man sah einen Mangel darin, daß diesem Volk die Dichter und Denker fehlten, aber man vergaß, daß man in diesem Lande keine Zeit dazu gehabt hatte. An die Stelle der Dichter und Denker waren Organisatoren und Erfinder getreten. Wenn

Bibliotheken und Kunstsammlungen arm an eigenen Schätzen waren, so erblühten dafür um so mehr Fabriken und Industrien und hoben den Reichtum und die Macht des Landes. Männer der Arbeit waren die Gründer gewesen, Arbeit war zum Leitsatz des Volkes geworden. Der Erfolg wirkte anziehend, und noch jetzt verliert Europa Jahr für Jahr viele gute Kräfte an dieses Land, das tüchtige Leistungen rückhaltlos anerkennt.

So betrat ich zum ersten Male dieses Land, um das die Welt heute wirbt, weil sie seine Stärke erfahren hat.

Aus vielen Eindrücken, die in den Vereinigten Staaten auf mich einwirkten, greife ich einige Beispiele heraus, die ich als charakteristisch empfinde. Obwohl Kalifornien nicht typisch amerikanisch ist, fühlte ich mich fremd. Die Natur ergab sich den Menschen kampflos, und die Industrien werteten aus, was ihnen zufiel. Der Händler hatte das Wort. Reklamen säumten die Chausseen, wie die Bäume eine Allee. Vom Hotel bis zur Schuhcreme pries jeder seine Bestleistung an. – Wie anders muteten uns dagegen im Osten die Industriezentren an: Eisen und Stahl um Pittsburgh, die Verarbeitung der Rohmaterialien in Detroit, das Wunderwerk menschlicher Berechnung, das sich in der Fabrik von Henry Ford zeigte. Aus nahen und entlegenen Fabrikgebäuden liefen an Bändern Autoteile zu einem Zentralpunkt. Automatisch, von Menschenhand nur geleitet, paßte sich ein Stück zum anderen, und nach achteinhalb Minuten konnte man in ein fertiges Auto einsteigen und davonfahren. Wagen um Wagen rollte vom Band zur Abnahme. 8 000 Stück pro Tag! Welche Organisation mußte da dahinter stehen, um jeden Teil – vom Federbolzen bis zum Kolbenring – immer in dem Augenblick eintreffen zu lassen, in dem ein Arbeiter wieder die Zeit hatte, seine Hand danach auszustrecken.

Der Gründer des Werkes, Henry Ford, ist ein Sinnbild seines Volkes, ein Selfmademan. Es ist sein eigenes Verdienst, sagen anerkennend seine Mitmenschen, für ihn aber ist es sein Lebenswerk, das er als genialer Künstler geschaffen hat und das ihn noch heute wie in den ersten Tagen der Not gefangenhält. Er fühlt und lebt mit seinen Maschinen. – Als Ford uns durch die Zeichenhallen führte und in einem abgetrennten Raum die Tische zeigte, an denen er sein letztes Modell konstruiert hatte, glänzten seine Augen. Er liebte seine Maschinen wie der Vater seine Kinder, die er aufgezogen hat. Der *Mensch* Henry Ford offenbarte sich, als er mit uns durch die Sammlung für sein zukünftiges Museum ging. Hier hatten alle Gegenstände des täglichen Lebens eine Heimstatt gefunden: Lampen, Teller, Stühle aller Generationen. Nicht nur der Stuhl des Kunstsammlers wurde in Ehren gehalten, auch der rohgezimmerte Stuhl des Alltags fand gebührende Beachtung. Die Gegenstände waren nicht nach ihrem Geldwert ausgewählt worden, sondern nach den Diensten, die sie geleistet hatten. Alte Maschinen wurden in einer dafür arbeitenden Werkstatt wieder hergerichtet. Beinahe rührend wirkte die Sorgfalt, die man einem alten einzylindrigen Explosionsmotor hatte zukommen lassen. Jahrelang hatte er auf einem Schrottlager in England gelegen, und nun stand er sauber geputzt auf einem Podest, sein Herz schlug in alter Frische.

Was Henry Ford ausführte, ist nur das in die Tat umgesetzte Gefühl des Volkes: die Ehrung und Erhaltung aller Dinge, die ein Markstein in der Entwicklung der Menschheit gewesen sind. Und in diesem Zusammenhang sagte er auch ganz folgerichtig: Wenn in unserer Zeit ein technischer Fortschritt erzielt werden soll – sei es Telephon, Flugzeug oder Auto –, dann muß dieser Gegenstand den Menschen erst einmal vorgeführt werden, um den Wunsch zu erwecken, diesen Gegenstand auch zu benutzen. Denn – bildlich gesprochen – kommt erst das Auto und dann der Weg. Denn es würden keine Highways gebaut, bevor es Autos gibt.

In der Nation lebt die gleiche Anerkennung der eigenen Vergangenheit. So bewahren die Amerikaner die verschiedenartigsten Denkmäler in Gestalt großer, gewaltige Landstrecken umfassender Nationalparks. In diesen Parks herrscht paradiesische Kampflosigkeit. Kein Baum wird gefällt, kein Tier wird getötet, wenn es die Gesetze des Parkes achtet und nicht auf Raub ausgeht. Die in Freiheit geborenen Bären sind zahm wie Hunde, und die Aufsichtsbeamten müssen ihre Küchen und Vorratsräume unter Verschluß halten, damit ihnen Meister Petz nicht ihre Lebensmittel stiehlt. Große Campingplätze sind den Städtern eingeräumt worden, damit sie inmitten der ursprünglichen Natur ihre Zelte aufschlagen und wochenlang einen Erholungsaufenthalt genießen können, unabhängig von den kostspieligen Hotels. Wenn sie am frühen Morgen ihre Zeltwände Zurückschlagen, grasen Rehe vor ihren Augen, Bären schnüffeln neugierig an den Automobilen herum, und Vögel aller Arten und Gattungen putzen und plustern sich, mit ihrem Zwitschern die Gegend belebend.

Die Lage der Nationalparks wurde durch die Naturschönheiten dieser Erdenflecken bestimmt. Hier fanden Industrie und Geldinteressen eine Grenze, hinter der sie die Naturschätze unausgebeutet liegen lassen mußten. Gewaltige Steinformationen, Gletscher, Krater und Geysire erhielten ihre Umrahmung durch hundertjährige Wälder. Den Indianern, die von den Weißen aus ihrem Lande vertrieben worden waren, räumte man in diesen Parks eine Freistatt ein, wo sie ungestört nach ihrer alten Gewohnheit leben konnten, jedoch die Jagd blieb ihnen verboten, und die weidenden Büffelherden mußten sie vorbeiziehen lassen, ohne den Speer nach ihnen werfen zu dürfen.

Das größte Naturwunder ist der Grand Canyon. Jäh schneidet die Schlucht ein. Von der Ebene tritt man unvermittelt an diesen Bruch in der Erde. Fast zweitausend Meter tief unter uns liegt ein Tal. Wie einen kleinen Strich sieht man dort unten die rasenden Stromschnellen des Colorado River, der sich seinen Weg durch weichere Erde bis in das Steinbett aus Granit gegraben hat. Durch Jahrmillionen haben die Elemente mit Schnee, Eis und Wasser am Erdreich zerstörend gewirkt und alles hinweggerissen, was schwach und widerstandslos war. So entstand die ungeheure Kluft in der Ebene. Als sich die Erde durch innerliche Eruptionen hob, fehlte ihr die Kraft, das Flußbett mitzureißen. So stiegen die Erdwände empor, und der Colorado River blieb zurück, forttragend, was an losem Erdreich um ihn war. Zweitausend Meter von oben herab sahen wir die Erdgeschichte im Querschnitt. Die geologischen Schichten waren hüben und drüben übereinstimmend. Phantastische Inselgruppen, die dank ihrer festeren Fundamente der Zerstörung durch das Wasser entgangen waren, reckten sich empor. Zwischen den beiden Steppenplateaus ist eine Luftlinie von sechs Kilometer Entfernung. Blauer Dunst erfüllt die Schlucht und zieht in Schleiern eines ständig wechselnden Farbenspiels an den Wänden vorbei.

Die Hopi-Indianer, die ihr Reservat im Gebiet des Canyon-Parks haben, besitzen gegenüber dem großen Touristenhotel ein Haus in ihrem eigenen Stil. Sie beschäftigen sich mit Handarbeit, weben Teppiche oder verfertigen Perl- und Silberarbeiten.

Bei den Hopi-Indianern.

Zwischen der Pazifikküste und den Ackerbauländereien des Ostens liegt, westlich begrenzt durch die Sierra Nevada, östlich durch die Rocky Mountains, der unfruchtbare Küstenstrich, von der kanadischen Grenze bis nach Mexiko sich erstreckend. Eine dreitägige Autofahrt führte uns hindurch. Hier liegt das bisher ungelöste Problem der Vereinigten Staaten. Diese ungeheuren Brachflächen müßten durch künstliche Bewässerung nutzbar gemacht werden. Es wird eine Frage der Zeit sein, ob sich große Organisationen zusammenschließen und das nötige Geld dazu aufbringen, um dann freilich auch wieder Geld ernten zu können. Doch einstweilen trifft man nur vereinzelt auf kleine Niederlassungen, die sich um eine fündig gewordene Brunnenbohrung gesammelt haben. Regen ist in diesem Lande selten, aber um so andauernder dörrt die Sonne den Boden aus. Wir versuchten in diesen Tagen, des Wassers wegen immer am Abend ein Haus zu erreichen. Wir übernachteten aber in einem Zelt, das wir uns in den Staaten gekauft und mit luxuriösen Zeltbetten ausgestattet hatten.

In keinem Lande hatten wir bisher eine so gesunde demokratische Gleichheit der Menschen angetroffen. Der Unterschied zwischen reich und arm, wie wir ihn in Europa kennen, existiert nicht. Jeder Arbeitswillige besitzt sein Haus, ein Auto, Radio, Grammophon und hat keine Sorgen um das tägliche Brot. Es gibt nur noch den Unterschied des Reicheren. „Arm" in dem Sinne, daß man nicht weiß, woher das Essen für den nächsten Tag nehmen, ist unter den Arbeitenden unbekannt. Dieses Elend findet sich nur in der Enge großer Städte, bei den dunklen Existenzen, denen nicht jede ehrliche Arbeit recht ist. Wir haben nie zuvor so viele zufriedene Menschen angetroffen, aber wir staunten auch über den Lebensstandard, den der einfache Bürger sein eigen nennt. Wenn auch sehr national begrenzt, so besitzt doch jeder eine gründliche Kenntnis der Geschichte seines Volkes und der seines speziellen europäischen Heimatlandes. Allgemein ist das Interesse, das die Bevölkerung an der eigenen Regierungsform nimmt, und man beschäftigt sich mit den Problemen des Landes genauso intensiv im eigenen Heim, wie es die Regierung in Washington tut.

Es wurden uns viele ins Überdimensionale gesteigerte Wirtschaftsbetriebe vorgeführt, die wir als Übertreibungen bezeichnet hätten, wenn man uns davon nur erzählt hätte. Wir sahen Brutmaschinen, in denen 16 000 Küken zur gleichen Zeit ausgebrütet wurden; auf Brettern, die aus Wärmeschränken kamen, piepten 500 kleine Küken zugleich, inmitten der eben aufgebrochenen Eierschalen. Farmen mit einem Durchschnittstagesertrag von 30 000 Eiern waren nichts Außergewöhnliches. Wir stellten unsere Wagen in Garagen unter, in denen die Wagen auf Rampen zu ihrem Parkplatz bis zum 14. oder 18. Stockwerk gefahren wurden.

Organisation und Zweckmäßigkeit beherrschten das Ganze. In der International Harvester Garage in Chicago beispielsweise war der Hauptbetrieb zur Nachtzeit, weil die Mehrzahl der Kunden Lastwagen besaßen, die tagsüber für den Geschäftsbetrieb benutzt werden mußten; folglich konnte nur die Nachtzeit für Reparaturen genommen werden, und das Werk richtete sich entsprechend darauf ein.

Auch auf dem Gebiete des geistigen Lebens wurden an die moderne Menschheit Konzessionen gemacht. Wir hörten am Palmsonntag einer Radiopredigt zu. Der Pfarrer sprach in der Kirche, er wandte sich aber in seiner Einleitung neben der Kirchengemeinde auch an die Radiohörer. Sein Thema war die Geschichte des „verlorenen Sohnes" aus der Bibel. Bei seiner Erzählung schwand aber die mythische Umgebung, und es blieb nur das Alltagsdrama eines Irrenden, der zur Wahrheit zurückfand. Der Pfarrer sagte: „Als der Sohn sein Elend erkannte, wandte er sein Auto um (wörtlich: ‚he shifted his gears and turned round the highway') und fuhr auf der Chaussee nach Hause. Der Vater, anstatt ihn damit zu empfangen: ‚Siehst du, ich habe dir gleich gesagt, daß es so kommen würde', schwieg über die Vergangenheit und nahm den Heimgekehrten mit offenen Armen auf." So stellte die Kirche in Amerika die Bibel in die Wirklichkeit des Alltags. Ihre Glaubensbeweise nahm sie von lebenden Personen, denen die Erfahrung einen Glauben gegeben hatte. Wir haben nie eine Predigt gehört, in der ein Zwang ausgeübt oder eine Verdammnis angekündigt wurde, aber es war auch keine Predigt, die nicht zum Nachdenken Grund gab. Man hielt sich ans tägliche Leben und erfaßte die tiefsten Probleme des menschlichen Innenlebens, sie objektiv darstellend und die Schlußfolgerung dem einzelnen überlassend.

Die Vereinigten Staaten sind eine Nation, die in Freiheit groß geworden ist und in der nur die Mehrheit Gesetze machen und ändern kann. Hinter einem fertigen Gesetz steht die starke Regierungsform, die durch ihre Schroffheit auch bürokratische Nachteile zeitigt, die aber, den zweifellos vorhandenen Vorteilen eines starken Regiments gegenüber, nicht berücksichtigt zu werden brauchen.

Auffallend ist die puritanische Einfachheit, in der die Beamten dieses reichen Staates gehalten werden. Das Prinzip verlangt

Sparsamkeit, und darnach wird gehandelt. Als Vorbild sieht heute die amerikanische Nation den Präsidenten Hoover, der bei seinem Regierungsantritt sofort auf allen Luxus verzichtet hatte, auf den er als Staatsoberhaupt Anspruch erheben konnte. Um die etatmäßigen Unkosten zu verringern, wurden Privatyacht, Pferdeställe und aller toter Luxus eines solchen Haushaltes abgeschafft, die Armee und Marine erhielten ihre Offiziere und Mannschaften zurück. So versucht Hoover durch sich selbst und seine Taten seinem Volk ein Beispiel zu geben.

Jede Sportleistung findet in den Staaten eine ehrliche Anerkennung. Wir wurden in den Städten und auf dem Lande gefeiert und geehrt, und es war meine aufrichtige Überzeugung, als ich im Automobilklub in Washington auf die Begrüßungsrede, die Mr. Smith Herrn Söderström und mir hielt, erwiderte: „Wir wissen nicht, was uns die Zukunft noch bringt, aber eines ist sicher: Der Empfang, den uns die Vereinigten Staaten von West bis Ost gegeben haben, hat uns für alle Strapazen und Entbehrungen entschädigt. Für soviel Herzlichkeit und Anerkennung geht man gern zum zweitenmal durchs Feuer."

Mit leiser Wehmut sahen wir den Dampfer „Paris" die Taue vom Kai losmachen. Die dunklen, von Lichtern durchglühten Umrisse der „Skyline" wurden kleiner, als einsamer Stern verschwand am Horizont die Fackel der Freiheitsstatue im Hafen von New York.

Ich nahm die Überzeugung mit, welche die Bestätigung meines ersten Eindrucks war, im Lande von Menschen geweilt zu haben, die nur *Amerikaner* waren und die sich unabhängig von ihrem verschiedenartigen Ursprung durch drei Jahrhunderte hindurch zu einer Einheit entwickelt hatten. Sprache und Gebräuche waren zwar übernommen, aber nach eigenem Geschmack verändert worden. Es gab keine Hemmungen durch eine Vergangenheit, die in Europa lag, es gab für dieses Land nur die Zukunft der Aktivität.

XXVII.

Ausklang

Wir legten in *Le Havre* bei strömendem Regen an. Die einzige Freude, auf die wir gehofft hatten und die auch eintraf, war Frau Söderström. Sie war uns aus Stockholm entgegengefahren, um ihren Mann nach zweijähriger Trennung wieder zu begrüßen. Auch Stockholms „Dagblad“ hatte einen Vertreter entsandt, um unsere ersten, frischen Eindrücke von Europa übermitteln zu können. Doch ich glaube, bei Söderström und mir setzte jetzt eine Ermüdung ein, die uns nun, durch Monate zurückgedrängt, beherrschte, als wir keine Schwierigkeiten mehr vor uns sahen und dem Ziel nahe waren. Mechanisch verrichteten wir noch die kleinen Versorgungsarbeiten an unseren beiden Wagen, und jeder lenkte den seinen von *Paris* über den Rhein nach *Berlin*. Auf der Durchfahrt traf ich in meiner Vaterstadt *Mülheim* meine Mutter wieder, meine beiden jüngsten Geschwister waren mir schon mehrere Stunden im Auto entgegengefahren, um mich ins Elternhaus abzuholen. Wenige Stunden nur konnten wir dort bleiben, denn in Berlin harrten zu unserer Begrüßung Freunde und alte Bekannte. In den Verwaltungsräumen der „Avus“*, der großen deutschen Automobilstraße, hatten sich alle zusammengefunden. Geschlossen fuhren wir unsere beiden Wagen durch das Ziel, das aus Blumen und wehenden Fahnen gebaut worden war. Blumen und Schleifen türmten sich auf den Motorhauben, und Freundeshände streckten sich uns entgegen. Mein ältester Bruder Edmund-Hugo und Staatssekretär Robert Weismann führten mich in ihrer Mitte in die Räume des Geschäftshauses, das heute wie verwandelt in Girlanden und Blumen prangte. Für uns alle war ein Frühstück bereitet, und Herr Söderström und ich wurden willkommen geheißen, wie wir es herzlicher nicht erwarten konnten.

* *Avus* – Abkürzung für Automobil-, Verkehrs- und Übungsstrecke; die Berliner Avus, eine Renn- und Versuchsstrecke, erbaut 1913–21, war eine Vorläuferin der Autobahn

Unsere beiden Wagen am Ziel.

Noch einmal trug uns die Welle der Wiedersehensfreude hoch empor. In Stockholm warteten die Eltern meines Reisekameraden auf ihren Sohn. Wir waren bei dem Königlichen Automobilclub gewissermaßen als Abschluß unserer internationalen Fahrt eingeladen. Der Vizepräsident überreichte jedem von uns eine silberne Plakette, und unser treuer Wagen erhielt als letzte Ehrenbezeigung das Klubabzeichen.

So waren wir endgültig am Ende unserer Fahrt, die uns über zwei Jahre, in denen wir 49 244 Fahrkilometer zurücklegten, durch fremde Länder und Völker, durch Gefahr und Schönheit geführt hatte. Sie war uns gelungen, weil wir bis zu unserer letzten Kraft in Einigkeit zusammengehalten hatten, das Ziel, nach dem wir strebten, vor Augen. Sie war uns gelungen, weil das Glück uns zur Seite gestanden hat, und nicht zuletzt, weil uns in allen Ländern und in allen Bevölkerungsschichten Freunde erstanden. Denen sind wir dankbar.

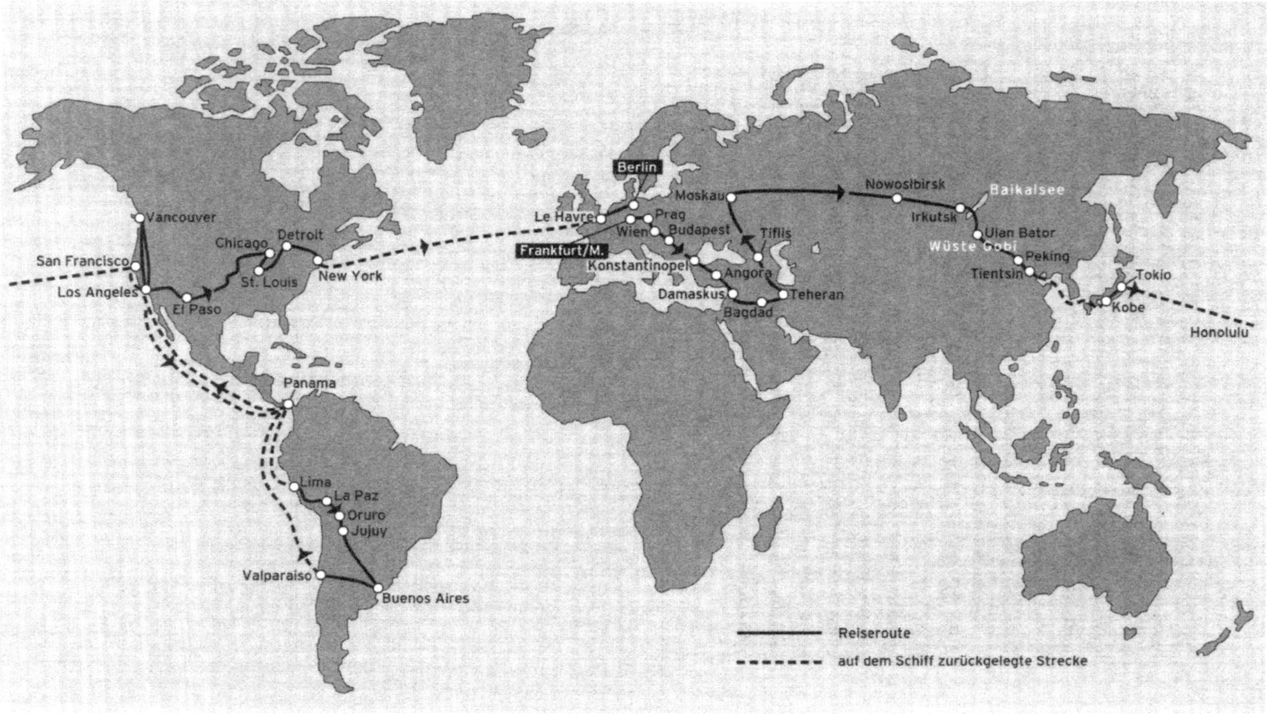
Vancouver
San Francisco
Los Angeles
El Paso
Chicago
Detroit
St. Louis
New York
Panama
Lima
La Paz
Oruro
Jujuy
Valparaiso
Buenos Aires
Berlin
Le Havre
Frankfurt/M.
Prag
Wien
Budapest
Konstantinopel
Angora
Damaskus
Bagdad
Teheran
Tiflis
Moskau
Nowosibirsk
Irkutsk
Baikalsee
Ulan Bator
Wüste Gobi
Peking
Tientsin
Tokio
Kobe
Honolulu
Reiseroute
auf dem Schiff zurückgelegte Strecke

„EDITION FRAUENFAHRTEN"

Gertrude Bell
AM ENDE DES LAVASTROMES
Durch die Wüsten und Kulturstätten Syriens (1905)

Isabella Bird
UNBETRETENE PFADE IN JAPAN
Reise in das alte Japan 1878 über die Malayische Halbinsel, Cairo und Sinai

Lili Körber
BEGEGNUNGEN IM FERNEN OSTEN
Eine Reise nach Japan, China und Birobidschan im Jahr 1934

Ida Pfeiffer
ABENTEUER INSELWELT
Die Reise 1851 durch Borneo, Sumatra und Java

Ida Pfeiffer
EINE FRAU FÄHRT UM DIE WELT
Die Reise 1846 nach Südamerika, China, Ostindien, Persien und Kleinasien.

Larissa Reissner
OKTOBER
Aufzeichnungen aus Rußland und Afghanistan in den 1920er Jahren

Alice Schalek
REPORTAGEN VON DEN RÄNDERN DER MODERNE
Reiseberichte aus Afrika, Indien sowie Nord- und Südamerika in den 1920er- und 1930er Jahren